本书是全国教育科学"十二五"规划国家一般课题
"印度教育公平战略及其实施成效研究"（编号：BDA120027）的研究成果

Yindu Jiaoyu Gongping Zhanlüe Jiqi
Shishi Chengxiao Yanjiu

印度教育公平战略及其实施成效研究

安双宏 李 娜 王占军 等著

ZHEJIANG UNIVERSITY PRESS
浙江大学出版社

图书在版编目(CIP)数据

印度教育公平战略及其实施成效研究 / 安双宏等著.
—杭州：浙江大学出版社，2015.12
　ISBN 978-7-308-14747-7

　Ⅰ.①印…　Ⅱ.①安…　Ⅲ.①教育—公平原则—研究
—印度　Ⅳ.①G535.1

中国版本图书馆 CIP 数据核字(2015)第 115942 号

印度教育公平战略及其实施成效研究

安双宏　李　娜　王占军　等著

责任编辑　吴伟伟 weiweiwu@zju.edu.cn
责任校对　杨利军　陈晓璐
封面设计　春天书装
出版发行　浙江大学出版社
　　　　　　（杭州市天目山路 148 号　邮政编码 310007）
　　　　　　（网址：http://www.zjupress.com）
排　　版　浙江时代出版服务有限公司
印　　刷　杭州日报报业集团盛元印务有限公司
开　　本　710mm×1000mm　1/16
印　　张　18.25
字　　数　318 千
版 印 次　2015 年 12 月第 1 版　2015 年 12 月第 1 次印刷
书　　号　ISBN 978-7-308-14747-7
定　　价　52.00 元

前　言

　　独立以后,印度政府对印度在国际社会中的地位一直具有很大的期望,希望印度能够成为一个在世界舞台上具有重大影响的大国,成为世界第三或者第四位的大国,与美国、苏联和中国相提并论。为了实现这样宏大的目标,需要依靠科学技术和教育来提升印度的经济和军事实力,印度共和国的第一任总理尼赫鲁就将科技和教育列为国家发展的首要任务。在"大国战略"的指导下,印度对教育发展一直高度重视。

　　印度政府高度重视保障处境不利群体的受教育权利。独立后的印度政府为处于社会底层长期受压迫、受歧视的"表列种姓"和"表列部族"分别保留了15％和7.5％的高等院校入学名额,后来又为"其他落后阶级"保留27％的入学名额。根据这个政策,这些弱势群体在参加高校入学考试时,即使成绩很低,也会获得优先录取的机会。尽管他们在进入高校之后通常还要接受补习教育,许多人甚至由于跟不上学业进度而不得不退学,但是保留政策对维护印度的教育公平发挥了一定的积极作用。而且,近年来,印度政府对女学生和家庭贫困学生的资助力度也大大加强了。

　　独立后的印度领导人试图使印度走出一条不同于美国和苏联的道路,即将资本主义和社会主义两种制度的优点兼收并蓄而避免两种制度的弊端,因而高举"民主"和"公正"的旗帜,在教育领域特别重视对弱势群体的优待。印度教育公平战略,是指印度把教育公平作为筹划和指导教育全局工作的方略并为此采取了一系列重大的措施。印度教育公平战略的几个重大措施及其实施成效的研究,包括为"落后阶级(在印度主要指的是表列种姓、表列部族和其他落后阶级)"提供的优待政策及其实施效果,为女性接受教育提供的优待政策及其实施效果,为家庭困难的中小学学生提供免费午餐的计划及其实施效果,等等。

尽管印度政府对教育的高度重视值得我们学习,但由于各种复杂因素的制约,印度提出的许多教育发展战略措施却总是不能达到预期的效果,且这种现象在印度已成为常态。因此,印度教育公平战略的实施效果值得研究,其教育公平战略制定和实施中的经验教训对我国应该有很大的启示。

本书是集体劳动的成果:第一章由浙江师范大学教科院安双宏教授和哈尔滨师范大学教科院李娜博士撰写,第二章由安双宏和哈尔滨师范大学西语学院姜玉洪教授撰写,第三章由安双宏和浙江师范大学教科院王占军副教授撰写,第四章由安双宏和浙江师范大学教科院硕士生程懿撰写,第五章由安双宏和王占军撰写,第六章由安双宏和浙江师范大学教科院硕士生王丹撰写,第七章由安双宏和浙江师范大学教科院硕士生李佳宇撰写,第八章由安双宏和哈尔滨师范大学教科院杨柳博士撰写,第九章由安双宏和浙江师范大学教科院田小红副教授撰写。

感谢全国教育科学规划领导小组办公室和有关专家把本课题的研究确定为"全国教育科学规划国家一般课题",感谢浙江师范大学教育科学研究院和有关专家对本课题前期研究工作的支持和课题申报的帮助。特别感谢浙江师范大学省教育学一级学科重点研究基地对本课题的研究及成果的出版给予的大力支持。

安双宏

2015 年 6 月 1 日

目　　录

第一章　印度教育公平战略在国家发展中的重大意义

第一节　研究印度教育公平战略的意义

一、从比较教育学科的角度看研究印度教育的重要性

20世纪80年代末,顾明远先生高瞻远瞩地指出,我国的比较教育学研究者应该加强对发展中国家教育的研究,应该加强对与我国国情相近的国家教育的研究,应该加强对我国周边国家的研究,而研究印度教育恰好符合顾先生的意见,也符合我国比较教育学科建设的迫切需要。

二、教育公平在印度建国后就上升到战略高度

印度教育公平战略,是指印度把教育公平作为筹划和指导教育全局工作的方略并为此采取了一系列重大的措施。

1947年,印度摆脱了英国的殖民统治获得独立,1950年印度共和国宣告成立。独立以后,印度政府对印度在国际社会中的地位一直具有很大的期望,希望印度能够成为一个在世界舞台上具有重大影响的大国,成为世界第三或者第四位的大国,与美国、苏联和中国相提并论。为了实现这样宏大的目标,需要依靠科学技术和教育来提升印度的经济和军事实力,印度共和国的第一任总理尼赫鲁就将科技和教育列为国家发展的首要任务。在"大国战略"的指导下,印度对教育发展一直高度重视。

同时,独立后的印度领导人试图使印度走出一条不同于美国和苏联的

道路,即将资本主义和社会主义两种制度的优点兼收并蓄而避免两种制度的弊端,因而高举"民主"和"公正"的旗帜,在教育领域特别重视对弱势群体的优待。印度教育公平战略的几个重大措施包括为"落后阶级(Backward Classes,BCs,在印度主要指的是表列种姓、表列部族和其他落后阶级)"提供的优待政策,为女性接受教育提供的优待政策,为家庭困难的中小学学生提供免费午餐的计划,等等。这些政策措施具有全局性的影响。

三、研究印度教育公平战略的现实意义

人们普遍认为,教育公平问题已经成为中国社会的焦点问题,关系着人民群众的切身利益,关系着经济社会发展,关系着人心向背,关系着国家的长治久安。

印度政府高度重视保障处境不利群体的受教育权利。独立后的印度政府为处于社会底层长期受压迫、受歧视的表列种姓(Scheduled Castes,SCs)和表列部族(Scheduled Tribes,STs)分别保留了 15% 和 7.5% 的高等院校入学名额,后来又为其他落后阶级(Other Backward Classes,OBCs)保留了 27% 的入学名额。根据这个政策,这些弱势群体在参加高校入学考试时,即使成绩很低,也会获得优先录取的机会。尽管他们在进入高校之后通常还要接受补习教育,许多人甚至由于跟不上学业进度而不得不退学,但是保留政策对维护印度的教育公平发挥了一定的积极作用。而且,近年来,印度政府对女学生和家庭贫困学生的资助力度也大大加强了。

尽管印度政府对教育的高度重视值得我们学习,但由于各种复杂因素的制约,印度提出的许多教育发展战略措施却总是不能达到预期的效果,且这种现象在印度已成为常态。因此,印度教育公平战略的实施效果值得研究,其教育公平战略制定和实施中的经验教训对我国应该有很大的启示。

第二节　印度的教育强国战略

一、"有声有色的大国"梦想催生教育强国战略

早在独立前,后来成为印度开国总理的尼赫鲁在他所著的《印度的发现》一书中就表达出他对印度"世界一流大国地位"的憧憬:"印度以它现在所处的地位,是不能在世界上扮演二等角色的。要么就做一个有声有色的大国,要么就销声匿迹。中间地位不能吸引我。我也不相信任何中间地位

是可能的。"①

尼赫鲁在朝鲜战争的调停和万隆会议的圆满成功过程中发挥了重要作用,是世界不结盟运动的主要发起人和领袖之一,也是"和平共处五项原则"的主要倡导者之一。应该说,尼赫鲁在任期间,印度在国际舞台上十分活跃,已经展露出世界主要大国的潜力。

尼赫鲁深知,世界一流大国的地位需要经济和军事实力作为后盾,而经济和军事实力的提升需要依靠科学技术和教育。他把科技和教育列为国家发展的首要任务。在他任内,1958 年,印度出台了第一个"科学政策决议案"。在这一政策的指导下,印度建立了一大批大专院校,教育发展也一直受到高度重视。

尼赫鲁高度重视发展科学技术。他指出,一个民族要获得真正的独立和兴盛,就必须依托高科技的发展。他也曾经说过:"解决印度的贫困问题,只有依靠科学。"他认为科学家可以决定印度的未来,强调"没有科学和技术,我们就不能进步"。甚至连印度宪法都规定:"科学必须渗透到我们国家生活的每一个方面和我们奋斗的一切领域。"

科技兴国是印度长期坚持的方针,印度历届政府的最高领导人往往亲自领导或者过问尖端科技的开发工作。贾瓦哈拉尔·尼赫鲁曾担任全国科学和工业研究委员会主席;英迪拉·甘地执政期间,印度高等教育得到迅猛发展,其高等教育的规模和技术人才的数量仅次于美国和苏联两国;拉吉夫·甘地是著名的"计算机总理",认为印度不能错过电子革命和计算机革命这班车;阿塔尔·瓦杰帕伊强调印度要成为信息技术大国、核大国和生物技术大国;曼莫汉·辛格政府也坚持科技发展政策,并表示要重建科技保障体系和为科研人员创造更好的研究条件。

众所周知,按照科学技术的发展规律,人才培养是科学技术发展的基础,而人才培养的关键环节是教育。印度的几代领导人对此都有清醒的认识。早在独立初期,尼赫鲁就指出:"大学代表人道主义、坚韧性、理性、进步、思想的冒险和对真理的探索。它代表人类向更高的目标全速前进。如果大学充分履行了自己的职责,那么它对于国家和人民来说,都是十分有益的。"20 世纪 80 年代中期,拉吉夫·甘地就提出,为了迎接新技术革命的挑战,印度必须紧跟世界范围内高度重视教育发展的潮流,培养高水平的科技

---

① 　[印度]贾瓦哈拉尔·尼赫鲁:《印度的发现》,齐文译,世界知识出版社 1956 年版,第 57 页。

人才,"用现代科学技术和教育将印度带入 21 世纪"。1968 年和 1986 年,印度先后颁布《国家教育政策》(1986 年的《国家教育政策》在 1992 年进行了修订),全面规划国家的教育发展战略。

二、致力于建设世界强国的教育发展战略

(一)殖民统治导致印度教育基础薄弱

1947 年 8 月 15 日,印度宣告独立,这标志着英国殖民统治的终结,印度各民族从此走上独立自由之路。据 1951 年人口调查资料显示,在新成立的印度共和国的 3.6 亿人口中,只有 6000 万人能用某种语言进行阅读和简单的书写,占全部人口的 16.6%;在全国广大的农村地区,识字人数的比例仅为 12%;而在占人口 50% 的妇女中,仅有 8% 的人识字。[①]

应该承认,英国的殖民统治给印度留下了丰富的教育遗产。1857 年,英属印度政府以伦敦大学为样板,在孟买、加尔各答和马德拉斯建立了 3 所大学,使印度成为发展中国家中最早建立现代高等教育制度的国家之一。英国和它在印度建立的现代教育制度为印度培养了大批"东西合璧的人才",这些人成为独立后印度的国家领导人、各级政府官员和各行各业的专门人才,其中就包括印度共和国的缔造者圣雄甘地、第一任总理尼赫鲁和印度共和国宪法的主要起草人安贝德卡尔博士。此外,英国殖民统治遗留给印度的"英语红利"、在发展中国家中水平最高的现代工业体系和运作较好的国家管理系统,也为印度独立后的教育发展奠定了良好的基础。

由于历史原因,广大发展中国家在建国或者独立之初的教育基础都很薄弱。印度共和国成立之时,虽然其教育水平也很低,但是,与包括中国在内的众多发展中国家相比,印度各级教育的发展水平是较高的。1949 年,印度的小学(6~11 岁年龄段人口)入学率是 40%,中学(11~17 岁年龄段人口)入学率是 10%,大学(17~23 岁年龄段人口)入学率是 0.9%,国民的识字率是 17.2%。[②] 而同一年份,中国的小学入学率只有 20%,初中、高中和大学的入学率分别是 2.7%、1.9% 和 0.3%;[③]当时,中国的国民识字率不超

---

① S. N. Mukerji. Education in India: Today and Tomorrow. Baroda: Acharya Book Depot. ,1957:61.

② Planning Commission, Government of India. India 1st Five Year Plan. New Delhi, p68.

③ 中国教育统计网. 新中国 60 年教育成就展. http://www. stats. edu. cn/tjdt/60/新中国 60 年教育成就展. htm,2010-10-28.

过 15％。当今印度国家竞争力指标中表现较好的一些方面与当年世界强国英国的殖民统治有着密不可分的关系。

但是,总体上说,英国对印度的殖民统治是罪恶的。虽然殖民者给印度带来的西方文明、先进的科学技术知识和自由民主的思想意识对印度的社会、教育、宗教和文化产生了巨大的冲击,使之发生了剧烈的积极变化,但是,殖民统治使印度封闭的社会制度和传统的文化教育遭到严重破坏,使印度的政治、经济和文化教育的正常发展受到阻碍。殖民者在印度的办学方针是实行奴化教育,教育的社会基础比较狭窄,学校的课程设置重文轻理,教学媒介单纯采用英语,教育的质量也不高。[①]

印度共和国建立之前,虽然有些地区颁布了普及初等义务教育的法令,而且提出了在全国范围内普及初等义务教育的目标,但是这个目标基本上停留在口号阶段;中等教育发展速度较快,但是中等教育的目标是为高等教育输送生源,过分强调考试,鼓励填鸭式教学和学生的死记硬背,脱离社会生活;高等教育制度领先于其他发展中国家,但是它是在殖民地背景下建立的,是为殖民统治服务的,不再适用于独立自由的印度。因此,印度共和国政府面临着全面改革教育制度和提高人民教育水平的艰巨任务。

(二)印度 1968 年《国家教育政策》

1.“科塔里委员会”报告的有关建议

早在印度共和国的初创阶段,其国家领导人就在对教育与国家发展之间的关系的认识上取得了基本一致。他们认识到,对于实现摆在这个新生的共和国面前的社会经济发展目标,教育的发展水平是决定性因素。为此,1948 年和 1952 年,印度先后成立了以拉达克里希南(1962—1967 年担任印度第二任总统)为主席的大学教育委员会和以马达利尔为主席的中等教育委员会,分别对高等教育和中等教育进行调查研究,并对二者今后的发展提出建议。这两个委员会的报告对印度 20 世纪 50 年代至 60 年代中期高等教育和中等教育的改革与发展起了指导性的作用。

但是,在这两个委员会的报告发布 10 多年后,印度的传统教育制度并没有从根本上得到改变,殖民地时期教育的许多弊端没有得到清除,人才的培养不能较好地满足经济、社会和文化发展的需要。因此,为了实现教育体制的根本性变化,促进教育的均衡发展,提高教育质量,提高广大民众对教

---

① 马加力:《当今印度教育概览》,河南教育出版社 1994 年版,第 97—102 页。

育重要性的认识,保证培养合格的科技人才,印度又于 1964 年任命了第三个教育委员会,要求它向议会提出关于全国教育发展的总方针以及全国统一的教育模式的建议。这个委员会的主席是印度著名教育家 D. S. 科塔里教授,所以人们也把这个教育委员会称为"科塔里委员会"。与前两个专门委员会不同的是,科塔里委员会是对整个教育体制进行全面考察研究的综合性委员会。

为了吸取其他国家发展教育的经验,科塔里委员会除了 7 名本国成员之外,还有 5 名来自美国、苏联、英国、法国和日本的成员,此外还有 20 名来自世界各国的教育专家作为该委员会的顾问。经过两年艰苦细致的工作,1966 年,该委员会提交了名为《教育与国家发展》的长篇报告(四卷本)。报告指出:教育是国家发展的最强大的工具,教育的重建与国家的重建紧密相关;印度必须做出面对历史的决定性选择,建立一个完善合理、富有成效的教育体制,以解决经济发展面临的种种问题,提高生产力,实现国家的现代化。

科塔里委员会的报告引起了印度社会的强烈反响,被国内外舆论普遍认为是印度教育史上具有划时代意义的里程碑。根据该委员会的建议,通过全国各有关组织和机构的广泛讨论,1968 年,印度政府公布了独立以后的第一份《国家教育政策》。该政策在免费义务教育、教育机会均等、扫盲和成人教育、教育结构等多个方面制定了今后发展的原则。《国家教育政策》认为,对全国教育进行大幅度的改革,"对国家的经济和文化发展,对国家的一体化及实现社会主义类型的社会这一理想,都是必不可少的"。

2. 1968 年印度《国家教育政策》的主要内容

1968 年印度《国家教育政策》对教育的重要作用给予了高度肯定,对重建印度教育体制的意义进行了特别的强调。政策文本简明扼要,翻译成中文约 5000 字,主要包括 17 项内容:

(1)争取早日实现宪法第 45 条的规定,为所有 14 岁以下儿童提供免费义务教育,确保入学儿童能够圆满完成规定学业。

(2)提高教师的业务水平,赋予教师受人尊敬的社会地位,提高他们的报酬和待遇,保证他们的学术自由。

(3)教学用语采用三种语言模式,即印地语、英语和地方语言,应该特别强调对国际语言——英语的学习。

(4)竭尽全力实现教育机会的均等,纠正各地区、各阶层间的教育不平衡现象,重视少数民族、女性和残疾人的教育。

（5）及早发现智力超常儿童,提供各种鼓励和机会,促使他们充分发展。

（6）开设劳动实习和社会服务的课程,密切与社会的联系,强调培养学生的自助能力、良好的个性和社会责任感。

（7）重视科学教育和科学研究,以加速国民经济的增长,在中学教育结束之前,普通教育应该包括科学和数学教学的内容。

（8）应该特别强调农业教育和工业教育,为农业和工业服务,注意减少受教育者的失业。

（9）提高教科书的质量,改进出版发行工作;特别注意地方语言文字的作用。

（10）改革考试制度,帮助学生提高成绩和实际工作能力。

（11）办好中等教育,加强中等职业教育,建立职业教育与社会需求的必要联系。

（12）办好高等教育,严格坚持教育标准,注意研究生阶段的培养。

（13）抓紧业余教育和函授教育,提高函授教育的地位。

（14）加速扫盲和成人教育,促进民主机构的运转和农业生产的发展。

（15）保护少数民族权利,搞好少数民族教育。

（16）开展文娱体育活动,提高学生的身体素质和体育道德。

（17）统一学制,逐步推行 10＋2＋3 的教育结构。①

（三）印度 1986 年《国家教育政策》

1. 1986 年《国家教育政策》出台的背景

1968 年的《国家教育政策》在印度教育史上占有重要地位:它的目的是促进国家进步,增强民众的公民意识、文化认同和各民族的团结;它强调教育体制的重建,确保教育水平得到全面提高;它强调对科学技术的重视,强调弘扬优秀的传统道德价值和建立教育与人生的密切联系;特别是,它提出了在全国实行统一的学制结构的目标。该政策的实施促进了教育的普及,使各级各类教育的办学条件得到了较大的改善,教育质量受到重视并取得了一定的进展,教育为国民经济和社会发展提供人力资源保障的能力获得了进一步的提升。

但是,事实上,1968 年《政策》的许多原则建议未被付诸实施;尤其是《政策》要求每五年对全国教育发展的情况进行总结评估,并根据评估结果规划

---

① 马加力:《当今印度教育概览》,河南教育出版社 1994 年版,第 20—21 页。

今后的教育发展策略,这个要求也没有得到落实。结果,英国殖民统治遗留下来的教育问题和时代发展造成的新问题交织在一起,使得印度教育积弊日深。

1977年,印度政坛发生了剧烈的变动,独立以后长期执政的国大党在议会选举中被人民党击败,失去了执政党地位,人民党成为执政党。1979年,人民党政府倡导起草了《新的国家教育政策(草案)》,在全国范围内征求意见,但是由于人民党政府很快便在中期选举中失利,失去了执政党地位,因此《新的国家教育政策(草案)》尚没有成为正式文件便"胎死腹中"。

进入20世纪80年代后,展望日益临近的新千年,印度国家发展战略的总目标更趋明朗,即:营造有利的国际环境,以先进的科学技术促进发展,通过人力资源开发振兴经济,努力增强综合国力,力争使印度在21世纪成为世界瞩目的强国,在亚洲、印度洋地区乃至更大范围发挥重要作用。①

鉴于教育与科学技术对经济发展和社会进步的直接作用,鉴于人力资源开发对实现国家发展战略目标的巨大作用,1985年,为了统筹中央政府各部门涉及人力资源开发方面的计划与行动,印度把原先的教育和文化部等几个部合并组成"人力资源开发部",使之成为与外交部、国防部和财政部具有同等地位的大部,原先的部改为其下辖的教育司、文化司、青年事务和体育司、妇女和儿童发展司。

1986年,人力资源开发部刚刚正式开始运作,就发表了题为《教育的挑战——政策透视》的文件,旨在发动全国社会各界对教育问题进行广泛的讨论。在全国范围广泛深入讨论的基础上,颁布了新的教育改革与发展的纲领性文件《国家教育政策》。同年还公布了实施新教育政策的24点实施计划,名为《国家教育政策1986年行动计划》。新的《国家教育政策》为面向21世纪的印度教育改革制定了一幅宏伟的蓝图。它是基于印度教育发展中问题的认识而制定的,认为所有的教育问题都可以通过有效的教育投入和资源管理来解决。本次教育改革的重点是在注重教育质量和平等的同时,保护较低层次的基础教育,保证所有儿童在11岁时已经接受五年教育;到1995年,保证向所有14岁以下的儿童提供免费的义务教育。同时,还要提高14岁以下儿童的入学率和巩固率,提高初等教育质量。在中等教育方面,继续扩大儿童受中等教育的机会,重点发展"标兵学校",进行普通教育与职业教育分流,各地要扩大中等教育的规模。

---

① 马加力:《当今印度教育概览》,河南教育出版社1994年版,第23页。

1986 年《国家教育政策》是以 1968 年《国家教育政策》为蓝本,结合时代需要而制定的,所以它们的基本内容和精神大体相同。但与 1968 年的国家教育政策相比,1986 年的《国家教育政策》具有特殊而重要的意义。

第一,从总体来看,新的国家教育政策中的原则更为全面、精细,具有可操作性,这对把改革措施落在实处,克服"总纲并没有转化成实施细则和具体职责"的根本弊病,极为有利。第二,针对教育的民主、平等,1968 年的国家教育政策中只提出了教育机会均等,并概要提及了保护女性、残疾人、落后阶级的受教育权。而 1986 年国家教育政策则直接提出了平等教育,并对妇女、表列种姓、表列部族、少数民族、残疾人、成人扫盲等方面的教育,制订了较为详尽的细则,这为教育民主化提供了更加有力的保障,标志着教育民主化进程已进入一个新的阶段。第三,1968 年的《国家教育政策》中教育管理一项还是空白,而在 1986 年的《国家教育政策》中,不仅提出要制订教育规划和管理方面的长期计划,而且还提出了在国家、邦、县和地方设置教育管理机构的构想,这无疑会给印度教育管理的科学化提供更大的动力。第四,1986 年的《国家教育政策》首次在国家政策中把师范教育提上了议事日程,这对促进师范教育改革的深化,提高整个国民素质,都会产生一定推动作用。

2.1986 年《国家教育政策》(1992 年修订)的主要内容

由于中央政府中执政党的更迭,由于对有些问题的看法改变了或者认识提高了,也由于在具体实施过程中发现了新的问题,从 1990 年至 1992 年,印度中央政府先后成立了两个专门委员会对《国家教育政策》进行审议,并于 1992 年颁布了经过补充修改的《国家教育政策》。

1986 年《国家教育政策》(1992 年修订)比 1968 年《国家教育政策》详尽而全面,全文由 12 个大部分、159 条组成,翻译成中文大约 15000 字。其主要内容如下:

第一部分名为"导言",论述了 1968 年《国家教育政策》颁布以后的执行情况,说明了制定新的《国家教育政策》的背景。

第二部分名为"教育的本质和作用",阐释了对教育的本质及其作用的理解。

第三部分名为"国家教育制度",对学制结构、教学内容和各级各类教育进行了宏观论述,特别说明了中央政府和地方政府在教育管理方面"有意义的合作关系"。

第四部分名为"为了平等的教育",主张教育机会均等,分别以"为了妇女平等的教育""表列种姓的教育""表列部族的教育""其他教育落后的部分和地区""少数民族""残疾人""成人教育"为题,论述了在这些方面应该采取的措施以及采取这些措施的必要性。

第五部分名为"各级教育的重新组织",分别以"初等教育""中等教育""教育的职业化""高等教育""开放大学和远距离学习""学位与职位分离""农村大学"为题,论述了在这些方面应该采取的措施以及采取这些措施的必要性。

第六部分名为"技术教育和管理教育",说明了加强技术教育和管理教育的重要性以及应该采取的措施,进而论述了技术教育和管理教育方面的"制度趋势""创新、研究和开发""促进各级机构的功效和效益""管理的职能和变化"。

第七部分名为"使教育系统行之有效",强调"必须把纪律引入现有的教育系统","所有的教师应该教,所有的学生应该学",并极为简要地提出了四项策略,涉及提高教师地位、改善为学生的服务并使之遵守行为规范、提供教育设备和开展教育评估。

第八部分名为"教育内容和教育过程的重新定向",分别以"文化展望""价值观教育""语言""书籍和图书馆""传播媒介和教育技术""劳动实习""教育和环境""人口教育""数学教育""科学教育""运动和体育""瑜伽""青年的作用""评价过程和考试改革"为题,论述了在这些方面应该采取的措施以及采取这些措施的必要性。

第九部分名为"教师",论述了提高教师地位的重要性、对教师聘任工作的要求、教师岗位责任制的实施、教师协会的工作,特别论述了教师教育中的在职培训问题。

第十部分名为"教育管理",提出了对教育的规划和管理制度进行彻底检查的指导性原则,分别从"国家一级""印度教育服务组织""邦一级""县和地方""民办机构""纠错机制"的角度,论述了在这些方面应该采取的具体措施。

第十一部分名为"资源和检查",论述了教育投资的重要性和"开源节流"的一些具体措施,突出强调了政府在筹措教育经费方面的责任,提出"教育经费要逐步增加,确保在第八个五年计划期间(1992—1997年)及其以后将一直超过国民收入的6%",并要求每五年对《国家教育政策》的实施情况进行检查。

第十二部分名为"展望",申明了"印度教育的未来状况太复杂以致不能精确地展望前景",但是坚信"我们一定能够成功地实现我们的目标",提出"未来的主要任务是巩固教育金字塔的基础"。

1992 年修订的《国家教育政策》对 1986 年的文本的修改之处达到 35 处。虽然"知错就改"很值得肯定,但是在如此之短的时间内进行这样大规模的修改,既说明当初制定政策时似乎不够严谨、计划不周,也难免给人留下"朝令夕改"的不良印象。

根据 1992 年的《国家教育政策》的《行动计划》,印度政府提出为所有人提供优异教育的总目标,重点是为所有儿童提供优异的初等教育;进一步实行中等教育职业化;大力加强妇女教育以及重点扶持低种姓人口和少数民族的教育。同时,印度政府对于义务教育的普及目标又推迟到在进入 21 世纪前使所有年满 14 岁的儿童受到高质量的免费义务教育。与 1986 年的《国家教育政策》相比,1992 年的《国家教育政策》更为全面、具体地指出了印度教育改革的目标与方向,首次提出实现全民初等教育战略,也更加重视教育平等与民主。

第三节　五年计划中的教育发展战略

一、民主社会主义政治制度下的计划经济

印度曾经是英国的殖民地,它的政治制度受到英国的影响很大,独立后采取了英国式的议会民主制。但是由于国情的不同,印度的政治制度与英国也很不同,它的政治制度总的来说是中央集权制的联邦制和议会民主制。虽然 1950 年 1 月 26 日生效的宪法规定印度为联邦制国家,是主权的、社会主义的、世俗的民主共和国,但是,人们通常把印度视为资本主义国家,包括印度人在内的世人也把印度称为"最大的民主国家"。

独立后,面对西方资本主义国家经济危机不断发生、苏联等社会主义国家经济高速增长的现实,为了消除殖民统治的影响,把印度建成一个工业化强国,印度领导人认为,只有社会主义才能消除贫困,因此印度应该实行社会主义,但是又应该与苏联等社会主义国家的社会主义有所不同,因而决定在印度建立"社会主义类型社会"。同时,在印度领导人看来,苏联等社会主义国家和西方资本主义国家的经济发展方式各有优劣,印度应该取长补短,最终确定了采取以公私混合、公营经济为主的经济发展模式,这种经济发展

模式被称为"尼赫鲁模式"。直到 20 世纪 90 年代初进行重大的经济改革之前,印度基本上一直采用这种经济模式。

而且,还在独立之前,国大党就确立了在印度实行计划经济的原则。1950 年,印度成立了国家计划委员会,由内阁总理兼任主席,名义上是咨询机构,实际上权力很大。由于特殊原因,印度有几年实行的是年度调整计划,所以五年计划没有连续实施。印度的"十一五"计划实际上是从 2007 年至 2011 年(印度的说法是从 2007 年至 2012 年),"十二五"计划从 2012 年至 2016 年(印度的说法是从 2012 年至 2017 年)。由于印度实行混合经济,所以国家的计划对公营部门是指令性的,对私营部门是指导性的。

二、教育对全面提升印度的国家竞争力发挥重要作用

(一)印度几代领导人都高度重视发展教育

由于印度共和国的第一代领导人及其以后的历代领导人都受过良好的教育,所以他们对教育在推动国家经济和社会发展中的重要作用有着很高程度的正确认识,采取了一系列措施发展各级各类教育。

第一,1950 年 1 月 26 日生效的印度共和国宪法提出了要在 10 年内普及 8 年初等义务教育的目标。在国家刚刚摆脱殖民统治获得独立而百业待举的情况下,印度领导人把普及 8 年初等义务教育列入重要议程,表明他们极为重视提高国民的整体素质。在印度的第一个五年计划期间,国家教育经费的 56% 拨给了初等教育。此后,由于人口增速过快和政策的调整等客观原因,印度在 60 年的时间里仅仅实现了普及 5 年初级小学教育的目标,距离普及 8 年初等义务教育的目标还有一段距离。

第二,印度早在 20 世纪 60 年代就提出了中等普通教育和职业教育适当分流的主张。印度教育委员会(1964—1966 年)和 1968 年的《国家教育政策》强调了中等职业教育要与经济发展紧密联系,1986 年新的《国家教育政策》(1992 年修订)提出力争到 2000 年把高中教育阶段 25% 的学生分流到职业教育中。虽然这个目标至今还没有全面达成,但是中央政府和专家学者对职业教育的重视必将逐步扭转印度社会长期以来"重脑力轻体力"和"重学轻术"的风气。

第三,印度政府高度重视保障处境不利群体的受教育权利。独立后的印度政府为处于社会底层长期受压迫、受歧视的表列种姓和表列部族分别保留了 15% 和 7.5% 的高等院校入学名额,后来又为其他落后阶级保留了 27% 的入学名额。根据这个政策,这些弱势群体在参加高校入学考试时,即

使成绩很低,也会获得优先录取的机会。尽管他们在进入高校之后通常还要接受补习教育,许多人甚至由于跟不上学业进度而不得不退学,但是保留政策对维护印度的教育公平发挥了一定的积极作用。

第四,在普及初等义务教育目标接近实现的情况下,印度提出到 2020年普及中等教育。2009 年 1 月,经过 5 年的酝酿和准备,印度"内阁经济事务委员会(The Cabinet Committee on Economic Affairs)"正式批准了"普及中等教育计划(Rashtriya Madhyamik Shiksha Abhiyan)"。该计划于 2009年 3 月正式启动。实际上,从最新公布的统计数据来看,印度普及中等教育的工作困难重重,然而,这种大力发展教育的雄心壮志还是令人佩服的。

尤为难能可贵的是,同样作为发展中人口大国,印度对教育的投入长期保持在较高的水平上。在中国,中央政府提出的教育投入在 20 世纪末达到国内生产总值 4% 的目标超期 10 多年后才得以实现;而印度 1986 年《国家教育政策》提出,要在 1997 年(印度的第八个五年计划末期)使教育投入达到国内生产总值的 6%,虽然这个目标一直没有实现,但是印度对基础教育的投入近年来一直保持在很高的水平上。教育投入是硬道理,印度中央政府对教育的重视是实实在在的,这也使得初等教育总体水平远远落后于中国的印度偏偏在国家竞争力中教育投入方面的排名远远高于中国。

(二)印度高等教育水平获得了世界性好评

印度高等教育取得了举世瞩目的成就,为国家培养出了仅次于美国的世界第二大能够熟练使用英语的专门人才队伍和长期位列世界前三名的工程技术人员队伍。尤其是,印度在独立后仅用 40 年左右的时间就把印度理工学院建成了世界一流大学,印度的软件业发展及其人才培养取得了巨大的成就,实属难能可贵,其经验确实值得广大发展中国家学习。

2006 年,英国《泰晤士报·高等教育副刊》的世界大学排名中,我国的北京大学在自然科学领域列第 12 位,高于世界著名的东京大学、耶鲁大学、康奈尔大学和澳大利亚国立大学等众多世界名校。这一排名曾经引起热议。而实际上,在当年该报的工科领域排名中,印度理工学院仅次于麻省理工学院和加州大学伯克利分校,高居世界第三位,领先于帝国理工学院、斯坦福大学和剑桥大学。[①]

---

① Dutta,P. K. Quality Technical Education in India. The Journal of Technical Education,2008,31(1):43.

三、教育一直是国家发展计划中的关键要素

教育在印度一直享有崇高的地位。印度认为,教育是物质和精神发展的基本内容,是培养良好素质的手段,能够使人更加敏锐和聪明,形成民族团结,增强科学意识,最终有助于宪法中所规定的社会主义、宗教平等和民主目标的实现;只有让教育满足经济的需求,才能使人才得到全面的发展,只有在教育的基础上才能使研究和发展得到动力;教育是建设今天和未来的最好的工具,唯有教育才是国家独立自主的基石。

因为有了上述认识,教育问题在印度的各个五年计划中都占有突出的位置,受到特别的关注。

印度的第一个五年计划(1950—1955 年)文本共有 39 章,其中第 33 章题目为"教育",总计 130 款内容,论述得非常详细。以后的各个五年计划基本上都采取了类似的论述方式。

印度第一个五年计划关于教育的总论指出,在一个国家有计划的发展领域中,教育是首要的领域。教育系统一定要力争完成国家发展计划中规定的目标,以便为各方面提供所需的合格人才。教育与国家发展计划总目标的能否实现有密切的关系,因为它在很大程度上决定着人力资源的质量和社会风气。国家计划委员会主要把教育作为全国整体事业的一个重要组成部分来对待,建立并加强它与其他部分的联系,把一些正待实施的教育方案作为优先发展的项目予以安排。

印度的第十一个五年计划再次对教育给予了特别的强调。有关文件指出,教育在促进社会和经济发展方面的作用已经成为普遍的共识,"十一五"计划把教育作为最优先发展的领域,作为国家快速和全面发展的核心手段。应该说,当今印度政府已经把教育提到了前所未有的高度。

印度"十一五(2007—2012 年)"期间教育发展的全面战略构想主要体现在 2006 年国家计划委员会发布的总报告中。报告题为《朝向更快、更有包容性的增长:第十一个五年计划的途径》(Towards Faster and More Inclusive Growth:An Approach to the 11th Five Year Plan),其第四章名为"包容性发展的战略措施"(Strategic Initiatives for Inclusive Development),其中的第三节名为"通过教育的赋权(Empowerment Through Education)",内容涉及初等教育、中等教育、职业教育、高等教育、成人教育和科学技术 6 个

方面。以下是第三节的内容。①

从青年发展的最广泛意义上看,教育,包括体育运动在内,是赋予人们技能和知识以及为他们在未来提供良好就业机会的一种最为重要的投资。"十一五"计划要确保把教育的公共开支提高到 GDP 的 6%,这是"国家最低共同纲领(National Common Minimum Program,NCMP)"做出的承诺。必须履行宪法规定的责任,向所有儿童提供免费的、义务的、优质的初等教育直到他们年满 14 岁。这意味着,不管儿童父母的经济能力如何,我们必须保证既要为儿童提供入学机会,也要为其提供优质的高水准的课程、教育方法和基础设施。

（一）初等教育：初等教育普及计划

初等教育普及计划(Sarva Shiksha Abhiyan,SSA)设想到 2010 年为所有 6～14 岁的儿童提供初等教育。它鼓励社区积极参与学校管理,努力缩小那些社会的、性别的和地域的差距。该计划是一个旗舰项目,要从所有税收中扣除 2% 的教育税作为该计划的专用基金。

初等教育普及计划的主要目标之一就是扩大入学机会,力争使 6～14 岁儿童的入学率在"十五"计划结束时接近 100%。然而,入学仅仅是第一步。儿童还必须完成八年的义务教育,这仍然是一个严峻的挑战。2003—2004 年度,全国平均的小学辍学率是 31% 左右,许多邦甚至更高。即使不能完全消除辍学现象,也一定要采取措施降低各种社会群体的男女儿童辍学率。

高辍学率是多种因素造成的。学校离住宅区较远或者不能正常运转往往留不住学生。同样,教师缺勤或兼职从事非教学工作,恐吓学生或使用枯燥的教学方法也是造成学生辍学的原因之一。贫困的家庭需要孩子工作,这也常常会导致他们辍学。随着增加家庭收入的就业保障计划(Employment Guarantee Scheme)的实施,这些压力将有所减轻。在工地上设置托儿所,可以降低女童因照顾年幼的弟妹而辍学的发生率。很多非政府组织在农村和城镇的实践表明,让孩子们辞掉工作,通过帐篷学校给他们实施良好的教育,可以使其回归主流。在赤贫地区开设的寄宿制学校可以使儿童不至于流落街头或者过早地参加工作。

---

① Planning Commission, Government of India. Towards Faster and More Inclusive Growth:An Approach to the 11th Five Year Plan. http://mhrd. gov. in/sites/upload_files/mhrd/files/document-reports/apppap_11_1. pdf. 2014-10-10.

　　经验表明,营养午餐计划(Mid-day Meal Scheme,MDMS,也可以翻译成"免费午餐计划")可以帮助提高儿童的出席率和改善儿童的营养状况。由于让所有的儿童坐在一起共进午餐,它还有助于消除种姓壁垒。应该安排由母亲组成的自助组为这些孩子准备午餐,这将更好地保证午餐的质量。要尽可能关注营养午餐计划的覆盖范围,通过补充营养和增加食品供应解决营养素不足的问题。要改进管理和监测机制,对儿童营养状况的变化进行定期监测。此外,一定要恢复学校保健课程,使之与营养午餐计划互为补充,营养午餐计划要在适当的时间与初等教育普及计划合并。

　　目前,儿童发展综合服务计划中的学前教育部分相当薄弱,因此,小学的留级率相当高,其结果是很多学生无法继续学业。初等教育普及计划也应该包括一个独立的计划,即为期至少一年的早期教育,这样,可以通过分阶段的方式来普及幼儿教育。

　　提高教学质量是最困难的工作。最近的研究表明,有38%的4年级的学生竟然连由短小句子构成的一小段文章都看不懂,而这原本是2年级学生就应该完成的;大约55%的4年级儿童不会进行三位数除以一位数的除法运算。这样严重的教学问题必须要认真对待。一些邦已经开始以竞赛的方式来提高学生的基本技能了。要对这些地区的经验进行评估,建立一套国家测试标准,并依据一定的规范建立一系列测试和评估儿童的机构。这将有助于帮助我们监测和提高学习质量。然而,也应该注意到,2005年,仅有28%的学校用上了电,只有约一半学校的教师超过两位或者教室超过两个,40%的小学教师是大学本科毕业生,30%的教师尚未完成高级中等教育。对于大部分孩子来说,他们的学校只是由一个教师教超过两个班级以上的孩子的复式教学班,并且教室内的照明欠佳,而教师自己本身也许还未完成学业。要找出上述问题的真正的原因所在:是学前教育、教师、各邦政府的问题?还是普及初等教育计划设计中的问题?或者是普及教育所需要的条件问题?一定要在各方面采取正确的措施。

　　我们的长远目标应该是使印度所有的中小学校都达到政府为公职人员子弟所设立的学校的标准,都能够提供足够的基础设施和优质的教学。在条件允许的范围内,一定要确保运动设施的供应。目前,我们离这个目标还相当远。教学质量低下的原因之一是师资匮乏。现有教师的质量、责任感和目的感都很低。教师缺勤在很多地方都是一个主要问题。教师培训不足而且质量很差,急需采取相应的措施。

　　赋予村镇居民自治委员会监督教师工作的权利,有助于增强教师的责任感。学校管理应该从目前的高度集权制转向基于地方学校管理委员会的较为分权化的管理。这些由家长和其他来自社区并受过良好教育的人组成的委员会将具有自主管理地方教育机构的权利。上述委员会要与学校委员会共同努力，制定信息与通信技术的有效方案，共享管理人才和管理技能，这是至关重要的。

学校不仅仅要教给学生狭义的知识，还要在广义上塑造儿童的态度。因此，平等主义价值观、同情、容忍、关心他人、尊重文化差异、性别意识和健康教育都必须纳入小学阶段的课程中，以帮助儿童养成健康的态度。必须从小就重视培养孩子的性别意识和性别平等观念，这样有助于纠正已经扭曲的性别比例，消除男尊女卑的观念。

（二）中等教育

在知识经济时代，仅仅普及初等教育是不够的。一个人如果只接受八年的教育，他会在信息与通信技术主导的知识经济时代处于不利地位，就像文盲在现代工业和服务业社会中一样。中等教育之所以重要，是因为这个年龄段的儿童尤其是女童是极其脆弱的，她们有可能成为童工、早婚或者被拐卖的对象。因此，"十一五"计划一定要致力于把最低水平阶段的教育逐步提高到高中或者是 10 年级的水平。由于初等教育普及计划即将实现普及初等教育的目标，对中等教育的需求也将大幅度地扩大。"十一五"计划务必实施"把中等教育扩展到 10 年级水平"的重大举措，还应包括有组织的运动和游戏。然而，中等教育扩大的速度还取决于我们如何降低初等教育阶段的辍学率。

扩大中等教育的需求呼吁公立和私立机构的共同努力。目前，受资助的私立学校和未受资助的私立学校占中等学校总数的 58%，其学生人数占学生总数的 25%。各邦政府发现，要想对公立中等教育进行资助是相当困难的，因为私立学校数量所占份额很高，相对来说的富裕阶层几乎已经停止把孩子送往公立学校了。然而，公立学校仍然容纳了现有中等学校学生的 75%，随着更多贫困家庭的孩子小学毕业，压力可能会随之增大。"十一五"计划要寻求到足够的资源来结束这种恶性循环，并且制定策略扩大中等学校的招生名额，包括扩大私立学校的容纳能力以弥补公立学校的不足。继续鼓励私立机构以非营利的形式向公立学校提供教室、实验室和厕所等设施。为了鼓励优秀、改善社会迁移渠道以及在学校之间引进某些竞争，要考虑实施奖学金计划，向那些毕业于公立小学、聪明但贫穷的学生提供奖学金,这个办法对于未受资助的私立中等学校也是有效的,如果这些学校同意为奖学金获得者制定一个共同的学费结构。然而,尽管私立学校的扩张应该受到欢迎,但政府还必须负起责任,确保公立学校不仅要在目前私立学校尚未涉足或者功能不健全的地区发挥作用,也要能够与私立学校进行竞争。要采取特别措施,满足贫困的穆斯林、表列种姓、表列部族以及女童的教育需求,他们的入学率远远低于总人口的平均水平。

正如前面讨论过的初等学校的情况,也有必要通过独立机构的定期测试,对中等学校的教学情况进行监测。对于家长们通过诸如教育券这样的政策安排来选择学校,是可以提高学校的责任感和教育质量,还是这样做只会加大现有的差距和把公款转移到私立学校中去,教育工作者们存在严重分歧。但是,如果家长们要对学校如何运行发表有效的见解,那么他们就确实需要对孩子就读学校的教学质量有相关的了解。

中等教育在农村地区的扩展面临着一个特别的挑战,因为并不是每所村庄都能够建中学。有鉴于此,需要加强高级小学与中等学校合并的做法。

(三)技术/职业教育和技能发展

印度国家抽样调查组织(NSSO)的第 60 次调查表明,仅有 3% 的农村青少年(15~29 岁)和 6% 的城市青少年参加过某种职业培训。其中大部分接受的是入职培训或是需要换职业而进行的培训。这个数字远远低于其他发展中国家。目前,技能的形成和更新是远远不够的。为了实现全面增长,在无组织的领域内提升劳动生产率是很重要的。我们需要把现在的仅能培训 200 万~300 万人的规模扩展到至少培训 1500 万人,为劳动力市场注入新鲜血液。目前,印度有 5000 所工业训练学校(简称 ITIs,由劳工部主管)、7000 所职业学校(由人力资源开发部主管),然而,中国却有大约 50 万所中等职业学校。"十一五"计划要着重设计出使 ITIs 现代化的创新方案,并充分增加其数量。更为重要的是,企业和企业协会也将参与经营,以使这些训练学校提供培训的范围和内容与企业需要和就业市场相关联。培训所提供的技能种类也要增加新类别。与中国提供的 4000 种技能培训相比,印度的 ITIs 只能进行大约 40 种职业技能的培训。

2004 年以来,为了与企业更好地互动,ITIs 在管理方面已经做出了改革的努力。有 100 所 ITIs 先期进行试点,改革预计要扩展到 500 所。然而,为了满足知识经济的需要,还要做出更多的努力。对于正式注册为社会团体的 ITIs,要让它们真正享有财政和行政上的自主权。它们应该由独立的、合格的专业人士来经营,这些负责人要对由利益相关者如用人单位和热心公益的市民组成的理事会负责。他们的业绩应该由完成学业的学员的就业和工资待遇情况来衡量。

某些邦正在试行一种公私合作模式,即企业主参与ITIs的管理和课程设计。应该鼓励进一步发展这种模式。除了ITIs之外,印度还有其他一些职业培训和企业发展机构。这些机构有待加强,而且需要对它们开展认证工作。

"十一五"计划应该把职业培训放在最优先的位置。要把它作为一种产业,努力吸引私人投资。到目前为止,私人资本仅仅是投向高收入职位的技能培训如信息技术、航空业人员等,或是与政府相关的职位如教师等,而且,私立培训机构主要集中在大城市。为农村青年提供发展途径的小城镇主要是在进行学术性的专科或者学院教育。有必要鼓励小城镇形成一种基础更加宽泛的体制,提供发展技能的可能性。

农产品加工有增长的势头。然而,在农业和林业产品的加工方面,很少甚至是几乎没有什么培训。政府制订了很多相关技术的培训计划,需要通过短期课程传授给青少年。"十一五"计划的目标之一就是开办农业学校,进行农产品加工、灌溉、水土保持、林业以及园艺等方面的培训。

妇女的职业培训往往局限于诸如护士、裁缝等发挥她们传统作用的行业。如果我们要迈进一个性别平等的社会,必须改变这种状况。应鼓励女性接受中等和高等教育,这样才能使她们进行公平的竞争。

用政府拨款对农村青少年进行培训时,要同等对待技能发展和学校教育。要开展乡镇一级的职业培训,并且要使其具有优先权,在获得公立部门的资金和物质资源分配上,如土地和其他资源等方面,要与中等教育平等。

为了对那些渴求证书的人进行培训,应该鼓励公立和私立机构开展培训。中央和各邦政府应该建立一个适当的证书制度,证明从各种机构中毕业的学员的技能,并给予其合适的学分。中央政府应该提供必要的指导方针,支持建立适当的机制,各邦政府也应该建立证书机构以发放各种技能的证书。

(四)高等教育和技术教育

印度具有一个发展良好的综合性高等教育体制,到目前为止,它为我们提供了优质的服务,但当前却暴露出一些不足。其一,高等教育的入学范围具有局限性。印度仅有10%的适龄青年上大学,而许多发展中国家却是

20％～25％。人们强烈呼吁提高高等教育的入学率。其二,该体制还存在严重的质量问题。尽管印度的某些高等院校有潜力与世界上最优秀的大学相比,然而其平均水平却相当低。由于最紧缺的优秀人才在私营部门有巨大的发展机会,所以高质量的院校很难获得优质的师资。

在教育机构、国家实验室和企业研发部门,合格的科研人员严重短缺。目前,印度每100万人中仅有157个科学家和工程师从事研发工作,美国和日本大约是印度的30多倍,韩国则是印度的50多倍。现在,我们每年培养大约5000名理学博士、800名工学博士。总理科学顾问委员会(Prime Minister's Science Advisory Council)预计,如果印度要成为知识经济强国,达到世界公认水准的博士数量应该是印度现在所培养的五倍以上。

这些问题表明,"十一五"计划必须努力扩大高等教育规模,提高高等教育的质量,尤其需要扩充高等科学教育,创造一个能够吸引优秀学生从事科学和研发的环境。如果不做出这些努力,我们在技能型人才方面就会受到限制,这将影响我们在这一领域中取得竞争优势。事实上,印度应该致力于形成一个全球研发中心和教育中心,以吸引全世界的学生。我们要调整政策来实现这个目标。

教育和研发机构之间的地区差距也值得关注。有人研究发现,全国超过60％的一些机构竟然仅位于大约6～8个邦内,例如工程学院或者生物技术研发实验室。"十一五"计划必须解决这些不平等问题,因为它们严重影响了就业机会的分布。要建立新的学院和大学,为教育落后地区的学生提供更加容易的入学机会。加强并尽可能地扩大现有院校,鼓励开放教育和远程教育。另外,要制定一项特别的计划,从现有的大学中精选出几所"具有卓越的潜能"的大学予以支持,为它们制定与国际标准相一致的办学指标。"十一五"计划期间,通过全面提高,各邦都要有一所示范性大学。所选择的几所邦立大学应该达到中央大学的水平,其经常性开支由中央承担,发展性开支由邦和中央分担。三所最古老的大学如孟买大学、加尔各答大学和马德拉斯大学应该成为首选,但是要与各邦协商,以便这些大学能够获得必要的法律地位。

既然教育是通往经济发展的途径,扩展教育的策略也必须要确保入学公平。在教育机构中为表列种姓和表列部族预留名额,很多邦还为其他落后阶级(OBCs)预留名额,这种做法已经实行许多年了。中央正在采取措施,在中央大学和其他中央直属的高等教育机构如印度理工学院和印度管理学院等高校中为其他落后阶级实行预留名额制度。中央政府已经决定,拟定中的引进预留名额制度要确保其他名额不能减少。这意味着名额的实质性扩充,而这也正是人们曾期待的。该计划的细节不久就会确定下来,而且政府将确保为这些机构提供资源,以便使这种必要的扩充不会损害有关高校的教育质量。

高等教育规模的扩大仅仅是解决方案的一部分。"十一五"计划同时还必须解决教学标准不统一、教学大纲过时、设备不足等问题。最重要的是,有必要创建一个能够吸引一流教师来大学任教的环境,让他们在一个宽松自由、资源丰富的环境中与全世界的同行进行有效交流。这就要求对现行体制进行全面改造。

"扩充、全纳和优异"这三重目标需要中央和各邦在高等教育领域中大幅度增加投资。各个年度计划中的经费预算都要保持不断提高,但是,大学自身也要增加资源,切实提高学费收入。同时,要通过银行系统和其他机构,努力制定出更宽泛的以学业成绩为基础的贷款和奖学金计划。有必要扩大全国优秀奖学金计划,使其至少覆盖教育和技能培训领域前2%的学生。我们也应该努力增加表列种姓和表列部族儿童的奖学金范围。

为穷人和处境不利人群扩大接受优质高等教育的机会固然重要,然而,他们从高等教育中获益的能力在很大程度上是由他们所接受的中小学教育的质量决定的,认识到这一点也是很重要的。必须提高这些群体所受的中小学教育的质量,以确保他们进入高等教育机构后不再处于劣势地位。

开放大学制度是扩大高等教育的一个重要工具,因为它克服了基础设施方面的制约。在建成可以使用的大型网络和得到良好支持的开放学院之前,开放中学的计划应该得到加强和扩大。如果某些学科不需要在实验室进行工作,开放教育还有助于帮助学生在互联网信息处获得那些事先录音的可供挑选的讲稿、指南和标准化测试。这些测试和考试中心可以部分地采用标准化考试,从而减轻学生的压力。因此,负责测试和考试的自治机构应该得到发展。"十一五"计划应该注意建立起以电子方式提供的教学内容和测试系统,这样可以缓解基础设施方面的压力。

私营部门在提供优质教育中的作用也应该得到承认,而且,要创造一个适宜的有利的环境以便它们在我们扩大高等教育的目标方面提供支持。私立高校既不由中央政府资助,也不由邦政府资助,因此不能指望它们的学费结构与那些由中央或各邦政府资助的机构一样。现行有关管制私立教育机构的制度安排导致了一系列法院裁决的出台,而且,这种制度安排也许没有反映出人们对财务管理方面的强制措施有充分的赞同。只有允许私立高校在收取合理费用的同时向一定比例的学生提供奖学金,它们才能得到适当的发展。如果我们想看到健康发展的优质的私立教育,就有必要对现行体制进行全面的评估,使之更加清晰和透明。

(五)成人识字计划

"十五"计划规定的实现75％识字率的目标有望在2007年完成。印度将提前实现到2015年文盲率减半的目标。然而,继续缩小地区的、社会的和性别的差距仍将是需要关注的重要问题。

我们的目标是,"十一五"计划结束时成人识字率达到85％。我们国家有3亿成人文盲,有相当大的比例尚未被任何成人教育考虑到。要为35岁以上的人群制定一种新的、以计算机为基础的自学课程。

目前,识字计划覆盖了全国600个县中的598个。"十五"计划的中期评估指出,有必要整合包括全民识字运动(Total Literacy Campaign)在内的各种成人识字计划。要通过定期监测,对非政府组织开展的各种课程的质量进行评估,中央和各邦政府要制定出一个认证程序。要充分利用各种网络资源,在全民识字运动中实现成人识字的目标。

我们现在对成人识字的衡量标准已经不能完全满足新千年所要求的功能性识字水平的指标。由塔塔咨询服务机构开发的以计算机为基础的功能性识字工具能使成人文盲在8～10周内学会看报纸。如果把识字运动作为一项使命在全国范围内展开,那么印度在五年内就有望达到100％的识字率。总理科学顾问委员会已经提议把它作为一个全国性的使命。通过继续教育计划,我们必须努力把识字率提到一个更高的层次。作为一个独立的分支,"十一五"计划将创建一个有效的继续教育模式。

(六)利刃:科学和技术

在当前的知识经济时代,我们的发展完全取决于能否利用科技来促进创新性方法的形成。因而,科技能力被认为是确立国家发展地位的可靠基准。印度必须在这方面处于领先地位。"十一五"计划的科技发展方案应该在这一理想的指导下进行。其重点应该是:

第一,制定一项综合的科技计划,提供所需资源;逐步加强基础研究,建立国家层次的政策制定机制和为基础研究提供方向的机制。

第二,增加科研人才的储备,加强科技基础设施。努力寻找和培养立志把科学研究作为毕生追求的聪明学生。改组和改造大学,改善为科学家服务的条件。

第三，以任务的模式有选择地实施一些与国家技术竞争力相关的"国家旗舰方案（National Flagship Programmes）"，以便印度可以在某些高新技术领域处于领导地位。

第四，建立具有全球竞争性的科研设施和卓越的学术中心。激发创新精神，使科学家能够把科研成果转变成产生产品和工艺这类财富的技术。要关注高等教育中公私合作新模式的发展，尤其是大学科学研究和高科技领域中的公私合作。

第五，运用有效的方法和手段，促进企业界和学术界的合作，开发、应用和推动研究成果进入市场，使企业界在加强国家科研基础设施方面提供更多的投资。

第六，大力促进同其他国家在科技领域方面的联系，包括参与大型的国际科学项目。

第七，建立一个有实权的全国科技委员会（National Science and Technology Commission），负责与科技相关的一切事宜（行政、财务和科学），包括对科学家和科研机构的科学审计和业绩评估。

第四节　教育公平是当前印度教育发展战略中的重点

一、负面作用严重的精英教育优先发展战略

（一）印度领导人的"西方阴谋论"导致优先发展高等教育

印度独立后，国家领导人很快就在教育与国家发展之间的关系上取得了基本一致。他们认识到，为了实现摆在这个新生共和国面前的社会经济发展目标，教育的发展水平是决定性因素。在教育方面，他们认为培养足够的高层次熟练人才与培养有文化的普通劳动者是同等重要的。因此，教育发展的阶段性理论，即应该按照初等教育→中等教育→高等教育的顺序发展的说法，遭到印度教育决策者的反对，他们认为这套理论是一些发达国家的"专家们"顽固地向第三世界国家头脑简单的人兜售的骗人的东西。[①] 基于上述认识，加上印度政治、经济、文化传统与教育方面的多种因素的综合

---

① Raza, Moonis. Higher Education in India: Retrospect and Prospect. New Delhi: Association of Indian Universities, 1991:32.

作用,独立后的印度领导人在教育上采取了同时快速发展基础教育和高等教育的战略,而在具体实践中长期偏重高等教育的发展。

1947年,印度摆脱英国的殖民统治获得独立并于1950年成立印度共和国,当时的高等教育规模小且质量低。为了使高等教育适应国民经济和社会发展的需要,印度政府在高等教育规模上采取了迅速发展的战略,在提高高等教育质量方面创建了独立于大学系统之外的"国家重点学院"体系。50多年间,印度创办了18所"国家重点学院",这些学院共有约5万名在校生,以印度理工学院为代表的"国家重点学院"受到普遍好评。但在印度高等教育系统中,它们所占的比重不到1%,人们讨论更多的还是大学、学院以及在校大学生数量的迅猛增长问题。

从表1-1的统计数据中可以看出,在独立后40年的时间里,印度的大学数增长了约6倍,学院数增长了约10倍,而在校大学生数增长了约17倍。由于各国高等教育规模主要按在校大学生数来衡量,印度在校大学生数的增长速度之快不仅在发展中国家少见,即使与发达国家相比也毫不逊色,因此,一些印度学者把印度高等教育的迅速发展称作"过度的扩充""无情的扩充"。

表1-1 独立后40年间印度高等教育发展概况

年份	大学数	学院数	在校大学生数(万人)
1950—1961	30	750	26.3
1960—1961	49	1537	64.5
1970—1971	93	3604	195.2
1980—1981	123	4722	275.2
1990—1991	177	7346	442.5

资料来源:University Grants Commission. Annual Report 1996-1997. New Delhi:UGC, 19-21.

对于印度独立后高等教育规模快速扩充的原因,一些学者有不同的说法。曾主持"印度大学联合会"工作的著名学者 M.拉札主编的《印度高等教育:回顾与展望》总结了四个方面原因,即引进智力与创建自力更生的学术结构的需要、为经济发展培养高层次人才、广大民众认为接受高等教育是取得好工作的必要条件、基础教育发展对高等教育升学造成的压力。而我国学者赵中建教授认为,印度高等教育迅速扩充的原因是社会民主和经济发展的需要、西方理论因素的影响、高等教育法规的颁布与修订、个人对高等教育的渴望。综合各方面情况,笔者认为,从下列两方面考察印度高等教育规模快速扩充的原因似乎更清楚些。

第一,政府的政治意愿。国民经济与社会发展的需要固然对高等教育的发展有很大影响,但政府采取何种政策却是至关重要的。发展中国家在教育发展过程中应按初等教育→中等教育→高等教育的顺序进行,这已成为世界许多著名教育家和经济学家的共识,而印度政府在长期不能兑现普及初等义务教育目标的情况下大力发展高等教育,这种高等教育发展模式并不完全符合国民经济和社会发展的需求规模。而且,从 20 世纪 70 年代开始,印度大学生"毕业即待业"的问题日渐严重,但高等教育规模仍持续高速发展,显然,印度的高等教育发展也不是按"市场需求"进行的。这样,首要的决定因素就只能从政治方面寻找了。

印度政府大力扩充高等教育规模的政治意愿体现在三个方面:一是培养并巩固对社会起稳定作用的中产阶级。受高等教育人群容易取得待遇优厚的职位并逐渐形成特定阶层,作为既得利益集团,在通常情况下,他们求稳怕变怕乱,更倾向于对政府的支持。二是印度的高等教育仍然是"英才教育",一般民众子女的绝大部分在中等教育阶段甚至在初等教育阶段即被淘汰,高等教育大发展的受益者主要是中产阶级和上层阶级。三是高等教育对国民经济和社会发展有极大的促进作用。尽管印度高等教育迅速发展值得怀疑,但印度领导层对高等教育作用的明确认识应该是没有疑问的。

第二,管理上的失控。印度在高等教育上实行中央与地方合作的管理体制,中央政府主办并管理中央大学和国家重点学院,邦政府也有权创办并管理邦大学,邦大学的数量及其在校生的数量均占全国高校总数和在校生总数的 80%。印度独立后,几乎所有关于高等教育的专家委员会都建议注重提高高等教育的质量而控制数量上的盲目增长,印度国家计划委员会曾明确要求中央有关教育行政部门限制各邦新建高校的数量与招生规模,然而,印度高等教育几乎一直保持较高的增长速度。正像世界著名比较教育学家 P. G. 阿尔特巴赫教授所说的那样,独立后,"印度高等教育发展迅猛,但这种发展在很大程度上并未受到有关计划与建议的影响。印度比其他任何第三世界国家都更想规划本国高等教育的发展并至少提出了十几个主要的改革方案,但这些改革都失败了"。

另外值得一提的是,如果说"教育民主化"在解释战后欧美高教发展方面尚可适用的话,那么它对印度并不适用。道理很简单。在印度,生活在贫困线以下的人口长期维持在总人口的三分之一左右,另有接近三分之一的人仅能达到生活温饱的水平,文盲率至今仍高达约 30%,小学一至八年级的辍学率仍在 40%左右……印度广大民众的基本生存权尚有很大问题,接受初等教育的机会都很有限,"教育民主"又从何谈起?

（二）高等教育畸形发展的后果

独立后,印度高等教育的发展也取得了不容抹杀的成就,新建的国家重点学院系统仅用几十年的时间就获得了国际上的广泛好评,一些条件较好的大学也开始通过高级研究中心发展研究生教育和科学研究,高等教育从城市扩展到乡村的广大地区,向众多的青年提供了高等教育机会,等等,这些成就在发展中国家里是很突出的。然而,印度高等教育畸形发展造成的问题也是极为严重的。抛开高等教育畸形发展在经济方面的问题（如巨大的投资未产生应有的效益）、社会方面的问题（如少数上层阶级从高等教育大发展中获益）和教育系统内的问题（如普及义务教育长期受忽视）不谈,单就高等教育领域来说,高等教育规模迅猛扩充的不良后果也极为明显。

第一,学术水平较低且浪费严重。印度大学对下属各类学院中学生通过考试的标准规定得极低,除个别大学的及格标准为 40%之外（即总分为 100 分的试卷,学生得 40 分就为及格）,绝大多数大学的及格标准为 35%左右。大学为附属学院拟定的教学大纲所规定的教学内容陈旧而浅显,而在这种低标准的教学中,考试及格分数又仅为 35 分,毕业生的知识水平可见一斑。及格分数如此之低,印度本科生的淘汰率几十年来却一直维持在 40%左右,造成国家财力和人力资源的极大浪费。

第二,专业结构严重失衡造成大量毕业生待业。由于经济水平不高,经费有限,高等教育规模的扩充必然优先发展费用较低的普通文理科和商科专业,这也是殖民地时期印度高等教育专业结构上存在的严重问题。长期以来,印度在校大学生的 80%以上分布在普通文理科和商科各专业,而农林专业的学生比例一直在 1%上下徘徊。据估计,20 世纪 90 年代初,在印度约 3000 万待业青年中,有 20%以上是各级学位持有者,其中不乏硕士和博士。一些大学毕业生不是简单的"没有工作"（Unemployed）,而是"不能工作"（Unemployable）,因为他们掌握的知识陈旧过时且无一技之长。有些单位的招聘广告中明文规定一些高校的毕业生不能申报,许多用人单位在招聘时对学士、硕士学位持有者进行资格考试;有些用人单位为招聘的大学毕业生开设入门培训课程,有的单位开设这类课程是为了给大学毕业生"洗脑",让他们"忘掉"在大学里学到的知识。

第三,高等教育改革难有突破且积重难返。印度的大学制度是以英国伦敦大学为样板于 19 世纪中期创建的,称纳附大学制度,即,大学接纳本地区的高等教育学院为自己的附属学院,批准或拟定附属学院的教学大纲,指定教科书和补充教材,为附属学院的学生组织毕业考试(称"外部考试")并为通过考试者颁发学位,而大学本身不进行教学活动,只是单纯的考试机构。现在,印度虽然也有一些不接纳附属学院而由本校直属院系进行教学的单一大学,但纳附大学仍占多数。绝大多数纳附大学现在都设有以研究生教育为主的院系,但受大学外部考试制度影响的大学生仍占印度高校学生总数的 85% 左右。

由于实行教、考分离,互不负责,结果,大学考试机构越来越臃肿,工作效率低下,失误频繁;各学院本科阶段教学内容陈旧,教学方法单一;平时,教师不认真教、学生不认真学,考前搞突击,私人补课教师、补习学院遍布全国,大学成了名副其实的"生产学位的作坊"。尽管印度政府及有关机构从独立后即开始进行针对纳附大学制度的改革,但是由于主要注意力用于应付高等教育的数量扩充上,改革进展缓慢。由于这种陈旧落后的制度规模越来越大,各种既得利益集团互相牵制的力量越来越大,未来改革取得突破性进展的难度也越来越大了。

二、精英教育向普及教育转型的战略调整的困难及其原因分析

(一)初等义务教育长期难以普及

关于印度迟迟不能实现宪法规定的普及义务教育目标的原因,我国有数十位作者撰文论述,其中包括多位博士生导师,仁者见仁,智者见智。但是,笔者认为主要有三个方面的决定性因素。

第一,目标定得太高,不符合印度当时的国情。1949 年,印度 6~11 岁年龄段人口的入学率是 40%,11~17 岁年龄段人口的入学率只有 10%,国民中的文盲比例在 80% 以上,教育基础是很薄弱的。经受了将近 200 年的殖民统治,独立时的印度经济发展水平在发展中国家中是较好的,但主要是依附于宗主国英国的初级加工业发展得较好,而在当时印度大约 3.5 亿人口中,半数以上处于赤贫状态。这样的一个大国、穷国,要想在 10 年内普及 8 年初等义务教育是不可能的。

第二,在教育发展的重点领域上有所调整,双管齐下,导致对初等教育的投入急剧下降。印度领导人不相信当时西方教育家提出的应该按照"初等教育→中等教育→高等教育"的顺序发展教育的建议,认为这是一个阴

谋,从而实行普及初等义务教育和快速发展高等教育齐头并进的策略。从第二个五年计划开始,初等教育的经费一直维持在国家教育经费总量的33%左右,1966—1969年期间竟然降到24%,而同期的普通高等教育和专业高等教育的经费比例占到国家教育总经费的49%。

第三,印度中央政府在中小学教育管理上长期采取放任政策,主要由一级行政区(邦、中央直辖区、首都地区,现有35个)自主推行普及义务教育。由于各邦情况复杂,结果是有些地区普及义务教育发展得较快,有些地区发展得极慢。据印度人力资源开发部2008—2009年度报告,截至2006—2007年度,印度高级小学阶段(6—8年级)辍学率为零的一级行政区有8个,而辍学率超过50%的一级行政区有11个,其中,阿萨姆邦和比哈尔邦竟然超过了70%。[①]

(二)大学毕业生失业问题由来已久,人才外流现象日益突出

由于高等教育的发展规模和速度远远超过劳动力市场对高级人才的需求,印度在20世纪50年代中期就开始出现每年有数万大学毕业生失业的问题,时至今日,每年失业的大学毕业生数以百万计。

印度人口在2011年初已经超过12亿,而且还在以每年近2%的增长率增加。因此,印度每年新增劳动力都在2000万人以上。根据印度计划委员会的统计,截至2005年财政年度,印度失业人口可能达到3600万人,失业率则高达9.1%。而在失业人群中,印度大学毕业生的失业率达17.2%,高于全国总体失业率,有近40%的毕业生找不到有收入的工作。就业不足,不仅直接限制了人们分享经济增长成果的机会,而且还造成了资源的浪费,对印度的社会稳定也是一大威胁。[②]

与失业问题密切相关的"人才外流"现象在印度尤为突出。印度高科技人才外流和留学生出国热始于20世纪80年代,在80年代中期达到高潮并持续至今。2001年,英国广播公司(BBC)援引联合国开发计划署的报告称,印度每年仅计算机人才外流造成的损失就高达20亿美元。2009年,印度媒体宣称,印度每年出国的留学生带出外汇100亿美元(约合5000亿卢比)。

(三)国家综合竞争力受到制约

在影响国家竞争力的重要指标"高等教育与培训"中,印度在高等教育

---

① Ministry of Human Resource Development, Government of India. Annual Report 2008:317-318.

② 张立:《印度经济发展模式的经验及教训》,《天府新论》2009年第5期,第49页。

质量、数学与科学教育质量、管理教育质量、科研机构质量、科学家与工程师易得性等方面的得分远远高于中国，仅在高等教育入学率和校园网络普及程度两个项目中的得分低于中国。

而在初等教育的指标中，印度仅在教育投入方面的得分高于中国，却在教育质量和入学率方面远远落后于中国。由于印度普及初等义务教育目标提出 60 年后仍然任重道远，所以，印度初等教育对国家竞争力提升的"拖后腿"问题仍将长期存在。

另外，印度中等普通教育和职业教育适当分流的进展极为缓慢。印度早在 20 世纪 60 年代就提出了中等普通教育和职业教育适当分流的主张，"力争到 2000 年把高中教育阶段 25％ 的学生分流到职业教育中"甚至在 1986 年就写进了《国家教育政策》。尽管在中等教育阶段进行纯学校形态的职业教育弊大于利①，但是，印度高中阶段约 90％ 的学生完全学习学术性课程普遍被看成是严重的问题。由于多个报告和政策性文件都难以推动印度中等普通教育和职业教育的适当分流，印度的官方文献和有关学者的研究现在很少提及当前的分流比例情况。印度"全国抽样调查组织（National Sample Survey Organization，NSSO）"的数据显示，2005—2006 年度，印度 19～24 岁年龄段（高中毕业后一年至大学毕业后一年）的人口中，只有 5％ 的人接受过中等职业教育的某种培训。② 由此可见，印度中等普通教育和职业教育的分流比例仍然很低，成为影响印度劳动者基本素质的重要因素。

基于上述情况，从 20 世纪 80 年代中期开始，印度政府开始大幅度减少对普通高等教育的投入，转而逐渐增加对初等教育的投入。在第七个五年计划期间（1985—1990 年），高等教育经费在占据教育经费总量 20％ 以上长达 20 年之后首次回落到 20％ 以下，1990—1992 年度计划期间降到 12％，"八五"期间（1992—1997 年）跌至低谷，仅占 8％；与此相对应，初等教育经费的比例从此前的 33％ 上升到"七五"计划和 1990—1992 年度计划期间的37％，"八五"期间又进一步剧增至 47％。

三、突出公平的教育发展战略

（一）普及初等义务教育成为重中之重

伴随着 20 世纪 90 年代初开始的经济改革，印度各界对普及 8 年初等义

---

① 　石伟平：《比较职业技术教育》，华东师范大学出版社 2001 年版，第 332—335 页。

② 　Planning Commission，Government of India. India 11th Five Year Plan. Vol. 12，Education，p20.

务教育的重要性与迫切性有了更加深刻的认识。认识的转变导致对发展策略的调整,印度对初等教育的投入大量增加,"九五"期间(1997—2002 年),初等教育经费占教育总经费的 65.7%。[①]

在国家投入不断增加的条件下,印度在普及 8 年初等义务教育方面采取了一些有力的实际措施,包括继续推行"不留级制",大力推进《国家教育政策》(1986 年)提出的"操作黑板计划",实施"县初等教育计划(简称DPEP)""初等教育普及计划(印地语的英文拼写简称 SSA)"和"免费午餐计划(简称 MDMS)"。作为这些计划的结果,印度初等教育的入学率近年来增加较快。印度高级小学的毛入学率(GER),1993—1994 年度为 67.7%,1997—1998 年度为 58.5%,2006—2007 年度的最新统计数据为 73.6%。

(二)教育公平与效率力求兼顾

印度独立后实行的精英教育(高等教育)和普及初等义务教育"齐头并进"的战略,在当时特定的历史条件下最终走向了片面发展高等教育的道路,虽然为国家培养了大量高层次的人才,但是也造成了高等教育畸形发展和普及初等义务教育一直不能实现的严重问题。从 20 世纪 90 年代初开始,印度中央政府把教育发展的重点转向初等教育,以前所未有的力度加速普及 8 年初等义务教育;21 世纪初,随着普及初等义务教育的目标即将实现,印度又提出了普及中等教育的目标。此外,为了尽早实现高等教育大众化,印度在 21 世纪初明确了推进高等教育私营化的战略,同时进一步扩大落后阶级、弱势群体接受高等教育的机会,从更高的层次和全局角度谋划教育公平。

此外,教育质量问题在印度一直受到很大的关注。除了很早就开始重视天才儿童的教育、创建国家重点学院系统之外,当前,在普及初等教育的目标即将实现之时,印度政府又开始不断强调要普及优质的初等教育,同时,把条件较好的一些高等学校改建为新的印度理工学院,投入巨资扩大优质高等技术教育的办学规模,加强对全国高等院校的质量管理。

---

① Planning Commission, Government of India. Tenth Five Year Plan 2002-2007. Chapter 2. 2, Elementary Education, p32.

第二章　影响印度教育公平战略的基本因素

第一节　影响印度教育公平的政治因素

一、宪法和相关法律文件中对教育公平的规定

本书第一章中简要介绍了印度民主政治制度的架构和印度开国领导人的民主社会主义思想。客观地说,尼赫鲁深受社会主义思潮的影响,以他为首的印度国大党左翼领袖们把社会公正作为印度共和国最重要的发展目标之一,走上了一条开拓创新之路。新生的印度共和国既不是传统意义上的资本主义国家,也不是传统意义上的社会主义国家,而是"民主社会主义"国家。① 实际上,尼赫鲁很早就开始了"有印度特色的社会主义"实践。关于印度的国体,印度官方的表述是"社会主义民主共和国"。

印度共和国宪法中有许多关于教育和社会公平公正的条款,其中涉及教育公平的条款如下。

宪法第 29 条第 2 款规定:"凡由国家主办的任何教育机构,或者接受了国家拨款的任何教育机构,均不得以宗教、种族、种姓、语言或者其他理由拒绝公民入学。"

宪法第 30 条第 1 款规定:"信奉不同宗教和讲不同语言的所有少数民

---

① 林承节:《印度现代化的发展道路》,北京大学出版社 2001 年版,第 35—37 页。

族都有权自主选择、建立和管理教育机构。"该条第 2 款规定:"国家在对教育机构进行援助性赠款时不得歧视少数民族主办的教育机构,无论该少数民族是宗教上的少数民族还是语言上的少数民族。"

宪法第 46 条规定:"国家应该特别关心并促进人口中弱势群体的教育和经济权益,特别是表列种姓和表列部族的教育和经济权益,保护他们免受社会歧视和各种形式的剥削。"

宪法第 350 条规定:"在初等教育阶段,各邦政府和地方教育当局应该努力为讲不同语言的少数民族儿童提供适当的母语教学设施。"

1968 年《国家教育政策》在论及教育发展的指导原则时,第 4 条就是"教育机会均等",提出要竭尽全力实现教育机会的均等。具体措施包括:(1)要纠正各地区间存在的教育设施不平衡的现象,为农村地区和其他落后地区提供良好的教育设施。(2)为了促进社会的和谐和国家的一体化,应该采用教育委员会建议的"共同学校制度"(Common School System)。应该采取措施提高普通中小学的教育标准。诸如公学(Public School)这些特殊学校要根据成绩招生,同时按照规定的比例提供一定的奖学金名额以防止社会各阶级间的互相隔离。然而,这将不会影响宪法第 30 条规定的少数民族的权利。(3)女性的教育应该受到重视,这不仅是基于社会公正,还因为这将加速社会的变革。(4)需要采取有力的措施,发展落后阶级的教育尤其是部落民的教育。(5)为身体和智力残障儿童提供的教育设施应该得到扩充,要尝试开发一体化的教育课程以便残疾儿童能够在正规的学校中学习。

1986 年《国家教育政策》(1992 年修订),第四部分名为"为了平等的教育",主张教育机会均等,分别以"为了妇女平等的教育""表列种姓的教育""表列部族的教育""其他教育落后的部分和地区""少数民族""残疾人""成人教育"为题,论述了在这些方面应该采取的措施以及采取这些措施的必要性,篇幅很大,详见本人专著《印度教育战略研究》的附录部分。

二、印度"社会主义类型社会"的内在要求

以圣雄甘地和贾瓦哈拉尔·尼赫鲁为代表的印度独立运动领导人,对在印度实现"社会公正"和"国家财富公平分配"并进而建设一个繁荣富强的印度怀有美好的愿望。

早在 20 世纪 30 年代初,尼赫鲁就深受费边社会主义和甘地主义思想的影响,亲眼看见了苏联社会主义建设的成就和资本主义的弊端,对社会主义问题进行了认真的思考。当时,国大党内激进派谈论社会主义是很时髦

的事情。但是,尼赫鲁最终没有成为一个真正的社会主义者,他自己也不讳言:"我的政治思想是我的阶级——资产阶级的政治思想。"

尼赫鲁在政治上崇尚西方资产阶级民主政治,反对马克思主义的阶级斗争学说;在经济上,维护有产阶级利益和资本主义私有制。同时,他也客观地看到资本主义社会尤其是垄断经济的许多弊端和社会主义国有计划经济的成就,企图寻找一条适合印度国情的,既不同于资本主义、也不同于共产主义的"第三条道路",把资本主义的议会民主制度与社会主义的计划经济结合起来。他说:"对于我来说,我相信议会民主和个人自由,但我也相信经济迅速发展是至关重要的,我们必须把两者结合起来。"这就是尼赫鲁的社会主义类型社会,即民主社会主义。

然而,特别值得一提的是,尼赫鲁领导独立后的印度走上民主社会主义的发展道路,还有一个不容忽视的重要原因,那就是1954年10月他的中国之行。尽管尼赫鲁在公开场合一再回避这一点,但是这一事实是显而易见的,"他被中国迅速发展这一事实所吓倒,而且只是在他从中国回来后,自1947年以来第一次谈到印度建立社会主义的必要性"。尼赫鲁访华回国后,在对国大党议会党团讲话时承认,中国的发展对他是一种压力,他说:"这里始终存在着某种东西,我们必须密切地注意到它,这就是我们不能落后,我们要赶上去。"他要与中国开展竞赛,把印度建成一个有声有色的大国。同年11月,尼赫鲁组成"国民发展会议"并要求它制定一个"完全不是教条主义意义上的社会主义社会蓝图";12月,印度人民院通过一项决议,宣称"我们的经济政策的目标应该是建立一个社会主义类型的社会"。1955年1月,国大党在马德拉斯的阿瓦迪召开第70届年会,通过了"关于建立社会主义类型社会的决议"。

印度第二个五年计划对"社会主义类型社会"的概念做了比较清楚的解释:"社会主义类型社会的最根本的意思就是,决定一条发展路线的基本标准,是要有利于社会,而不是有利于私人。发展的模式和社会经济关系结构的设计,不仅为了最终国民收入和就业的显著增长,而且也要使收入和财富的占有更加公平。"

综上所述,印度的"社会主义类型社会"的实质内容就是,在经济上实行混合体制,使公营经济和私营经济在竞争中同时发展,配合农村土地改革和乡村建设计划,促进印度工农业资本主义发展;在政治上实行资产阶级的议会民主制,在维护统治阶级根本利益的前提下,用和平民主的方法革除社会封建流弊,实现"社会公正"和"国家财富公平分配"的社会目标。60多年的实践证明,在资本主义制度下,印度很难实现这些目标;主要生产资料为社会所有和控制,表面看起来似乎进展很大,其实也是发展了国家垄断资本主义。一位印度的大资本家 G.D. 比尔拉看得很清楚,他说:"只有在国大党的'社会主义类型社会'里,印度的资本主义才能生存。"可见,与其说印度是在建设"社会主义类型社会",还不如说是在建设改良的印度式的资本主义社会。①

三、民主政治与各行其是

(一)"世界上最大的民主国家"

如前所述,人们通常把印度视为资本主义国家,包括印度人在内的世人也把印度称为"最大的民主国家"。

1950 年 1 月 26 日生效的宪法规定印度为联邦制国家,是主权的、社会主义的、世俗的民主共和国。公民不分种族、性别、出身、宗教信仰和出生地点,在法律面前一律平等。总统为国家元首和武装部队的统帅,由联邦议会及邦议会组成"选举团"选出,每届任期五年。总统依照以总理为首的部长会议(内阁)的建议行使职权。

印度的议会由联邦院(上院)和人民院(下院)组成。联邦院议员由总统任命 12 名,其余的由各邦及中央直辖区立法院议员选举产生,代表各邦,任期六年,副总统为法定的联邦院议长。人民院是印度的主要立法机构,其主要职能为:制定法律和修改宪法;控制和调整联邦政府的收入和支出;对联邦政府提出不信任案,并有权弹劾总统。人民院有 545 个席位,2 名议员由总统直接任命,其余的议员通过选举产生,每五年举行一次大选。

最高法院是最高司法权力机关,有权解释宪法、审理中央政府与各邦之间的争议问题等。最高法院法官由总统委任。总检察长由总统任命,其主要职责是就执法事项向政府提供咨询和建议,完成宪法和法律规定的检察权,对宪法和法律的执行情况进行监督等。

(二)印度民主制度的成败得失

印度是历史悠久的文明古国,近代以来又长期遭受英国的殖民统治,所以,影响印度政治的因素极为复杂。秦仕春先生认为,尽管存在着不尽如人意之处,但是总体来看,印度的政治体制运行还比较成功。具体原因在于:

第一,印度的议会民主把各种政治力量纳入了合法的政治斗争的轨道,

---

① 杨翠柏等:《印度政治与法律》,巴蜀书社 2004 年版,第 10—13 页。

避免了大规模革命的发生,保证了国家政权的平稳过渡和政府组成的合法性,缓和了社会矛盾。

第二,普选制度的社会动员激发了民众的民主意识,扩大了政治参与,打破了印度传统社会中特有的封闭性,促进了社会变革和开放。

第三,政府实行了一系列有利于国家统一的制度和政策,如建立世俗政权、尊重宗教信仰的自由、军队由中央控制、从中央到地方实行文官制。军人和文官都不参与政治活动,保持对国家的忠诚,这对国家的政治稳定和统一有积极的作用。

第四,尼赫鲁等政治家把民主带上了正轨。对于发展中国家而言,由于经济社会发展水平的限制,政治发展受到权威人物的影响很大,而政治家的个人抉择对国家的政治发展道路和制度选择有着至关重要的影响。

当然,印度的政治发展也存在不少问题,比如,民众政治意识的觉醒和政治参与是现代民主政治的需要,然而由于资源短缺和国家在财富的分配上能力有限,这可能导致社会的分裂和政治上的动乱。今天的印度处于变革中,社会关系也出现了紧张,印度政府的治理能力显露出软弱,突出表现在两个方面:

第一,种族问题、民族问题、宗教问题成为危及印度政治稳定的长期隐患,而印度政府对这些问题几乎无能为力。

第二,在印度的议会制度下,各种政治力量把掌握政权作为首要目标并互相牵制,不能很好地解决社会问题和民生问题。

20世纪90年代以后,国大党相对衰落,没有一个政党能够成为多数派,经常出现多党联合执政,导致政局不稳,政府更迭频繁。而印度的教派主义、低种姓的觉醒、民族矛盾、阶级矛盾等,这些都在侵蚀着民族的凝聚力,影响了政治稳定。因此,秦仕春先生认为:"当今的印度处于由传统社会向现代社会的转变时期,其社会的多元性、分裂性和传统性决定了这种转变将是一个充满了社会、政治动荡不安的过程,国家与社会整合将是印度一项长期、艰巨的任务。"[①]

我国的印度问题专家毛四维先生以"印度民主的成败得失"为题撰文,指出,世界上许多政治家、思想家和社会活动家都对印度政治很感兴趣,不仅是因为印度人口占世界总数的六分之一,更重要的是,印度实行的是正宗

[①]　秦仕春:《印度的政治制度和政治发展浅析》,http://qinshichun. blog. sohu. com/98621361. html. 2013-10-29.

西方式民主,直接传承了英国议会制度,也就是说,这个世界上"最大民主国家"的成败得失,在一定程度上关系到对民主普世价值的判断。他认为,印度民主制度有"五大成就""四大弊端"。

首先,"五大成就"。

一是维护了国家统一。印度在历史上缺乏政治统一的经历和文化,是英国在南亚的殖民统治为其奠定了统一国家的政治、经济和社会文化基础。英国前首相丘吉尔曾说过,印度与赤道一样,只不过是个"地理名词"。由此不难想象,独立后的印度要维护国家统一将是多么的艰难。

二是印度从未发生过军事政变。印度的政权交替从来是通过选举和平进行的,这在发展中国家可以说是罕见的政绩。

三是选举的安全和公正享有制度保证。印度宪法规定,由一个独立的选举委员会全权负责印度联邦议会、各邦立法机构以及总统和副总统的选举事务。由于该委员会的出色工作,印度的选举具有相当的权威性,公平选举已开始成为印度政治文化中的一个重要部分。

四是社会不公正得到相当程度的纠正。印度是一个根深蒂固的等级社会,但印度不是通过革命手段来改造现实的。印度宪法规定废除种姓制度,并通过"保留制度"为弱势群体在受教育和就业等方面提供一定的比例保证。同时,印度不断深化的选举政治使得"贱民"和低种姓阶层逐渐认识到他们自己的选票力量,以致政坛出现了一批代表他们的政党和政治家,其政治影响力与日俱增。

五是"族群政治"开始让位于"发展政治"。印度是一个多种族、多种姓、多宗教的多元化社会,"族群政治"长期在政坛占据主导地位。然而,近年来似乎出现新趋势,选民开始更多地从经济发展和社会治理的角度对各政党的政绩进行评判,选举的理性因素在增加。

其次,"四大弊端"。

一是政治犯罪化。印度不少地区经济和社会发展落后,金钱和暴力操控政治,以致黑社会人物轻易当选。尤其是在政治竞争越来越激烈的情况下,各党都需要"胜者",而不是"好人",因此,许多政党的候选人中充斥着刑事犯罪分子。统计显示,印度中央和地方两级议会的议员中,约有三分之一涉及刑事犯罪。因此,印度早就有一社会共识,即"好人不参政"。前不久,印度最高法院做出具有历史意义的重要判决,规定凡被法庭判处两年或两年以上徒刑者,无论其上诉与否,都将立即失去议员资格,自然也不能参加新的选举。乐观估计,按此行事,印度新一届人民院的构成有可能出现积极变化。

二是议会议政能力下降。近年来印度议会的表现越来越糟，因无法维持正常秩序而不得不休会的频率越来越高。电视画面经常呈现议员们拼嗓门、比蛮力、撕文件、摔话筒的场景，前不久甚至发生一名议员在会场使用胡椒喷雾器攻击对方的咄咄怪事。

三是中央政府决策能力弱化。印度社会多元化的特点必然在政治生活中有所反映，从而导致印度政治力量逐渐走向分散化、碎片化。自 1989 年以来，没有任何政党能够在议会人民院赢得过半数议席；从 1996 年以来，没有一届中央政府不是联合政府。在"悬浮议会，联合执政"的时代，大党为获得政治支持，往往不得不屈服于小党赤裸裸的利益要求，这不仅使得中央政府的决策能力受到诸多限制，而且也使社会的政治道德受到严重侵蚀。

四是政治对经济发展构成障碍。这个结论是以长期经济数据为支持的。据世界银行公布的数据，在 1980 年，印度国内生产总值是 1896 亿美元，而中国是 1894 亿美元；印度人均国民收入为 270 美元，而中国为 220 美元：两个数字印度均领先。但 30 多年后，在 2012 年，中国的国内生产总值为 8.23 万亿美元，是印度 1.84 万亿美元的约 4.5 倍；中国的人均国民收入为 5720 美元，是印度 1580 美元的约 3.6 倍。国际上有人预言，民主的印度终有一天会在经济领域超过中国，但目前尚无数据支持这个预言。[①]

四、教育上的中央与地方合作

(一)印度教育的管理体制

独立之后，作为一个联邦制国家，印度实际上继承了由英国遗留下来的中央政府和邦政府合作管理教育的体制，并由宪法和各种立法分别规定了各有关方面的管理权限。

1950 年生效的印度共和国宪法分别规定了中央政府的权限（Union List）、邦政府的权限（State List）及中央政府与邦政府的协同权限（Concurrent List，有的学者译为"共同责任"）。尽管"教育，包括高等教育"属于邦政府的权限，但各邦的权限受到"协同权限"中有关条款的限制。

根据宪法规定，原则上，中央政府在教育方面的权限主要包括：管理和维持全部或者部分由中央政府拨款的大学和其他教育机构以及由议会立法

---

① 毛四维：《印度民主的成败得失》，http://maosiwei. blog. ifeng. com/article/32181164. html. 2014-05-20.

批准的全国重点院校;协调与制定高等教育和科学研究机构的(设立与运作)标准;推进印地语的传播和发展;建立国家级的职业技术培训机构;建立国家级的推进专门研究的机构;为所有印度儿童提供免费的义务教育直到他们年满14周岁。

另外,中央政府还应该负责:与联合国教科文组织、其他国际组织和外国政府合作处理教育领域的问题;管理由外国政府支付的印度学者去国外进行学习和研究的奖学金以及外国人到印度进行学习和研究的奖学金;管理由印度政府拨付的资助印度学者去国外进行学习和研究的奖学金;促进全国范围的青年服务和体育活动;除了直接负责落实中央政府制定的教育计划之外,还要对各邦和中央直辖区政府在制定与贯彻教育计划方面进行指导;对各邦政府就教育的各方面问题提出总体上的建议;协调全国的教育进展,并公布与此进展有关的统计数据,出版其他的相关文献。

印度宪法有关协同权限的条款规定,印度中央政府和各邦政府对全国经济和社会发展计划的制定工作负有共同责任。当然,中央政府在这方面的权限要大一些,而且,中央政府还有权出于公共利益的考虑对某项事业予以拨款支持,尽管这项事业可能不属于联邦议会的立法权限范畴。

1977年以后,中央政府的权力增大了。1977年1月生效的宪法第42修正案把整个教育事业从邦政府的权限范围划入协同权限范围,中央政府对全国教育事业有了比以往更大的发言权,可以针对全国教育的各个方面进行立法。在中央政府和邦政府对同一个教育领域都有立法的情况下,中央的法律高于邦的法律。

(二)各级教育管理部门

印度的教育管理部门可以分为中央和地方两个层次,中央政府的教育管理部门包括人力资源开发部等机构,地方教育管理部门依据行政区划的层次可以细分为4~5个管理层次。

1. 印度的中央教育管理部门

(1)人力资源开发部(The Ministry of Human Resource Development, MHRD)。在印度,中央政府对高等教育的行政管理主要通过人力资源开发部(简称"人资部")来实施。此外,中央的一些业务部门也管理各自领域的专业教育,例如,农业部兼管农业教育,卫生部兼管卫生教育,等等。

(2)中央教育咨询理事会(The Central Advisory Board of Education, CABE)。中央教育咨询理事会是印度教育领域中向中央政府和各邦政府提

供建议的最高咨询机构。它最早成立于 1920 年,1994 年被解散,2004 年 7
月,印度政府重新设立 CABE。CABE 的主席由人资部长兼任,成员中有社
会各界的代表、议会上下两院选举出来的代表以及中央政府有关部委、各邦
政府和中央直辖区主管教育的官员。

CABE 是讨论全国教育改革与发展问题的论坛,经它一致同意的报告
被提交给中央政府有关部门后通常会被批准为全国性政策。但是,"印度民
主政治的特质"使现在的 CABE 成为各党派发泄自己的不满、争取自己的利
益的"角斗场"。20 世纪 90 年代中期以来它两次被长时间地中断运作和有
关它开会情况的报道很能说明问题。

2004 年 8 月,印度"Dance With Shadows"网站以"咨询理事会上政治战
胜教育"为题发表了一个长篇报道,介绍了在 CABE 会议上各党派代表之间
的斗争情况。作者指出,会议的讨论中充满了诋毁之词与故作姿态,而对解
决教育问题漠不关心;有的代表在发言时大呼小叫,一些代表还以退出会场
表示抗议。"总之,在中断了如此长的时间之后,CABE 会议取得的成果微
不足道。人们看到的是一场闹剧:政客们顽固坚持自己的立场,口蜜腹剑,
装腔作势,捶胸顿足,当然,最后还是成立了一系列委员会。而学校的教室
还像以前一样空空如也。"

（3）大学拨款委员会(University Grants Commission,UGC)。印度中央
政府对高等教育的规划、指导与管理,主要通过"大学拨款委员会"进行。印
度大学拨款委员会成立于 1945 年,直至 1956 年,在各方面互相妥协后,成
立 UGC 的正式法案才在议会获得通过。

UGC 现由 12 名委员组成,包括全天工作制的主席、副主席各 1 名,另
10 位委员只出席委员会会议,其中,有 2 位代表印度政府的官员,即人资部
和财政部的国务部长是当然的委员;另有至少 4 位委员在接到任命时为大
学教师;其余委员从各类专家中任命。所有委员都是由人资部任命的,但是
UGC 没有从人资部、其他中央各部委或各邦政府调转过来的职业公务员。
UGC 有常设的秘书处。

根据法案规定,UGC 通过与各大学及其他有关机构协商,有权采取它
认为适当的措施,以促进和协调高等教育的发展,决定并维持大学中的教
学、考试及研究标准。为了实现这些目标,UGC 可以调查各大学的经费需
求,分配并发放给各大学的拨款,建立并批准资源共享机制,提出改善高等
教育的措施,在新大学的建立及经费分配等方面提出建议,等等。此外,
UGC 还有权确定高等学校教学人员的资格、授予各级学位的最低授课标准

以及维持高等院校的标准等。

根据 UGC 法案第 13 条和第 14 条的规定,UGC 有权对全国的高等院校进行审查,并可以对审查后它认为不合格的院校停止拨款。很多人据此对 UGC 提出批评,认为它没有很好地行使或根本就没有行使法律赋予它的权力,相反,它却总是抱怨各邦在新建高校时不与它协商;如果 UGC 根据法律持强硬而坚决的态度,局面本来可以不至于这么糟。针对此类批评,UGC 的解释是:"只有当大学出现了严重错误时才能对其进行审查,我们不想因审查而损害了大学的学术氛围。要对大学进行审查,必须考虑各种社会因素及其他因素,它是迫不得已才能用的手段。"至于停止拨款,UGC 的解释是:"我们认为这是一种极端的步骤,它会在学生和教师心中造成极大的不安。"

由于高等教育需要国家大量的经费投入,且高等教育的发展水平对国家的政治、经济、文化及社会等各方面均有重大影响,各国政府不断加强对高等教育的领导管理。但是,作为知识传递与创新的重要机构,高等院校又应该享有学术上的高度自由与自主,这种学术自由与自主对创建高水平高等院校的重要性已被各国的实践所验证。因此,如何解决政府与高校的关系是许多国家仍在尽力解决的紧迫问题。

总的来看,印度 UGC 在协调高等教育的发展、维持高等教育的最低水平、不断改善高校的办学条件、提倡学术创新、大力提高高校教师的待遇等方面发挥了积极的作用,取得了很大的成绩。但是,它在高等教育发展规模上的失控,在改革阻碍高等教育质量提高的陈规旧制方面的劳而无功,也使印度高等教育中蕴含了巨大的危机。成绩的取得,是 UGC 全体工作人员不懈努力与各方面支持的共同结果;而管理上的失误,虽然有党派斗争及不健全的政治体制等方面的原因,但 UGC 工作的软弱无力还是根本原因。有法不依,执法不严,UGC 在这方面的严重失误不应归咎于别人。

(4)全印度技术教育委员会(All Indian Council for Technical Education,AICTE)。全印度技术教育委员会是印度科技教育的最高管理机构。AICTE 成立于 1945 年,作为本领域最高级别的咨询机构,负责向中央政府和邦政府就技术教育的发展提出建议,但是不具备法律权威。1987 年,印度中央政府制定并通过了一条法令,赋予 AICTE 以法定权力。AICTE 的权力主要包括:审批高等技术院校的设立与新专业的开办;为高等技术院校制定规范与标准;通过对高等技术院校或专业的认证,确保高等技术教育高质量地发展。

从 1988 年至 1993 年,AICTE 的主席由人资部部长兼任。1993 年 7 月以后,AICTE 开始有专职主席。除了主席实行任命制之外,AICTE 的工作人员都是从中央政府各部委、大学拨款委员会和各类学术机构招聘或借调的,算是各界代表。

除了制定全国性的技术教育标准之外,AICTE 还设立了各种研究基金、学术研讨会补助基金和各种荣誉奖励,鼓励科技工作者和教学人员追求卓越。它还通过举办继续教育的学位班和证书班,使企业界的专业人员和各类院校的教学科研人员在一起学习,互相取长补短。

印度的许多邦设有邦一级的技术教育理事会,像 AICTE 协调全国技术教育事务一样,各邦技术教育理事会协调本邦的技术教育,同时,根据AICTE 制定的规章制度,向本邦政府提出涉及本邦技术教育的建议。

(5)全国教育研究与培训委员会(National Council of Educational Research and Training,NCERT)。全国教育研究与培训委员会由印度中央政府于 1961 年建立,是根据 1860 年的《社会团体注册法案》成立的自治性社团组织,对中央政府和各邦政府教育政策的落实予以协助、提出建议。

建立 NCERT 的目的是:推动教育研究,开发示范教材,对教师进行职前培养和在职培训,与各邦政府教育部门、各大学和非政府组织建立密切联系,发挥一种信息交流中心的作用。实际上,NCERT 主要在中小学教育领域发挥作用。

1968 年的《国家教育政策》决定在全国中小学阶段采用统一的 10+2 学制结构之后,NCERT 于 1975 年制定了"10 年制学校的课程框架",1976 年制定了"高中教育及其职业化"方案。1986 年的《国家教育政策》规定每 5 年修订中小学的课程,据此,NCERT 分别于 1988 年、2000 年、2005 年公布了 3个课程框架。

(6)中央中等教育理事会(Central Board of Secondary Education,CBSE)。中央中等教育理事会也是自治性社团组织,其起源可以追溯到 1921年成立的"合众省中学和中间学校教育理事会(United Provinces Board of High School and Intermediate Education)",1952 年改用现名,1962 年重组。截至 2007 年 3 月 31 日,CBSE 管辖的中学约有 9000 所,其中包括设在印度以外的 21 个国家中的 141 所中学。

CBSE 没有政府拨款,经费完全依靠自筹,主要的经费来源是考务费、会员费和理事会出版物的收入。

CBSE 的主要工作目标和活动有:规定中学考试的条件,举办初中毕业

(10 年级)和高中毕业(12 年级)2 次公共考试,为会员学校通过考试的学生颁发合格证书;为工作岗位调转到不同地区的国家公职人员的子女提供教育;规定、更新教学与考试科目;接纳协助举办公共考试的会员单位,提高全国中等教育的学术水平。

根据中央政府授权,人力资源开发部主管中小学教育和识字司的国务部长或者"印度政府秘书"负责监管 CBSE 的工作,任命 CBSE 的主席及其手下的 5 位部门负责人。

2. 印度的地方教育管理部门

(1)印度地方的行政层级

要了解印度的地方教育管理部门,首先需要了解印度的行政区划。印度现行的行政区划比较复杂,总体上为 4 个层次的区划和 5 个层次的区划并存的格局,即一级行政区(邦、中央直辖区、首都辖区)、县、乡(市)、村(镇)4 级制与一级行政区、专区、县、乡(市)、村(镇)5 级制。在印度,城市不论大小,绝大多数隶属于县,镇与村则隶属于乡。

实行邦、县、乡、村 4 级制的有 16 个邦和首都辖区共计 17 个一级行政区;另外,中央直辖区(有人译为"联邦属地")中的绝大多数也属于 4 级制。实行邦、专区、县、乡、村 5 级制的有 11 个邦。除了一级行政区、县和村以外,印度其他层次区划单位的称呼全国并不统一。

①一级行政区(States and Union Territories)。截至 2008 年,印度全国划分为 35 个一级行政区(数目偶有调整),即,邦、中央直辖区、首都辖区,其中邦为主要形式,共 28 个,另外有 6 个中央直辖区和首都德里辖区。我国有的人把印度的一级行政区划 state 翻译为"省",是沿用对英属印度时期 province 的译法,而我们通常把印度的一级行政区划 state 译为"邦"。

②专区(Division)。专区为英文 division 的汉译,是介于邦与县之间的区划,地位类似于中国的地区。这一词汇可能译自 20 世纪 50 年代,当时中国的地区称为"专区",后来中国的专区改称为"地区"。现今在印度,专区作为第二级区划只在部分邦还存在。

③县(District)。印度行政区划的主体之一为 district,汉译为县,是每个一级行政区之下的主要区划类型(对于设有专区的邦,则为邦之下的第二级区划单位)。2001 年,印度全国共计 593 个县,按当时印度全国约 10 亿人口计算,印度每个县的人口规模约为 173 万,是同期中国大陆县级行政区平均人口规模的 3 倍,或接近于 2 个县(县级市)的人口规模。

④乡级区划(Sub-division/Tehsil/Block)。由于各邦的面积大小、人口

数量以及历史、文化、种族的差异，县之下的第一级区划名称各邦不尽相同，县之下的区划层次也不尽一致，有的县份设置3级，有的县份为2级。第一种，县辖区(Sub-division)：类似我国20世纪50—90年代广泛存在的县辖区，每个县辖区有若干乡(Block，即Tehsil)，层次上为Sub-division→Block(Tehsil)→村。第二种，乡(Tehsil/Taluk/Block)：乡是县以下的基本区划单位，同时也是地方政治实体。与我国的乡不同，印度的乡管辖镇(市镇)。很多以tehsil命名的区划为县之下的第一级区划，有的Tehsil下设Sub-tehsil，每个Sub-tehsil管辖数个村，层次上为Tehsil→村，或者Tehsil→Sub-tehsil→村。

⑤村(Village)。村是印度乡以下区划中广泛存在的基层区划，乡管辖的镇和村属于同一区划层次。

⑥城镇管理(Municipal governance)。印度城镇均实行自治，规模大的城市为一个县(city district)或跨越多个县，小的为一个村的规模。印度城市不同于我国的城市概念，除了极少数具有重要政治、经济地位的城市如昌迪加尔、德里为中央直辖区以外，印度的绝大多数城市属县管辖，地位与乡相同。印度很多城市跨越县域，这种类型称为"都会区"，如孟买都会区包括孟买市(Mumbai City District，直译即"孟买城市县")、孟买县(Mumbai Suburban District，直译即"孟买城郊县")，由孟买自治机关(孟买市政委员会)负责管理。

(2)地方的教育管理部门

在印度，各邦主管教育事务的机构多数称为邦教育部，也有称为文化教育部、普通教育部的。由于实行联邦制和印度"民主的特质"，所以印度邦一级的权力结构很复杂。各邦都有"邦长"和"首席部长"两套领导班子。原则上，邦长是代表总统和中央政府监督各邦政府工作的，是中央政府和各邦政府的联络员，是象征性的各邦最高领导，只是在"紧急状态"下才直接参与领导邦的行政事务。而首席部长的称呼直译过来之后，各部门的Minister也只好译为部长了，实际上就是我国省级政府中各部门的厅长。除了教育行政部门以外，一些业务部门也管理本领域的专业教育，例如，农业部兼管农业教育，卫生部兼管卫生教育，等等。

如前所述，印度的行政区划比较复杂，全国不统一。而印度各邦的教育行政情况同样复杂，全国也不统一。

在邦一级，高层管理通常可以分为3个层次，即部长级、秘书级、局长级。

邦教育部长直接对邦议会负责,由1位或者2位副部长协助工作,而其本人也是邦议会的议员。邦教育秘书协助部长工作,并直接负责教育政策的制定,所有呈交给部长的文件都要经过秘书之手;教育秘书由副秘书、候补秘书(Under Secretary)和其他一些官员协助工作。

印度各邦教育部的常务首长(文官系统)是"公共教育局长(Director of Public Instruction)",负责教育政策的贯彻执行,在邦政府和教育机构之间发挥联系沟通的作用,通过拨款、监督、检查等方式直接控制中等教育阶段的教育机构。公共教育局长由1位"附加局长(Additional Director)"和1位"联合局长(Joint Director)"协助工作(后两个职位应该是"副局级"),他们之下还有一些负责各个职能部门的处长(Deputy Director,原意是"副局长",我们译为"处长"更恰当,因为这级官职通常也是县一级教育部门的首长),处长级官员之下是数量很多的科长(Assistant Director,原意是"局长助理",我们译为"科长"更恰当,因为这级官职通常也是"乡级"政府的教育官员)。另外,一些邦中有2位教育局长,1位负责高等教育,1位负责中小学教育。[①]

第二节　影响印度教育公平的经济因素

一、经济发展的好处未能实现普惠

(一)印度独立之后前40年的经济发展模式评析

独立后,面对西方资本主义国家经济危机不断发生,苏联等社会主义国家经济高速增长的现实,为了消除殖民统治的影响,把印度建成一个工业化强国,印度领导人认为,只有社会主义才能消除贫困,因此印度应该实行社会主义,但是又应该与苏联等国家的社会主义有所不同,因而决定在印度建立"社会主义类型社会"。同时,在印度领导人看来,苏联等社会主义国家和西方资本主义国家的经济发展方式各有优劣,印度应该取长补短,最终确定了采取以公私混合、公营经济为主的经济发展模式,这种经济发展模式被称为"尼赫鲁模式"。直到20世纪90年代初进行重大的经济改革之前,印度基本上一直采用这种经济模式。

---

① Bhatia,R. L. & Ahuja,B. N. School Organization and Management. New Delhi: Surjeet Publications,2005:41-42.

在尼赫鲁经济发展模式的指导下，印度政府大力发展公营经济，掌握了国家的经济命脉，工业体系初见规模，经济发展自给能力增强，扭转了印度在殖民地时代经济畸形发展局面，为印度经济进一步的发展奠定了重要的基础。但是，印度政府在推行尼赫鲁模式过程中也出现了一些战略性的偏差，给国民经济的发展带来了负面的影响。到 20 世纪 80 年代末至 90 年代初，印度国内经济形势恶化，国际环境的风云变幻也使印度经济的发展面临巨大挑战，印度经济发展模式非进行重大改革不可了。[①]

(二)20 世纪 90 年代以来印度的经济发展模式

1991 年，印度新一届的拉奥政府刚上台，就对传统的经济体制及运行机制进行以自由化、市场化、全球化为口号的重大改革。改革的主要内容是：除了军工、原子能、铁路等个别关系国家安全的领域之外，其他领域均向私营部门开放；大幅度修改反垄断法，放松对私营经济的限制；逐渐减少国家在公营企业中的股份，加强公营企业的改革；大幅度降低商品的进口关税，逐渐放松外资进入的限制，进一步扩大对外开放。这些措施使印度经济朝着自由化、市场化、全球化、现代化方向发展。

改革带来了印度国民经济的稳步发展。1991 年以来，印度经济增长呈加速发展趋势，成为 20 世纪 90 年代世界经济增长最快的国家之一。进入 21 世纪以后，印度经济快速发展势头举世瞩目，在国际上甚至出现了比较中国和印度经济发展速度谁快谁慢、孰优孰劣的热闹局面，印度和中国、巴西、俄罗斯还被并称为"金砖四国"。

应该说，20 世纪 90 年代以来的印度经济改革是在尼赫鲁经济发展模式的基础上进行的，仍然留有混合经济模式的印迹，仍然强调国民经济发展的计划性，印度并不是完全彻底的市场经济国家。

受到国际上普遍称赞的印度经济发展模式，其实主要是指(虽然并不完全是)从 20 世纪 90 年代印度开始改革算起，印度在经济发展过程中所展现出来的那些突出特征。而其中的某些特点也充分反映出了印度模式的长处所在。[②]

第一，从宏观制度环境来看，印度的发展是在"民主"和"法制"的框架下进行的。印度号称是世界最大(人口最多)的民主国家，建立了竞争式的竞

---

① 谢代刚、李文贵:《试论印度经济发展模式的演绎进程》，《南亚研究》2005 年第 2 期，第 16—19 页。

② 张立:《印度经济发展模式的经验及教训》，《天府新论》2009 年第 5 期，第 47—48 页。

选制,并且有着相对健全的法制环境。美籍印度裔诺贝尔经济学奖获得者阿马蒂亚·森教授指出:"印度定期举行有序的大选,拥有自由而活跃的媒体和司法独立,同样重要的是,执政党在大选失败后愿意交出政权而非召集军队。对于任何贫困国家(特别是像印度这种规模的国家),这都是一项令人瞩目的成就。"

第二,从发展策略来看,印度既强调对外开放,同时对国内保护力度也很大。前世界银行驻中国首席代表鲍泰利(Pieter Bottelier)认为:"中国开放了本国零售市场,而印度至今仍对此非常抵触。虽然进口关税已有了大幅度的削减,但 2005 年印度对进口制造业产品所征关税的税率仍比中国高一倍。"

第三,在发展动力上,印度具有重视消费而非投资、重视内需而非出口、重视服务业而非制造业、重视高新技术产业而非劳动密集且技术含量低的工业等特点。一些学者的研究指出,印度内需与经济增长的关联度相当高,达到 0.95 左右,消费占 GDP 的比例也相对较高,2003 年达到 77.7%。在产业发展模式上,印度服务业的大发展是其 20 世纪 90 年代经济增长的最大推动力。在产业发展取向上,印度十分重视信息技术(IT)、生物科技、医疗和制药等技术密集型行业的发展。

第四,在发展的主体方面,印度的私营经济扮演了举足轻重的角色。国有或公营企业很容易会产生"软预算约束"、自生能力不强以及效率低下等问题,但这些问题在印度的影响却要相对小许多,因为印度有一个非常成熟、庞大的私营经济,且私营经济已经站在印度经济发展的最前列。

第五,在发展绩效方面,印度具有质量高和可持续性强等方面的优势。印度学者达斯(Gurcharan Das)指出:"印度国内生产总值增加的 30%~40%都是生产效率提高的结果,而不是单纯依靠总量投入。这一点与中国有明显不同,也有别于其他亚洲新兴市场国家。(因为)生产效率提高是经济增长真正有价值的指标,它不仅意味着经济增长,而且也意味着技术进步,单纯依靠投资和产量增加来推动经济增长并不能反映一国经济运行的真相,投资效率和生产效率提高才是经济健康增长的真正指标。"反映印度经济增长质量高的其他一些重要指标还有劳动生产率和资金利用效率等方面的变化情况。

尽管近年来印度的经济实现了高增长,但是,发展不均衡的现象并没有自动消除,触目惊心的贫富反差现象仍然比较普遍。而在事关经济持续发展的关键性基础设施等方面,印度与世界其他主要国家的差距也比较大。这些都表明了印度发展模式仍有很大的局限性。

第一,增长与分配的矛盾日益突出。印度近年来飞速的经济增长的确造就了大量中产阶级和富豪。据《福布斯》杂志富豪榜显示,印度 10 亿美元以上的富翁从 2005 年的 22 位增加到 2006 年的 36 位,其中有 3 位位列世界前 20 强。印度富翁不仅在人数方面,而且在总资产方面也击败了日本上榜富翁。但是,受惠于这种繁荣的人群仍然是有限的。学者们的研究指出,印度仍处于低收入国家之列,也是世界上拥有最大量绝对贫困人口的国家,超过了许多欧洲发达国家的人口总和。这种贫富分化的后果是不可忽视的,尤其是当它与印度的宗教、种族乃至更为复杂的国际因素等交织纠缠在一起时,更容易为社会动荡或恐怖主义的产生、发展及暴力活动不断发生制造出适宜的土壤。

第二,增长与就业的矛盾日益突出。印度人口目前已经超过 12 亿,而且还在以每年近 2% 的增长率增加。因此,印度每年新增劳动力都在 2000 万人以上。但是,在吸纳劳动力进入生产性就业方面,印度却做得特别糟糕。如在 1993 至 1994 年以及 1999 至 2000 年间,印度经济年增长率达 6.5%,而就业增长仅 1%。进入 21 世纪后,印度的增长率更是保持在 7% 以上的高位,但其就业状况仍然不容乐观。根据印度计划委员会的统计,截至 2005 年财政年度,印度失业人口将达到 3600 万人,失业率则高达 9.1%,而仅仅五年之前,即 2000 年财政年度的失业人口不过是 2700 万,失业率为 7.3%。更值得关注的是,印度的失业人口不仅是那些低技能的农村剩余劳动力,受过高等教育的学生也未能幸免。据统计,印度大学毕业生的失业率达 17.2%,高于全国总体失业率。有近 40% 的毕业生找不到有收入的工作。就业不足,不仅直接限制了人们分享经济增长成果的机会,而且还会造成资源的浪费,对印度的社会稳定也是一大威胁。

第三,公共基础设施落后制约着经济的可持续发展。在印度,基础设施已经成为制约印度未来发展的一大障碍。然而,对于负有提供基础设施义务的印度政府部门而言,要想解决这一问题并不容易。因为,印度政府在各党派政治力量的制约下,难以在短时间内形成统一决策,从而集中有限的资源用于促进经济发展。所以,有学者一针见血地指出:"中国政府视发展为目标,并将其视为执政合法性的基础,印度政客则将代表本集团的利益视为目标和他们合法性的基础;中国的政治是发展式的,而印度的政治仍主要是庇护式的。"这样,印度政府在经济发展中的作用更多地表现为对有限的财政资源的再分配和转移支付,而其本应承担的公共建设和提供公共服务的功能也由此受到削弱。对此,阿玛蒂亚·森痛心地指出:"政府在一些领域中的参与程度不够,而它本可以在这些领域中取得极大成就。……被经济学家称为'公共产品'的广阔领域仍然没有受到足够重视。而且 20 世纪 90 年代的激进改革几乎没有解决这个问题。"在展望未来的改革前景时,印度学者比巴尔·贾兰(Bibal Jalan)不无悲观地指出:"我的预感是,经济目标很可能敌不过目前联盟政治的利益驱动。……因此,在面临反对的情况下,(未来)推进改革的政治意志相当薄弱。"

二、教育经费捉襟见肘

印度在 20 世纪 60 年代就提出要使教育经费占到国民收入的 4%,这一目标在 20 世纪 80 年代实现后,印度又提出了教育投入达到国民收入 6% 的目标,虽然这一目标的实现一再推迟,教育经费确实是明显增加了。由于印度教育经费以中央和邦政府投入为主,教育浪费和效率低下的情况十分严重,所以,印度各级各类教育经费紧缺的情况特别突出。本书仅以高等教育为例予以说明。

20 世纪 80 年代中期以后,印度政府急剧降低了对印度高等教育的经费投入,使之一直处于经费紧缺之中。经费紧缺不仅对印度高等教育规模的继续扩展有一定影响,更主要的是对教育质量有极大的不良影响。在此期间,印度从提高高等教育质量的角度,强调解决经费紧缺问题的迫切性,并初步采取了一些措施。

(一)高等教育的经费来源与比例

印度的高等教育主要有 5 个经费来源:

1. 政府支出。这项经费包括中央政府和各邦政府对高等教育的投入,是高等教育经费的主要来源。邦以下的地方政府也有少量投入。印度政府对高等教育的经费投入又分两个部分,即计划内拨款(Plan outlay)和计划外拨款(Non-plan outlay)。计划内拨款用于发展性项目(Development),即物质条件的改善,计划外拨款用于日常性项目(Concurring)。

2. 学生的学费。印度的大学全部是公立的,但大学的附属学院多数是私立的。几乎所有的大学生都能享受到政府的补贴,但学生也需缴纳学费和杂费。一般来说,大学本部和公立学院中的学生交费不多,私立学院的学生则要交高额的学杂费或"赞助费"(Capitation)。

3. 私人捐赠。私人捐赠在印度高等教育经费中占有不可忽视的份额。这类捐赠主要包括馈赠基金、直接捐款和捐物。捐赠者有私人、公司企业、基金会以及宗教或慈善团体。

4. 高等院校的自筹资金。高等院校可以通过向社会提供有偿服务获得一定数量的自身发展资金。这种有偿服务包括举办成人教育、向社会提供出版物、为有关部门提供信息咨询、向公司和企业转让科研成果等。

5. 国际援助。某些国家和国际组织对印度高等教育的援助,在印度高等教育的发展与质量提高方面具有决定性作用。这种援助不仅包括直接的经费援助,还涉及大量的高层次教学、科研人员的培训、设备援助及课程设计等诸多方面。

印度高等教育各种主要经费来源的比例情况见表 2-1。

表 2-1　不同渠道高等教育经费来源的比例(%)

年度 ＼ 渠道	政府	学费	其他
1950—1951	49.4	36.8	13.8
1960—1961	53.5	34.8	11.7
1970—1971	61.0	25.5	13.5
1980—1981	72.8	17.4	10.8
1986—1987	75.9	12.6	11.5

资料来源:Tilak,J. B. G. Higher Education Reform in India. Journal of Higher Education,UGC,1999(1):74.

(二)高等教育经费紧缺的状况

1. 高等教育经费在教育总经费中的比例下降。统计表明,印度独立后,高等教育经费的增长一直高于国民经济的增长率。在国民经济和社会发展的五年计划中,高等教育经费在各级各类教育中所占的比例长期偏高,只是从 20 世纪 80 年代中期开始才有较大幅度下降。详情见表 2-2。

2. 学生人均经费下降。印度独立后至 20 世纪 80 年代中期,虽然高等教育的总经费增长了 97 倍,但这种增长还是跟不上入学人数的增长。结果,生均经费只增长了 4.3 倍,若按实际价格计算,高等教育的生均经费一直是负增长,1983—1984 年度的生均经费还不到 1950—1951 年度生均经费的一半(以 1970—1971 年的物价指数为标准,1950—1951 年度的生均经费约为 1144 卢比,1983—1984 年度为 551 卢比)。[①]

① Chitnis,S. & Altbach,P. G. Higher Education Reform in India-Experience and Perspectives. New Delhi:Sage Publications,1993:55.

表 2-2　印度五年计划期间教育经费分配比例(%)

年度\类别	"一五"1951—1956	"二五"1956—1961	"三五"1961—1966	年度1966—1969	"四五"1969—1974	"五五"1974—1979	"六五"1980—1985	"七五"1985—1990
初等教育	56	35	34	24	30	35	33	37
中等教育	13	19	18	16	18	17	21	24
成人教育	—	—	—	—	—	—	9	6
高等教育	9	18	15	24	25	22	22	16
技术教育	13	18	21	25	13	12	11	14
其他*	9	10	12	11	14	14	4	3

年度\类别	年度1991	"八五"1992—1997	"九五"1997—2002	"十五"2002—2007	"十一五"2007—2012	"十二五"2012—2017
初等教育	37	47	57	78	62	50
中等教育	22	18	21	6	10	20
成人教育	9	9	2	2	2	2
高等教育	12	8	9	7	12	13
技术教育	17	14	8	6	11	12
其他*	2	4	3	1	3	3

资料来源:(1)"一五"至"八五"期间,A. 格纳纳姆,A. 斯代拉:《高等教育中正在形成的趋势及其对未来的意义》,《教育计划与管理杂志》(印度),1999(2):191.

(2)"九五"期间,University Grants Commission. Higher Education in India-Issues Related to Expansion, Inclusiveness, Quality and Finance. New Delhi: Compudata Services, 2008:227.

(3)"十五"期间,Ministry of Human Resource Development, Government of India. Allocation and expenditure during Tenth Plan. http://mhrd. gov. in/statistics_data? tid_2=238. 2012-04-29.

(4)"十一五"期间比例,根据 Bureau of Planning, Monitoring & Statistics, Ministry of Human Resource Development, Government of India. Allocation and Plan Expenditure during XI Plan(p4)测算。http://mhrd. gov. in/statistics_data? page=3&tid_2=All.

(5)"十二五"期间预计比例,Planning Commission, Government of India. Approach to the Twelfth Five Year Plan. 2011:133.

* 通常包括:远程学习、奖学金和信息与通信技术,促进书籍质量提升和版权,语言发展,计划和管理。

　　通货膨胀对高等教育的影响在教育系统中是最明显的。在有可比数字的 1950—1951 年度至 1975—1976 年度间,大学、普通教育学院和专业教育学院这三类机构中的生均经费都是负增长。专业高等教育中的经费下降最大,生均经费下降约 50%。虽然医学、兽医学、农学和林学等专业的生均经费按实际价格略有增长,但工程和技术等专业的生均经费下降幅度很大。

3. 高等教育的发展性开支减少了。印度高等教育中的发展性开支主要是指固定资产投资。人们普遍认为,印度现行高等教育中经常性开支与固定资产投资的比例是不合适的,1983—1984 年度,高等教育中的经常性开支占总支出的 91％。[①] 这样高的经常性开支说明,印度高等教育是一种劳动密集型活动,缺少诸如教学楼、教学仪器、办公设备和实验室等方面的物质资本投入。

(三)解决高等教育经费紧缺问题的对策

1. 增加公费的渠道。由于财政状况不佳,如果不增加新的经费来源渠道,印度政府维持目前高等教育的投资规模都很困难,更不用说再增加投入了。从 20 世纪 90 年代初开始,印度政府多次表示将大幅度减少对高等教育的补助,到世纪之交开始"动真格"的了:2000—2001 年度,在大学拨款委员会和各大学的一片抗议声中,印度政府强行将给高等教育的拨款减少10％,使印度高等教育经费紧缺的状况雪上加霜。

近年来,印度许多专家学者对政府花费大量公共资金用于高等教育持强烈的批评态度,认为这是严重的社会资源分配不公,因为高等教育的受益者主要是少数富人,而国家公共资金却主要来源于广大劳动人民交的税。在这种情况下,政府增加高等教育经费来源的可行办法就是设立新的税种,如大学毕业生税和教育税。

(1)大学毕业生税(Graduate Tax)。大学毕业生税是一种教育特别税,专门向使用受过高等教育的人才的部门征收。在印度,倾向于征收大学毕业生税的人越来越多。他们认为,雇用高校毕业生的雇主们应该承担培养这些高度熟练的"人力资本"所需的部分费用。

反对征收大学毕业生税的人认为,它可能对雇主雇用大学毕业生产生抑制作用,因为雇主们在各类大学毕业生中会选择那些"使用费较低的"毕业生,甚至不雇大学毕业生而雇中学毕业生,这会使大学毕业生待业问题更加严重。

(2)教育税(Educational Cess)。教育税由某一特定地区的所有人缴付,用于特定目的。印度还没有征收大学毕业生税,但有几个邦已开始征收教育税。不过,这几个邦的教育税不是专为高等教育征收的。

---

① 　Chitnis,S. & Altbach,P. G. Higher Education Reform in India-Experience and Perspectives. New Delhi:Sage Publications,1993:57.

2. 增加私费的渠道。印度政府对高等教育的投资规模停止增长,新的公费渠道短期内难以开辟,人们被迫把注意力转向增加私费渠道上。

(1)学杂费。在印度,人们通常的印象是,家庭在高等教育方面花费很少,高等教育几乎完全是由政府免费向公众提供的。但现有的地区性研究资料表明,家庭在高等教育方面的花费也很可观。P. V. B. 奈尔在其 1990年出版的《大学教育的费用与回报率》一书中指出,家庭在学生的大学学习与生活期间花费很高,其支出几乎与公共机构对学生的花费相当。

学杂费是高等教育私人资金的重要来源,它不仅可以被有效地作为政府的收入,也可以作为规划高等教育的有效工具,影响人们对不同形式的高等教育的需求,起到指挥棒的作用。但在印度,学费的这些功能未被有效地利用,当许多发达国家的学者在研究为什么大学学费不断上升的时候,印度学者却不得不研究印度大学学费不断下降的原因。

目前,印度有不少知名学者认为应该建立一种区别对待的学杂费结构,以便让家境富裕的学生以学杂费的形式比家境较差的学生承担更多的高等教育费用。这种区别对待的收费机制可以使公费补助高等教育的副作用减少到最低限度。

如果要使学杂费对高等教育的经费收入产生有实际意义的作用,应该把它与高等教育的花费联系起来。由于不同专业学科的费用不同,学杂费也应该相应地有所不同。因此,区别对待的收费制度应考虑下列因素:总体花费与学杂费之间的不平衡性;不同学科、不同层次间生均经费中的学杂费比例;学生的家庭收入水平;特定类型高等教育中学生的可能受益程度。

也有的学者提出,应该根据入学成绩进行收费,成绩好的少收费,成绩差的多收费;或者交费多的上好大学,交费少的上差大学,等等。对于提高大学生学杂费的收费标准,印度的教育决策者们意见基本一致,他们正在寻求一种既能提高收费标准又不致影响高等教育机会均等的办法。

(2)学生贷款。在印度,学生贷款并非新生事物。1963 年,为了在提高大学入学率的同时并不增加政府的经费负担,印度政府开始实行一项免收利息的国家贷学金计划(National Loan Scholarship)。有关部门当时预计,学生贷款项目在 5～10 年内可以形成循环利用的和独立运作的基金。该计划曾受到人们的广泛拥护,认为它会防止资金浪费,因为只有贫困的大学生才能得到该项贷款,而且,由于贷款的学生承担了一定的债务,他们对待学习与工作会更加严肃认真。人们认为,贷学金计划会使受教育者认识到教育的价值,学生们会因此对高等教育的费用有所了解,明白社会为他们所受的高等教育投入了多大的资金。这样,人们也期望学生贷款会使高等教育的内部效率得到提高。

30 多年的实践表明,印度高等教育中贷学金计划实施的情况难以令人满意。除了通货膨胀对贷款的影响外,学生贷款还存在几个问题。首先,从心理方面来说,贷款读书在印度社会不受欢迎。人们不愿意用贷款去对"看不见的"人力资本进行的投资,因为教育的收益在很长时间内不容易确定,既不容易定量计算,也不可靠。其次,印度的信用市场在发放学生贷款方面也没有得到很好的发展。发放贷款的金融机构要求贷款的学生提供保证偿贷的有关抵押证明,而家境贫寒的学生根本拿不出这类证明,结果正如 Alfred Marshall 指出的那样,不成熟的资本市场导致对教育的投入不足。

印度学生贷款面临的最严重问题是贷款得不到偿还。印度在 1963—1988 年间以学生贷款的形式投入资金 8.69 亿卢比,只有 5.9% 被收回来了。估计 20 世纪 90 年代初的回收率最高也只有 15% 左右。因此,只有从理论和实践两方面解决上述问题,学生贷款才能有效运行。

(3)自愿捐赠与提高经费使用效率。印度高等教育曾得到各方人士的慷慨赞助。1950—1951 年度,主要由捐助构成的"其他经费来源"占高等教育总经费的 13.8%,到 1983—1984 年度,这一比例降为 5.4%,印度高等院校以前没有通过非政府渠道筹集资金的动力,因为无论他们的钱是怎样筹集到的,都会被从政府拨款中扣除相应的数额,这样,大学领导人就不在这方面努力了。20 世纪 90 年代初,印度政府决定各高校自己筹集的钱不再从政府拨款中扣除,另外,大学和科研机构获得的捐助百分之百免税。在上述动力作用下,各高校开始努力争取社会各界的资助。

此外,教育经费的增长不仅可以通过增加经费来源渠道实现,而且可以通过更有效地使用现有经费来实现。有的研究人员估计,印度全国教育总经费的约 20% 在为教师安排的各种福利中被"浪费了";高等教育中的生均花费的最适当水平应该比现有花费水平低 30%。如果优化内部管理,严格审查师生比例以及任课教师与教辅人员的比例,那么,这方面的节约也等于使各高校获得了一笔可观的收入。

综上所述,印度高等教育经费紧缺的形势是严峻的,是高等教育长期脱离国情的急剧扩充而筹资渠道较为单一的必然结果。应该说,印度一些专家学者在如何增加高等教育私费来源渠道方面有不少精辟的见解,增加私费来源也是最终解决印度高等教育经费紧缺问题的可行办法。但是,由于印度社会政治经济中各种矛盾错综复杂,对许多改革措施长期争论不休而难以达成共识,改变因经费紧缺导致的印度高等教育在低水平上徘徊的局面仍然任重而道远。

第三节 影响印度教育公平的社会和文化因素

印度的社会情况极为复杂,包括社会分层、种姓制度、落后阶级、女性问题和人口问题等诸多社会因素都对教育有极大的影响,笔者在此概要论述社会分层和人口问题以及文化因素对教育公平的影响,对种姓制度、落后阶级和女性问题与教育公平的关系将予以专门论述。

一、没有一种全覆盖的社会分层标准

印度社会以其复杂性和多样性著称,传统因素与现代因素并行不悖是其表现之一。许多学者认为,阶级阶层和种姓对印度社会、经济、政治诸方面的影响不相上下,由于国情(包括历史文化、社会制度、经济发展状况以及政治制度等)的巨大差异,印度与西方的社会分层及演变过程必然存在巨大差异,所以在分析印度社会分层及其演变过程时,不能照搬西方的理论和方法,而应做到具体问题具体分析。另外,还应该考虑到印度国土面积广大,各地发展不平衡,不同地区社会分层情况并不一致。

印度学者关于印度社会分层的说法很多,笔者认为,茹赫拉博士(Dr. S. P. Ruhela)的划分比较合理,最有代表性。[①]

茹赫拉采用等级的或综合性的阶级观,在对印度社会进行客观分析后指出,印度有 3 个基本的阶级,每一阶级下又有上、中、下三个层次。上层阶级约占总人口的 5%～8%,中等阶级约占 12%～15%,下层阶级约占 80%。

茹赫拉认为,上层阶级由拥有大量财产的人和一些高级政客组成,此外,电影明星,站在娱乐业前端的舞者、歌者,流行音乐家等也身居上层阶级。

茹赫拉认为,中等阶级中的多数居住在城市。其中,中等阶级上层多是白领上层职业人员,如律师、法官、医生、工程师、教授、经理、行政官员等,他们在政府、经济、政治领域行使权力,他们的取向和品味与上层阶级很接近。

---

① 金永丽、张淑兰、赵逢丽:《印度社会分层研究综述》,《鲁东大学学报》(哲学社会科学版)2009 年第 3 期,第 45—51 页。

中等阶级中层则主要来源于职业人员，他们有很高的抱负，想达到中等阶级上层的水平。职员、开小商店者、靠补助金生活的人、熟练工人、蓝领工人等则被归属到中等阶级下层。他们知道教育的重要性，但是通常不能给其子女提供高质量的教育。他们的子女在紧张和忧虑中长大。

茹赫拉认为下层阶级由穷人构成。下层阶级缺少财产、技能、教育、政治支持和社会威望，他们多数处在贫困、文盲或半文盲状态。绝大多数表列种姓、表列部族、其他落后阶级、游牧部落、无地农民和工人、老人、残疾人、农村和城镇的寡妇等类似无助的人都属于下层阶级中的下层。所有下层种姓都属于下层阶级。

我国学者对印度社会分层的研究主要集中在种姓制度方面，邱永辉先生在《现代印度的种姓制度》与《印度世俗化研究》、尚会鹏先生在《种姓与印度教社会》等书中都对印度现代社会种姓制度的概况做出了比较详尽的描述。

在《印度社会述论》（以下简称《述论》）中，陈峰君、张敏秋、林振熙及崔英4位学者重点考察了独立后印度社会各阶级的情况。他们把印度社会各阶级具体划分为：工人阶级，大资产阶级，中、小资产阶级，地主阶级，资本主义农场主阶级，中农、小农、边际农，以及农业工人。与国外学者基本一致的是，《述论》认为印度农村阶级的划分以对土地的占有与经营方式为依据。但《述论》作者认为，阶级的划分不能仅以占有土地多少为准，更重要的是视其同生产资料的关系而定。此外，《述论》作者也强调种姓与阶级的关系，认为在以种姓制度为特征的印度农村社会里，传统的地主不仅经济力量强大、政治联系广泛，而且出身高级种姓、社会地位优越，他们现在仍然是农村的主要力量。这一观点与很多外国学者的观点一致。

二、人口增长已经失控

（一）印度60年的人口控制政策以失败告终

印度一直是世界上人口最稠密的国家之一。1952年，印度政府以温和的方式倡导实施计划生育政策，使印度成为发展中国家中最早实行计划生育政策的国家。但在实践上，控制人口增长的计划没有得到足够的重视。

20世纪80年代，印度地方政府在中央政府的财政支持下，增加了大量的计划生育项目，农村地区通过医疗中心及其分布的网络体系使这些项目得到了更进一步的普及。但是，1991年的人口普查结果显示，印度仍然是世界上人口增长率最高的国家之一。

数量庞大的人口使得印度的经济和社会发展背上了沉重的包袱。在独立后约 50 年的时间里，印度的国民生产总值增长了 3~4 倍，但是，人口增长了 1 倍多，人均国民生产总值仅增长了 1 倍，广大劳动人民的实际生活水平改善得并不多。而且，印度是一个农业大国，从事农业生产的劳动力占劳动总人口的 70%，人口增长过快超过了生产对劳动力的需求，致使农村大批剩余劳动力无法转移，造成严重的失业问题。

2000 年，印度总理瓦杰帕伊提出"2000 年人口政策"并推动设立全国人口控制委员会，目标是在未来 10 年把当时已经接近 10 亿的印度人口规模控制在 11 亿之内。2003 年 2 月，印度政府建立了由总理亲自担任主席的全国人口稳定基金会，为印度各邦控制人口增长、降低生育率、推广避孕措施以及保障妇女儿童的医疗健康提供财政援助。

2009 年，印度国家人口控制委员会不得不公开承认，截至 2010 年的国家人口控制计划已经接近失败。实际上，印度的人口控制计划不是"已经接近失败"，而是"已经确确实实的失败了"，因为到 2008 年底，印度官方公布的人口总数已经到达 11.3 亿。而印度政府提交给联合国教科文组织"国际教育规划研究院（IIEP）"的"印度教育现状：国家报告（2008 年）"在第一页即说，"印度现有 12.8 亿人"！

（二）印度控制人口的努力"任重道远"

联合国人口基金会在其公布的《2008 世界人口状况报告》中指出，估计到 2050 年时印度人口将达 16.58 亿人，远远超过同年中国的 14.08 亿人，成为世界人口第一大国。报告还指出，2008 年印度总生育率是 2.78%，而中国总生育率为 1.73%。

2009 年 7 月，韩国《朝鲜日报》报道，韩国统计厅在为纪念 2009 年 12 月 11 日世界人口日而公布的《世界及韩国人口现状统计》报告中表示："到 2028 年印度人口将达到 14.64 亿人，超过中国人口（14.6 亿人），成为世界第一人口大国。"

印度人口的高增长率和人口出生率持续偏高有很大关系。其一，印度是一个以农业为主的国家，生产力水平偏低，小农经济占有很大的比重，农民相信人多劳力多才能发家致富，这种观念直接刺激了农民的生育愿望。其二，绝大部分印度人（约 95%）信仰印度教或伊斯兰教，这两种宗教都鼓励人们生育。其三，印度存在着森严的种姓制度，全国计有 3 万多个种姓和亚种姓，这些种姓往往是内部通婚的封闭式社会集团，为了生存竞争，集团内部也对生育持鼓励态度。

在现今的印度，一名妇女平均育有 3.9 个子女，受教育程度高的家庭一般有 2～3 个孩子，而受教育程度低的贫困家庭则一般有 7～8 个孩子。有一对夫妻甚至在婚后 27 年内生育了 23 个孩子。更令人诧异的是，印度政府官员也普遍多生育。有人曾对印度议会的 545 位议员搞过调查，结果只有 111 人按照国家倡导的标准生育了两个孩子，其余的分别生养了 4～10 个子女。鉴于印度生育的无序，联合国人口基金会将印度称为"缺乏人口控制的典型"。

尽管不同的预测报告的具体数据略有差别，但是可以肯定，按照当前的人口增长速度，印度人口总数超过中国只是时间问题，而且就在不久的将来。

三、文化因素制约印度教育公平的发展

印度是世界四大文明古国之一。公元前 2000 年左右，出现了灿烂的印度河文明。公元前 1500 年至前 1200 年，雅利安人迁入，他们带来了雅利安文化，成为印度教以及印度文学、哲学和艺术的源头，开始了恒河谷地文明。公元前 6 世纪至前 5 世纪是印度文化史的辉煌阶段，形形色色的哲学流派和社会理论蓬勃涌现，产生了世界三大宗教之一的佛教。公元 8 世纪阿拉伯人入侵，带来了伊斯兰文化。16 世纪欧洲殖民主义者开始进入印度，1600 年英国建立东印度公司，1849 年英国占领印度全境，又给印度带来了西方基督教文化。

印度文化在世界上曾经产生过巨大影响，有着举足轻重的作用。印度文化具有十分鲜明而又强烈的宗教性、多样性和包容性。

印度文化的宗教性。印度是个宗教国家，历史上曾先后产生并流行多种宗教，印度教、佛教起源于印度，其他主要的世界宗教如伊斯兰教、基督教、犹太教等在印度也拥有广泛的信徒。多种宗教在印度的长期共存和印度人民对宗教的虔诚信仰，形成了印度文化浓郁的宗教性。宗教渗透于印度社会生活的各个方面，人的道德观念的形成，各民族传统的风俗习惯，甚至国家的一些法律的制定，都受到宗教的很大影响。宗教也融入了印度的文化之中，印度的民族语言、文学、艺术、音乐、舞蹈、雕刻等在历史上长期是以宗教为中心的，现在仍有深刻的宗教印迹。

印度文化的多样性。历史上的印度曾经是富庶之地，非洲、欧洲、亚洲的黑种人、白种人、蒙古人纷纷来此定居，因此，在印度文化体系中不难看出

希腊文化、伊斯兰文化、波斯文化、英语文化和中国文化的成分。形成印度文化多样性的原因主要有两点,一是历史上的外族入侵,二是和平方式的文化交流。此外,印度有数以百计的民族和众多的部落,其中许多民族和部落都有自己独特的语言、宗教信仰和文化传统。因此,印度文化就是在不断吸收异族文化的过程中丰富和发展起来的,呈现出举世罕见的多样性。

印度文化的包容性。在漫长的历史长河中,每次外来民族的入侵,都给印度文化带来不同的成分。印度对所有的外来文化均采取兼容并蓄的方式,它们既丰富了印度文化,也为印度文化所同化。因此,印度所有的不同类型的地域文化、语言文化和宗教文化里,既或多或少地保留着各种不同的外来文化成分,又与外来文化融为一体。

另外,还有一些学者认为印度文化具有默然性和中庸性。他们指出,在漫长的历史时期,印度人不大关心印度半岛以外的世界,也不关心和记录历史,现在印度的历史学家需要利用玄奘的《大唐西域记》、希腊人和英国人的记述来了解印度的历史;印度文化认为死亡只是走向下一个轮回,他们不惧怕死亡,对未来充满希望,对世界具有无比的信心;印度文化反对杀生,和自然相处比较和谐,对任何灾难都不会发生大范围的歇斯底里的恐慌,但也不愿意和命运进行暴力抗争,即使是从英国的殖民统治下争取独立也是依靠和平方式取得的。

从社会文化角度看,印度独有的传统文化如种姓制度、性别歧视等因素也是制约教育公平发展的重要因素之一。尽管印度独立后宪法规定禁止任何歧视,但延续数千年的种姓制度是不可能在一夜之间消除的,事实上,这一制度至今仍然存在。除了四个种姓之外,还有处在最下层的两大社会集团,表列种姓和表列部族。在某些地区,下等种姓仍被视为不可接触者,经济、文化、社会地位最为低下,他们大都居住在山区、森林、沙漠地带,其识字率远远低于全国平均水平。据印度学者的调查,在不可接触种姓居住区内设立的小学,其相对数大大低于其他种姓。很明显,下等种姓、表列种姓、表列部族等群体无论在受教育机会方面还是接受的教育质量方面都存在着严重的受歧视现象。虽然政府采取了一些措施鼓励和保护他们,但根深蒂固的等级观念传统使他们仍然难以享受公平的待遇。

同时,印度社会由来已久的性别歧视的传统文化严重影响着教育的发展。人们普遍信奉"女孩读书无用",再加之农村地区学龄女童早婚的传统等因素,导致很多女童不能正常入学或大量辍学,从而使普及义务教育的发展更加缓慢。虽然现在的统计数据显示女童的入学率和男童基本持平甚至有较高的现象,但女童的辍学率明显高于男童,尤其是高小阶段更为明显。由此可见,印度传统文化中存在的某些制度、观念成为普及义务教育最大、最直接的障碍,而要彻底改变这一状况,首要任务就是要转变人们的固有思想、观念,接受先进的思想和文化,当然这个过程是要花费很长一段时间的。

第三章　印度弱势群体的教育权益保障

第一节　弱势群体的构成及其权利保障

一、弱势群体的构成和本研究的研究对象

一般认为,弱势群体也叫社会脆弱群体、社会弱者群体,在英文中称 Social Vulnerable Groups。弱势群体根据人的社会地位、生存状况而非生理特征和体能状态来界定,它在形式上是一个虚拟群体,是社会中一些生活困难、能力不足或被边缘化、受到社会排斥的散落的人的概称。

在印度,弱势群体(Weaker Sections)通常指在社会、经济和教育上处于不利地位的人群,但是关于弱势群体,印度并没有统一的界定。根据印度政府有关部门的工作任务和优待对象,笔者归纳出印度弱势群体应该包括落后阶级、女性、残疾人、老年人、流浪儿童、毒品受害者等处境不利人群。当然,这些群体是有交叉的。

按照"印度教育公平战略及其实施成效"这一特定范畴,本研究致力于分析印度政府保障落后阶级、女性和残疾人这三大群体受教育权方面的一些重要措施及其成败得失情况。

二、落后阶级人口数量庞大

在印度,落后阶级(Backward Classes,BCs)包括表列种姓、表列部族和其他落后阶级。印度共和国宪法第 46 条规定:"要增进'表列种姓''表列部

族'和'其他落后阶级'的教育与经济权益——国家将特别注意落后阶级人民的教育与经济利益,尤其是表列种姓和表列部族的教育与经济利益,并保护他们免受社会歧视及各种形式的剥削。"落后阶级的名单要根据情况进行调整,通常每10年审议一次名单,三大群体的名单分别由各自的主管部门公布,既有增加的,也有删除的。表列种姓的名单在1950年宪法的基础上不断修订,局部微调,最新一次修订由法律和公正部于2007年8月公布;表列部族的名单也在1950年宪法有关规定的基础上不断修订,局部微调,最新名单由关于表列部族的宪法命令法于2003年确认;其他落后阶级的最新名单由社会公正和权益保障部于1993年至2014年陆续公布。而且,各邦的名单也是不一样的。

作为一个种族构成复杂、多元文化并存的人口大国,印度社会中人群分类的尺度多种多样,通常是按种姓、宗教、阶级、地域和性别进行划分。种姓是印度社会中最普遍的划分尺度,尤其是在约占总人口82%的印度教信徒中,种姓制度使印度社会至今仍维持着较为森严的等级性。其他非印度教人群也有类似种姓制度的一些特征。因此,在世界其他国家通用的划分人群的标准,在印度并不完全适用。

种姓制度的基本特征是等级森严、职业世袭、内部通婚、各有独特的习俗。每个印度教徒生下来就属于其父母所属的种姓,终生不变。种姓制度起源于原始社会末期,至今已有3000多年的历史,原为婆罗门教的等级制度。婆罗门教改称印度教后,这种制度也被沿用下来。它把人从高到低分成四个等级,即婆罗门、刹帝利、吠舍和首陀罗。婆罗门主要掌管文化教育和祭祀,刹帝利掌握军政大权,吠舍主要经营商业贸易,首陀罗主要从事农业和手工业劳动。在四大种姓之外,还有一部分人被称为"不可接触者"或"贱民",他们也有一些种姓称号,通常从事被认为是最下等、最不洁的职业如排污、屠宰、清扫和制革业等。他们的社会地位极其低下,最受歧视,经济状况恶劣,受教育机会极少。为了改善包括"贱民"在内的"被压迫阶级"的不利处境,1935年,英印政府通过立法,规定为"被压迫阶级"提供一些优待措施。1936年,受优待的"贱民种姓"被列了一个名单,用"表列种姓"(Scheduled Castes)一词取代了"被压迫阶级"(Oppressed Classes)的说法。

除了表列种姓之外,印度还有很多生活在偏远地区的部落民族处于游牧、半游牧或刀耕火种的状态,他们经济条件很差,文化教育很不发达,与其他社会集团差距很大。这部分人的境况在19世纪末期和20世纪初期开始受到关注。印度于1947年独立后,中央政府将一些部落民族也列了一个优待表,称为表列部族。

在印度教之外,印度还有伊斯兰教、基督教、锡克教、佛教和拜火教等宗教。由于历史的和现实社会政治的原因,在印度教徒占压倒性多数的情况下,一些宗教上的少数民族在政治、经济、文化教育上也处于不利地位,其中,穆斯林、佛教徒和一部分基督教徒、锡克教徒也属于落后阶级,被划入其他落后阶级。也就是说,其他落后阶级是指除了表列种姓和表列部族之外的落后群体,主要由印度教徒之外的其他宗教少数民族构成。近年来,印度的官方文件中亦称其为"在社会和教育方面的落后阶级"(Socially and Educationally Backward Classes,SEBCs)。

关于其他落后阶级的人数,印度主要有两种不同的说法,争论很激烈。2004—2005 年度,印度全国抽样调查组织(The National Sample Survey Organization)提供的数据是其他落后阶级占总人口的 41%,而 1980 年印度中央政府任命成立的"曼达尔委员会"(Mandal Commission)发表的统计数字显示,印度其他落后阶级的人口占总人口的 52.4%。① 这是被中央政府和多数人接受的数据。另据印度一些著名经济学家的调查和推算,到 20 世纪 90 年代初期,生活在贫困线之下的印度人口仍占总人口的 40% 以上。②

不论 41% 和 52.4% 哪个数据更准确,由于表列种姓和表列部族一直约占总人口的 25%,所以,印度落后阶级占总人口的 65% 以上,应该没有大的疑问。

三、落后阶级权益保障的重要事件

由于对表列种姓和表列部族有专门论述,此处以介绍其他落后阶级权益保障的发展历程为主,对印度保障落后阶级权益的重要事件进行介绍。③

1871 年发表的马德拉斯人口普查报告(The Madras Census Report of 1871)用事实证明,婆罗门种姓之外的印度教徒和穆斯林在政治上没有地位。

---

① Ministry of Social Justice and Empowerment,Government of India. Annual Report 2011-2012:113-114. http://www. socialjustice. nic. in/pdf/ar11eng. pdf. 2014-10-10.

② [印度]鲁达尔·达特、K. P. M. 桑达拉姆:《印度经济》,四川大学出版社 1994 年版,第 640 页。

③ From Wikimedia Commons,the free media repository,http://obcreservation. netver2about-us-mainmenu-103/milestones-mainmenu-87. html? tmpl = component&print = 1&page=. 2013-12-21.

1881 年,应该对社会落后群体予以特殊考虑的提法被提出来。

1882 年,提出了把"教育程度"作为衡量落后与否的标准。

1883 年,《印度教育委员会报告》(The Report of the Indian Education Commission)指出,政府实际上没有注意到普通民众的教育问题。

1885 年,马德拉斯地方政府开始对发展教育提供财政支持。

1893 年,马德拉斯政府对 49 个不同种姓的教育提供了特殊的照顾。

1902 年 7 月,科尔哈普尔土邦的土邦王查特拉帕提·萨胡·马哈拉贾(Chatrapati Sahu Maharaja)宣布为本邦的非婆罗门种姓提供 50％的保留席位。

1918 年,根据一份关于落后阶级问题的报告,迈索尔地方政府宣布在教育机构和政府部门为落后阶级提供保留席位。

1920 年,萨胡·马哈拉贾宣布为本邦的非婆罗门种姓提供的保留席位从 50％提高到 90％。

1927 年,种姓被列为马德拉斯邦政府在录用公职人员过程中需要考虑的基本因素,以种姓为基础的公职人员所占比例是,每 12 人中,婆罗门种姓 2 人、非婆罗门种姓的印度教徒 5 人、穆斯林 2 人、盎格鲁-印度人 2 人、表列种姓 1 人。

1928 年,由孟买邦政府设立的一个委员会对弱势群体进行了如下划分,即,被压迫阶级、土著和山地部落、其他落后阶级。

1931 年 9 月,圣雄甘地在浦那宣布要"绝食至死",最终促成"高级种姓印度教徒组织"和贱民运动的领导人签署了著名的《浦那协定》(Poona Pact),面向落后阶级实施"分别选举单位制"(Separate Election Camps)。

1943 年,根据第一任司法部长巴巴萨海布·安贝德卡博士提交给总督的备忘录,为表列种姓提供 8.33％保留席位的决议生效。

1944 年,教育部宣布为表列种姓提供奖学金。

1946 年,表列种姓的保留席位从 8.33％提高到 12.33％(原文如此,应该是 12.5％)。

1947—1948 年,表列种姓的保留席位扩大至 16.66％。

1949 年 11 月 26 日,印度制宪会议通过了"印度共和国宪法"(1950 年 1 月 26 日生效),其中包含为表列种姓和表列部族保留席位的原则及第 340 条关于要求国家建立"落后阶级委员会"(Backward Classes Commission)以采取类似措施。

1950 年,"印度宪法"(印度宪法第一修正法案)第 340 条规定,赋予其他落后阶级享有保留席位的权利。

1951 年 11 月 27 日,巴巴萨海布·安贝德卡博士从尼赫鲁任总理的中央政府内阁辞职,他公开表明的辞职原因之一就是宪法第 340 条的实施被故意拖延。

1953 年 1 月 29 日,中央政府建立了第一个"落后阶级委员会"(First Backward Classes Commission),一般被称为卡莱卡委员会,但是委员会主席卡卡·卡莱卡(Kaka Kalelkar)却要求总统拒绝这个委员会的报告,认为以种姓为基础保留席位不利于社会。

1955 年 3 月 30 日,卡莱卡委员会提交报告,确认了 2399 个落后种姓,提出了改善他们地位的建议。但是,卡莱卡单独给总理写了一封信,要求他不接受该报告。印度政府迅速拒绝了该报告和建议。

1979 年,人民党莫拉吉·德赛总理任命国会议员宾德什瓦·普拉萨德·曼达尔(Bindeshwar Prasad Mandal)为第二个落后阶级委员会(Second Backward Classes Commission)主席。

1980 年 12 月 31 日,在全体委员一致同意的基础上,曼达尔委员会提交了报告,确定 3743 个种姓为落后阶级,并估计其占全国总人口的 52%。作为改善他们地位的诸多建议之一,就是在政府部门的岗位和教育机构中为他们保留 27% 的席位。继任的几届国大党政府对该报告的建议不予理睬。

1982 年,曼达尔委员会的报告提交议会进行讨论,曼德尔委员会的建议得到所有政党的支持。

1990 年 8 月,发布《办公室备忘录》(SCT O. M. No. 36012/31/90-Est)。印度总理 V. P. 辛格做出决定,中央政府在中央政府机关、事业单位和金融机构的职位和服务中为其他落后阶级提供 27% 的保留席位)。这一决定引起上层种姓和精英的激烈反应,引发了全国性的骚乱。由于失去了印度人民党的支持,执政党内部也不团结,辛格总理被迫辞职。此外,这一决定引来了一连串的诉状,反对政府为其他落后阶级保留 27% 的席位。这些诉状都交给了最高法院 9 人宪法特别法庭(9 Members Constitutional Bench of SC)。

1990 年 11 月 7 日,最高法院判决搁置实施曼达尔委员会的建议。

1992 年 11 月 16 日,最高法院 9 人宪法特别法庭提出,基于种姓的原则,应该为除"奶油层"(creamy layer)①之外的其他落后阶级提供 27% 的保

---

① "奶油层"是在印度政治中使用的一个术语,指"其他落后阶级"中相对富裕且受过良好教育的成员,他们没有资格享受政府资助的教育和职业方面的福利计划。

留席位。

反对"奶油层"人员享受优待的大法官潘迪安(Mr. Justice Pandian)指出:"这是在宪法出台 42 年后,政府根据宪法第 16 条第 4 款采取的第一个步骤来落实为其他落后阶级提供保留席位的计划。事实上,一些邦甚至还没有出台有关保留席位的政策以便其他落后阶级在获得公共部门岗位时得到优待。"

1993 年 9 月 8 日的办公室备忘录(O. M. No. 36012/22/93-Est. SCT)宣布实施于 1990 年 8 月 13 日颁布的办公室备忘录(OM No. 36012/31/90-Est. SCT),授予其他落后阶级 27% 的保留席位,不包括"奶油层"。

1999 年,在普日提·斯里瓦斯塔瓦博士的案例(Dr. Preeti Srivastava Case)中,最高法院认为,在超级专业课程(Super-Specialty-Courses)层面不能有保留席位,因为这样做违背了国家利益。

在 P. A. 依纳姆达诉马哈拉施特拉邦(P. A. Inamdar versus Maharashtra State)案例中,最高法院的判决涉及保留席位是否适用于纯私立的教育机构。与较早的 T. A. 派(T. A. Pai)案例类似,最高法院认定,纯私立的教育机构有权决定学费结构。

2005 年 12 月 21 日,议会几乎一致通过了第 104 次修订提案(104th Amendment Bill,即宪法第 93 修订案),终止执行最高法院反对在纯私立高等教育和专业机构中以种姓为基础进行招生的判决。印度"宪法"第 15 条增加新的条款 15(5),提出要保护所有公民不受歧视,保证公民的"平等权"和"法律面前人人平等"。新条款允许政府在纯私立教育机构为表列种姓、表列部族和其他落后阶级保留席位,少数民族教育机构除外。该条款同时为给表列种姓、表列部族和其他落后阶级在所有国立的和著名的专业院校中保留 49.5% 的席位提供了法律依据。

2006 年 1 月 20 日,宪法第 104 次修订提案第 15(5)款在总统同意后即时生效。

2006 年 4 月 5 日,人力资源开发部部长阿尔琼·辛格(Arjun Singh)在参加了 NCERT 的大型会议后回应了媒体关注的一些特殊问题,其中包括政府计划何时宣布为其他落后阶级在高等教育机构中保留 27% 的席位的决定。他引用了宪法修正案,并明确表示,必要的后续行动正在酝酿中,各邦议会选举后就会做出决定。

2006 年 4 月 26 日,大批医学院校的学生举行游行示威,抗议在国立教育机构中为落后阶级保留席位。

2006 年 5 月 2 日,为了反对在教育机构中为其他落后阶级增加保留席位,比哈尔邦巴特那(Patna)两所医学院校的学生和实习生发动了抗议。巴特那医学院及其医院和那烂陀医学院及其医院的学生,不惧酷暑,从医学院校园出发,到巴特那的卡吉尔广场(Kargil Chowk)举行抗议集会。

2006 年 5 月 30 日,最高法院对参加游行的医生发出警告。为了对医学院校师生无视取消罢工的呼吁表示不满,最高法院指出,医生们对最高法院的蔑视行动会给他们带来严重的后果,如果他们继续抗议,就背离了"神对患者的怜悯"(patients at God's mercy)。

"令人惊讶的是,事情却向相反的方向发展。最终,在医院等待治疗的人都被感染了。"有关方面注意到,在对病人进行了敷衍了事的处理后,绝大多数医学生和医生继续罢工。

2006 年 7 月 6 日,全印度医学科学研究院医生的罢工使患者身处困境。全印度医学科学研究院(the All India Institute of Medical Sciences,AIIMS)的医生和教职员继续抗议,反对解雇院长 P. 维奴格帕(P. Venugopal)博士,附属医院中包括急诊在内的所有服务都受到了严重影响。

以中央政府卫生部长 A. 拉玛多斯(A. Ramadoss)为主席、由 17 名成员组成的医院最高决策机构建议撤销 P. 维奴格帕博士的院长职务,因为他违反了医院的行为守则。

2006 年 7 月 12 日,马哈拉施特拉邦议会通过保留席位法案。在私立教育机构中为表列种姓、表列部族、游牧部族、未列入通告的部族(denotified tribes)和其他落后阶级保留 50％席位的法案获得通过。

2006 年 11 月 24 日,最高法院驳回一项诉讼请求,该诉讼请求要求在其他落后阶级内部人们获得从事世袭职业的时候不必适用"奶油层"的原则。

2006 年 12 月 14 日,人民院(Lok Sabha)通过保留权法案,单独为其他落后阶级学生在国立教育机构保留 27％的席位。

"2006 年国立教育机构(保留入学席位)提案"获得一致通过,该提案规定为其他落后阶级保留 27％的席位。在表决前,印度人民党提出了修正案,要求在少数民族教育机构中也为其他落后阶级保留 27％的席位,但是这个修正案没有被采纳。

政府承诺将很快为在纯私立教育机构中实施保留权制度事宜提出一项法案。

人民院的议员们放弃了党派歧异,一致支持为其他落后阶级的学生在国立教育机构保留席位的法案。

　　2006 年 12 月 15 日,关于配额法案,全印度医学科学研究院的 15 名驻院医生开始无限期的绝食抗议,反对人民院通过法案,为其他落后阶级在政府资助的教育机构中提供 27% 的保留席位。这次绝食抗议持续到 12 月 19 日,此后就没有进一步的消息了。

　　2007 年 1 月 21 日,德里大学准备落实为其他落后阶级保留席位的法案。德里大学决定在接下来的学年中落实为其他落后阶级保留席位的规定,计划通过一年增加 18% 的招生名额,分三个阶段实现 27% 的配额数量。为了落实配额数量,德里大学管理部门根据估算,向大学拨款委员会提出每年需要增加额外的基础设施和补充教师的请求。

　　2007 年 2 月 11 日,为了反对全印度医学科学研究院在医院的超级专业系科(super-speciality departments)为落后阶级保留 50% 的席位的决定,学院的 4 位驻院医生前往德里高等法院,要求法院对这项决定进行干预。根据 4 位医生的诉状,德里高等法院向全印度医学科学研究院、印度医学委员会和中央政府发出通知,并要求全印度医学科学研究院在案件未了结前不要为保留席位的候选者发放聘书。

　　2007 年 3 月 29 日,最高法院搁置为其他落后阶级在印度理工学院(IITs)和印度管理学院(IIMs)保留配额的政策。在审理反对保留权政策(Reservation Policy)的诉讼中,最高法院判决搁置中央政府为其他落后阶级在诸如印度理工学院和印度管理学院这样的精英教育机构中保留 27% 的席位的法律。最高法院认为,在实施保留权政策的过程中,1931 年的人口普查不能成为确认其他落后阶级身份的决定性因素。由两位法官组成的特别法庭认为:“暂缓实施面向其他落后阶级的保留权政策是可取的。”

　　2007 年 3 月 30 日,泰米尔纳德邦的首席部长建议议会讨论配额问题。泰米尔纳德邦的首席部长 M.卡鲁纳尼迪(M Karunanidhi)建议总理曼莫汉·辛格(Manmohan Singh)、副总统拜龙·辛格·谢卡瓦特(Bhairon Singh Shekhawat)和人民院议长索姆纳特·查特吉(Somnath Chatterjee)召集议会两院开会并做出决定,以便使其他落后阶级能够从下一学年就开始根据保留权政策获得优待。

　　2007 年 4 月 24 日,泰米尔纳德邦各党派寻求实施面向其他落后阶级的保留权政策。

　　在泰米尔纳德邦议会上,各政党领导人敦促立即采取措施,实施为其他落后阶级在精英教育机构中预留 27% 席位的政策。更有甚者,泰米尔纳德邦首席部长 M.卡鲁纳尼迪警告说,可能要爆发全国范围的支持保留权政策的起义。卡鲁纳尼迪在邦议会讨论时说，全国被压迫种姓的暴动将"像火山一样爆发"，国家不应该让这种局面出现。提到最高法院搁置保留权政策的实施，他说："由两三个人来决定 10 亿人的未来是对民主的伤害。"

全印度德拉维达运动（All India Anna Dravida Munnethra Kazhagam whip D Jayakumar）领导人提出了这项议题，指责中央政府没有全心全意去推行保留权政策。他说，"中央政府没有聘请好的律师在最高法院为保留权政策进行辩护"。国大党的彼得·阿尔方斯（Peter Alphonse）说，联合进步联盟政府将坚定推行为其他落后阶级保留席位的政策，并对法官们有关配额的一些言论表示关注。维姆茹甘（Velmurugan）说，这是"……法院超出其管辖范围，干预立法机关权力的又一个实例"。他说，法院的行动是反民主的，因为它是与广大人民群众敌对的。

2007 年 4 月 24 日，中央政府与以印度首席大法官 K. G. 巴拉克里诗南（K. G. Balakrishnan）为首的特别法庭进行了接触，巴拉克里诗南命令提前在 4 月 8 日（原文如此，应该是 5 月 8 日）召开听证会，而不是在 8 月的第 3 周。

2007 年 4 月 25 日（原文如此，应该是 4 月 24 日）最高法院接受政府请求（Govtplea），决定在 5 月 8 日处理由中央政府提出的申请，即尽早举行听证会，研究政府颁布为其他落后阶级保留 27％席位这项法律的宪法依据，同时，关于印度管理学院（IIM）是否为其他落后阶级保留 27％席位的问题仍然悬而未决。

2007 年 4 月 25 日，人力资源开发部长阿尔琼·辛格面见总理，讨论印度管理学院的（招生）问题。此前，阿尔琼·辛格部长及助手召开专门会议，讨论各种合法的选项，以便使最高法院搁置在中央精英教育机构为其他落后阶级提供 27％保留席位的判决被撤销。

2007 年 4 月 26 日，印度管理学院班加罗尔分校（IIM-Bangalore）的创始人、校长要求印度管理学院自愿招收其他落后阶级学生。

最高法院和中央政府之间关于本学年是否为其他落后阶级提供 27％保留席位的争斗尚未结束，印度管理学院班加罗尔分校创始人 N.S. 拉马斯瓦米（N S Ramaswamy）校长提出，在不影响普通类别学生席位的情况下，印度管理学院应该从今年开始自愿招收其他落后阶级学生。拉马斯瓦米向人资部表明了自己的观点，他说："既然最高法院拒绝撤销搁置保留席位的判决，那么印度管理学院各分校可以自愿招收其他落后阶级学生。招收 27％的其他落后阶级学生，只不过是每所印度管理学院接收 60 名学生、创建一个额外教室而已。而且,这些教室是可以分阶段建设的。"

已经被任命为管理学科国家级研究教授(national research professor for management)的拉马斯瓦米还建议,教职员们增加一点点"额外工作"就会解决教师紧缺的问题。这位专家说:"可以通过聘任那些正在印度管理学院做访问学者的教师作为客座教师来解决教师紧缺问题,而内部教师可以每星期多工作一个小时,在他们现有的薪金之外再给付额外的报酬即可。这样一种亲切的姿态会受到其他落后阶级学生、人资部、最高法院、印度管理学院各分校和全国普通民众的欢迎。"

2007 年 7 月 16 日,中央政府向最高法院提交申请,希望其撤销搁置在精英教育机构中为其他落后阶级保留 27% 席位的判决。申请被递交给以首席法官 K.G. 巴拉克里诗南为首的特别法庭,这个特别法庭决定在 7 月 17 日举行听证会。

2008 年 4 月 10 日,最高法院同意为其他落后阶级提供 27% 的配额。在对保留权政策的大力推动下,最高法院维持了宪法修正案,即为印度理工学院、印度管理学院和其他国立教育机构的其他落后阶级提供 27% 的配额,但不包括"奶油层"。由五位法官组成的宪法特别法庭一致裁决,明确《国立教育机构(招生中保留席位)法案》(2006 年),为其他落后阶级保留入学名额。由首席法官 K.G. 巴拉克里诗南为首的特别法庭决定,其他落后阶级中的"奶油层"不能享受保留权政策的优待。

2008 年 4 月 16 日,7 所印度理工学院决定在三年内分阶段落实为其他落后阶级保留 27% 席位的政策,在即将开始的新学年,为符合资格的考生保留 9% 的席位。这是印度理工学院各分校校长会议的决定。上周最高法院已经决定为其他落后阶级保留 27% 的席位。今年将为其他落后阶级考生保留 9% 的席位,明年和后年再分别增加 9% 的保留席位。印度理工学院还决定在下一学年增加 13% 的招生名额,以适应扩招其他落后阶级考生的局面。目前,位于卡拉格普尔、孟买、钦奈、德里、坎普尔、古瓦哈提和鲁尔基(Kharagpur,Mumbai,Chennai,Delhi,Kanpur,Guwahati and Roorkee)的 7 所印度理工学院有大约 4000 个席位。

2008 年 4 月 17 日,中央政府同意为其他落后阶级保留 27% 的配额。由总理曼莫汉·辛格主持的政治事务内阁委员会的会议做出了这个决定。人力资源开发部长阿尔琼·辛格介绍了支持和反对最高法院判决的意见,尤其是不允许"奶油层"享受给予其他落后阶级的保留权政策的优待。

2008 年 4 月 17 日,全印度医学科学研究院今年实施面向其他落后阶级的配额。两年内,由中央政府运营的医学院校将为其他落后阶级提供 27% 的配额。本学年为其他落后阶级的学生保留 18% 的席位。这个决定是在新德里举行的所有医学院校校长会议上做出的,会议由中央政府的卫生和家庭福利部(Union Health and Family Welfare Ministry)部长安布马尼·拉玛多斯(Anbumani Ramadoss)主持。

2008 年 4 月 20 日,政府指示所有中央资助的精英教育机构,包括印度管理学院和印度理工学院,从今年起实施为其他落后阶级提供保留权的政策。在 4 月 10 日最高法院赞成为其他落后阶级提供 27% 的配额但不包括"奶油层"之后,人力资源开发部向国立教育机构发出了这项指令。

四、"奶油层"

"奶油层"的术语由萨塔那珊委员会(Sattanathan Commission)于 1971 年引入,委员会认为保留给其他落后阶级的公务员职位和服务的配额不应该包括"奶油层"。①

最高法院对于"奶油层"的定义来自 1993 年 9 月 8 日的办公室备忘录(office memorandum)。这个术语最初出现在 1992 年为某些群体保留工作职位的运作过程中。最高法院指出,保留权方面的好处不应该给予根据宪法获得特定职务(constitutional functionaries)的其他落后阶级人员的子女,如总统、最高法院和高级法院的法官、某一级别之上的中央和邦政府的公务员、公共部门的雇员、军队和准军事机构中的上校军衔以上的人员。

从事商业、工业和下列专业的人员,如医生、律师、注册会计师、收入税务顾问、财务或管理顾问、牙科医生、工程师、建筑师、计算机专家、电影艺术家和其他电影专业人员、作家、剧作家、运动员、体育专业人员、媒体专业人员属于"奶油层",或者,任何其他具有类似地位的职业的人员,如果他们连续三年的年收入超过 60 万卢比,那么他们也属于"奶油层"。也就是说,连续三年的年收入(工资和农业用地以外的来源)为 60 万卢比的任何家庭的其他落后阶级儿童都属于"奶油层",尽管他们属于社会和教育方面落后的阶层,但也被排除被在可以享受保留权优待的"社会和教育落后"的类别之外,因为在 2013 年 5 月,"奶油层"的收入界定已经从连续三年的年收入 10 万卢比(见 1993 年办公室备忘录)增加到 60 万卢比。

---

① From Wikipedia, the free encyclopedia,http://en. wikipedia. org/wiki/Creamy_layer. 2013-12-21.

在印度,大部分人都误解了"奶油层"的概念。常见的误解包括:"奶油层"的类别是由父母的职位/收入决定的,而不是由其本人的职位/收入所决定的。关于公务员是否属于"奶油层",只根据他/她的级别决定,而不是工资收入。60万卢比的收入标准只适用于商业人员而不适用于挣工资的人员,即使他/她是在政府/事业单位/公营机构工作。

在实践中,"奶油层"的概念只针对其他落后阶级,这个概念并不适用于表列种姓和表列部族。

政府方面还尝试发放"非奶油层证书"。此证书是"非奶油层"的其他落后阶级人员("non-creamy" OBCs)要求颁发的,用来反对奶油层人员申请印度政府为其他落后阶级所保留的工作职位和国立教育机构的入学资格。

有权为其他落后阶级签发"非奶油层"证书的主管人员如下:县长、副县长、税务官、副专员、副专员助理、副税务官、领取一级工资的公务员、镇长、乡长、其他不低于领取一级工资公务员的官员,等等。

第二节　针对落后阶级的教育保留权政策

保留权政策是印度政府实施的一项旨在保护"落后阶级"的特殊优惠政策,是指根据宪法和法律的有关规定,中央政府和各邦政府根据落后阶级在总人口中的比例,在政府部门和公共机构以及所有由政府资助的公立或者私立的教育机构,为表列种姓、表列部族和其他落后阶级等社会弱势群体在升学和就业方面保留一定比例名额的特殊优惠政策,其目的在于改变他们在社会经济、政治和教育上所处的劣势地位。这种特别优待或补偿性的、积极的区别对待就是人们熟知的保留权政策。中国学者对这项政策已经有了比较全面的介绍,但是对这个词汇有不同的翻译方式。[①]

经过不断调整,当前给表列种姓的保留额度是 15%,表列部族是 7.5%。此外,在经过几十年的争论和拖延之后,1992 年,印度最高法院判决

---

① 安双宏:《印度落后阶级受高等教育的机会》,《比较教育研究》2002 年第 8 期,第 31—33 页;施晓光:《印度教育"保留权政策"问题探析》,《比较教育研究》2008 年第 10 期,第 46—49 页;张学强、许可峰:《"优惠政策"与"预留政策"——民族公平视域下的中印高等教育招生政策比较》,《比较教育研究》2010 年第 2 期,第 49—53 页;贺永红:《印度的"落后阶层"保留制度》,《中国人大》2010 年第 8 期,第 49—51 页。

印度联邦政府可以实施针对其他落后阶级的保留权政策;2005年通过的印度宪法第93修正案规定,为其他落后阶级保留27%的名额。然而,保留权政策自酝酿到制定,从启动到实施,始终处于印度社会和公众普遍的关注和争议之中。

一、保留权政策的演变

(一)印度独立前的教育保留权政策

印度的保留权政策是一个古老而又崭新的议题。早在英国殖民统治时期,有人就曾经提出保留权政策建议,强调对落后阶级和被剥夺权利的弱势群体实行特殊优惠政策。在南部和西北部低级种姓居住集中的各邦,尤其是科尔哈普尔(Kolhapur)、迈索尔(Mysore)和巴罗达(Baroda)三个地区都曾试图通过实施这样的政策,提高当地落后阶级人群的素质,促进本地经济和工业的现代化。

1856年6月,一个表列种姓男性申请进入孟买管辖区内的一所公立学校就读,这是文字记载中最早接受教育的表列种姓。这件事情的发生吸引了当时英国统治者的目光,于是管理理事会强制规定了一条教育政策,即只要是政府支持创办的公立学校在招生录取方面不允许以种姓、宗教、民族方面的原因拒绝申请者入学。英印政府又于1872年颁布了《种姓限制法案》,该法案的实施大大加强了教育政策的实施力度,并且对表列种姓教育具有实质性的意义,也为日后制定有关表列种姓教育的法律条文提供了可用依据。

1902年7月26日,科尔哈普尔土邦的土邦王查特拉帕提·萨胡·马哈拉贾宣布为本邦的非婆罗门种姓提供50%的保留席位。一般认为,这项措施实际上标志着保留权政策在印度的开始。1918年,迈索尔土邦宣布,所有非婆罗门团体均为"落后阶级",在大学和本邦的公共机关中为各种姓保留席位、规定名额。

1921年,马德拉斯邦政府制定了《公民保留名额法案》,该政策规定了保留名额,即为非婆罗门保留44%的名额,为婆罗门保留16%的名额,为穆斯林保留16%的名额,为英裔印度人或者基督徒保留16%的名额,为表列种姓保留8%的名额。1942年,安贝德卡(Ambedkar)成立了全印度落后阶级联盟,旨在支持表列种姓的发展。安贝德卡还要求在政府机关单位为表列种姓保留公职。

为印度全国范围内的表列种姓提供"保留权"始于1943年。当时,英印政府的一项命令规定,8.33%的政府工作职位专门为表列种姓的人保留。1946 年,这一比例提高到表列种姓在总人口中的比例数,即 12.5%。

(二)印度独立后的教育保留权政策

1. 宪法中的有关规定。独立后,印度共和国宪法在社会平等与公正方面做出了明确规定:宪法第 14 条保证少数民族的平等权利;第 15 条禁止因宗教信仰、种族、种姓、性别和出生地等原因对某些人予以歧视,而第 16 条保证各类群体在公共事业中具有平等的就业机会;第 29 条保证少数民族有保留自己的语言、文字和文化的权利,而第 30 条赋予他们根据自己的语言和宗教信仰建立并管理本民族教育机构的权利。宪法规定,小学教育阶段的教学用语应该是学生的母语,但接受国家资助的教育机构不能进行宗教教育。

同时,印度政府迫切希望通过"纠正历史造成的不均衡",建立一个"人人平等"的民主社会,帮助处于劣势地位的社会种族成员早日加入印度主流社会,赶上时代发展的步伐。1950 年 1 月 26 日,印度颁布的新《宪法》规定:"废除不可接触制"(第 17 条),"维护表列种姓、表列部族在教育、经济方面的权益(第 46 条)",保留其在各级人民院中的议席和国家机构及国营企业中的就业请求权(第 221、225 条);在教育政策方面,宪法还规定,"保护少数群体的文化及受教育的权利(第 19、20 条)",规定为表列种姓保留 15%的名额、为表列部族保留 7.5%的名额。1951 年《宪法修正案》进一步规定,"保证所有公民享有同等权利(第 15 条)",并要求各邦制定特殊的条款,帮助在社会和教育上处于不利地位的落后阶级。

以宪法的这些规定为基础,印度中央政府和各邦政府根据表列种姓和表列部族在总人口中的比例,在所有由中央政府和邦政府运营的教育机构和各类组织中,为他们保留相应比例的名额(表列种姓 15%,表列部族 7.5%)。这种特别优待或补偿性的、积极的区别对待就是人们熟知的保留权政策(现在也有学者译为"预留权制度")。

2.《卡莱卡委员会报告》中的教育保留权政策。为了实施保留权政策,印度政府于 1953 年成立由卡卡·卡莱卡领导的"第一个落后阶级委员会"。卡莱卡委员会的职责是确定落后阶级的组成成分,列出全印度范围内的落后群体清单,进而考察落后阶级的困难并为其提供解决困难的办法。

为了确定哪些群体属于落后阶级,卡莱卡委员会制定出四种评判标准:一是在传统种姓阶级制度中处于低级地位的人群;二是整体教育发展落后;

三是在政府服务部门任职人员少；四是在商业、贸易和工业的领域工作人员少。根据以上标准，卡莱卡委员会在全国确定了 2399 个落后种姓、837 个最落后种姓。卡莱卡委员会中 45％的成员反对把种姓与"落后"相互联系。卡莱卡委员会主席卡莱卡也反对把种姓与"落后"联系起来，但是最终也没有公开表示正式反对态度。

卡莱卡委员会于 1955 年 5 月 30 日向国会提交《卡莱卡委员会报告》。报告中指出："不能否认的是，种姓制度是印度向平等社会发展的一个最大阻力。"该报告按照《宪法》精神提出把表列种姓、表列部族和其他落后阶级的教育问题放在重要的地位，提议在所有技术和专门学校中为表列种姓等落后阶级学生保留 70％的配额，同时还提议为一到四年级的表列种姓学生保留一定数量的配额，即一年级 25％、二年级 33.5％、三年级和四年级 40％。然而，由于当时委员会提出的建议对于印度政府来说过于含糊并且也没有太多的实践价值，因此印度国会并没有对这个报告进行过多的讨论，这时期的有关保留权政策基本上属于纸上谈兵，没有得到真正落实。相反，1963 年和 1983 年印度最高法院两次做出了重要的判决，规定在任何时候，保留的名额都不能超过 50％。

3.《曼达尔委员会报告》中的教育保留权政策。1977 年，作为反对党的人民党在人民院选举中取胜。随后人民党又在 10 个邦议会选举中赢得胜利。选举胜利为保留权政策的进一步落实提供了可能性。人民党政府为此专门成立了一个由曼达尔领导的"第二个落后阶级委员会"。曼达尔委员会的职责是确定落后阶级的组成群体，为他们的发展采取相应措施，并考察落后阶级对教育保留权政策的愿望。同时，曼达尔委员会还试图统计表列种姓和其他落后阶级的人口数量，评估他们在社会和经济方面的地位和状况，以便为制定保留权政策中的配额做依据。

1979 年，曼达尔委员会提交了著名的《曼达尔委员会报告》。根据 1931 年人口普查数据，曼达尔委员会估算，除表列种姓和表列部族以外，全印度有 3743 个不同的落后阶级种姓，占全印人口的 54％，比第一个落后阶级委员会报告中估算的落后阶级人数还要多。该报告明确提出，应该为其他落后阶级在政府部门和教育机构中保留 27％的席位。

需要指出的是，这个时期保留权政策执行得并不理想，因为《曼达尔报告》提出不久，人民党政府就下台了，接任的英·甘地（Indira Gandhi）政府对报告基本持消极态度，致使《曼达尔报告》在国会遭冷遇后基本上就被束之高阁。

1989 年,V. P. 辛格(V. B. Singh)政府再次接受并正式推行《曼达尔方案》;一些邦,如北方邦(Uttar Pradesh)、泰米尔纳德邦(Tamil Nadu)随之响应,开始为邦属医学、工程以及其他院校,包括部分私立院校规定名额分配。这些政策的出台仿佛打开了"潘多拉的盒子",马上引起一些邦的高等种姓学生甚至高等法院律师协会的普遍反对和抗议,部分地区还爆发了骚乱。对此,虽然 V. P. 辛格政府有所准备,但骚乱规模之大、势头之猛,大大超出了其原来预想,加上其他政治因素的综合作用,最后政府被迫倒台。

2005 年 12 月 21 日,印度"统一进步联盟"赢得国会多数席位,并在《曼达尔委员会报告》(Mandal Commission Report)的基础上通过了《第 93 次宪法修正案》,决定在国立院校和私立高等教育机构中单独为其他落后阶级增加 27% 的保留名额,从而使"落后阶级"的名额总体比例达到 49.5%。该修正案一经通过,立刻引起了高等种姓阶层的强烈反对。2006 年,处在印度高等教育系统顶部的印度理工学院(IITs)、全印度医学科学研究院(AIIMs)、印度管理学院(IIMs)和其他高等院校的部分学生上街举行示威集会,抗议政府坚持实施保留权政策。在各方面经过两年的激烈较量之后,这项政策实际上是 2008 年才开始实施的。

二、关于为落后阶级提供保留权的争论

(一)对教育保留权政策的两种不同态度[①]

自保留权政策提出之日起,该项政策就存有争议,成为印度社会和阶级矛盾的"导火索"和"骚乱温床"。尤其是 20 世纪 90 年代印度各地因反对实施《曼德尔方案》而爆发市民示威、冲突和骚乱之后,保留权政策问题立刻成为社会公众、媒体和学术界普遍关注、辩论的焦点。讨论的问题主要包括:除表列种姓和表列部族外给予"其他落后阶级"保留特殊待遇是否仍然具有合法性?保留权政策如何处理教育机会均衡和高质量标准之间的矛盾?围绕这些问题的回答,形成了两种截然相反的观点和主张,积极支持者有之,抵制者更是无数。对比分析两种对立观点和主张可以进一步加深对印度保留权政策的理解和认识。

首先,从赞同保留权政策的观点来看,主要力量来自印度统一进步联盟政府、"左派"政党和少数政治精英。他们从提高整个国家国民素质、实现教

---

① 施晓光:《印度教育"保留权政策"问题探析》,《比较教育研究》2008 年第 10 期,第 46—49 页。

育公平和机会均等的角度出发，基于贯彻《宪法》规定的"人人享有平等权利"精神的考虑，坚持认为保留权政策是印度的"认肯行动"，它通过给少数弱势民族予以特殊照顾的方式，改变其在社会经济、政治和教育上的不利处境。印度银行顾问、经济学家 N. 亚达夫（Narendra Yadav）在其出版的《不可接触制》（Untouchables）一书中曾经为保留权政策辩护道："只有当全体印度人有平等的机会去发展其自身潜能的时候，我们希望成为经济强国的梦想才能实现。"一般来说，政府实施保留权政策主要基于 3 个基本的假设：(1)受惠的群体较之其他没有享受保留权政策的群体处于社会的不利地位；(2)原来所规定的"不利者"只是最有效地表述为是直接获益的群体，而非具体到个人和家庭；(3)在所有可行的、基于落后群体的认肯行动政策中，保留权政策是一种正确的选择。2006 年，《印度时报》的专栏作家安·拉尔针对部分公民担心保留权政策可能会引发"劣币驱良币"的问题时阐述了自己的观点。他写道："包括 SCs 名额保留在内的肯定行动政策（保留权政策）对实现社会平均主义具有正面的影响……社会发展指标显示，在已经实施几十年以种姓为基础保留权政策之后，南方和西印度各邦的社会和经济情况已经远远好于印度其他地方。与那些没有实施保留权政策的地方相比较，社会所取得成就的主要原因在于民众具有良好的社会和政治意识，而高等教育对此做出了重要的贡献。"他还认为，保留权政策不会危及"优秀价值"（merits）的保持，相反，却能赋予广大民众更多实现社会和经济流动的权利。

　　其次，从反对保留权政策的观点来看，主要力量来自那些高种姓中产阶级，其中包括政府文官和雇员、教师、医生、律师以及来自这些人员家庭的学生等。另外，反对的声音还来自那些没有享受到 SCs、STs 和 OBCs 一样待遇的其他少数种族和宗教群体。他们认为，保留权政策并非理想而有效的方法，它使"有价值和有效率的东西都处于危险之中，必须予以废除"。在他们看来，实施保留权政策弊大于利，因为保留权政策导致种姓矛盾日益加深，一方面，出身低微的阶级成员感到，从保留权政策中获得了利益的只是落后阶级中的少数人，相反，真正需要帮助的落后群体并没有获益。他们批评"保留权政策不过是政党出于选举需要而采取的取悦'落后阶级'选民的政治策略，有损于印度民主社会的发展"，这不但无助于国家的稳定，而且还会导致国家竞争力的丧失，是滋生腐败和低效行政的主要原因。这种质疑和批判的声音自 20 世纪 90 年代之后变得越来越大。多数学者认为，在高等教育中实行保留权政策正在损害有价值（merit）的或者优秀（excelence）的候选人的发展。甚至有学者呼吁：已经需要考虑废除保留权政策，建立真正

"认肯行动"制度的时候了。

另外,需要强调的是,对保留权政策的不同态度还反映不同地区和不同党派的不同执政理念。一般来说,代表北方邦高等种姓和富人利益集团的国大党总体上对保留权政策采取比较消极的态度,甚至反对。例如国大党领袖尼赫鲁(Nehru)总理就"不赞成对表列种姓和表列部族以外的种姓实行保留"。他在 1961 年 6 月给内阁部长们的信中写道:"我不喜欢任何形式的保留,尤其不喜欢在政府职务中的保留。"相反,代表南方中下层利益的印度人民党(联盟)就积极主张实施保留权政策。例如在印度人民党两次短暂的执政期间,始终积极主张和实施《曼德尔方案》,为落后阶级扩大保留名额等。

(二)关于印度理工学院为落后阶级学生设置保留名额的争论①

在印度理工学院建立后的相当长一段时间里,其招生完全是根据"联合招生考试"的分数择优录取的。然而,从 1973 年开始,出于政治上的原因,印度政府要求各印度理工学院必须在招生名额内为表列种姓和表列部族的学生分别保留 15% 和 7.5% 的份额。根据这项保留权政策,印度理工学院单独为这类学生制定了一套录取标准,即这类考生达到正常考生最低录取分数的三分之二即可被录取。由于实际操作中受其他因素的影响,这一录取标准经常被降得更低。例如,有一年,马德拉斯印度理工学院机械工程专业正常考生的最低录取分数是 62 分,而有保留权的考生得 18 分就可以被录取。这些入学成绩比正常录取分数线低得多的学生进入印度理工学院以后,造成了一系列学术上的问题。尽管印度理工学院为这些学生开设了为期一年的补习课,但他们之中仍有平均约 25% 的学生跟不上正常进度,只得被要求退学,使这些学生的自尊心受到伤害,同时也导致一些政治势力对印度理工学院这种做法的批评。另外,保留的份额约有 5% 被闲置了,因为有些有保留权的考生连为他们设的最低分数线也达不到。

对于围绕保留权问题所进行的斗争,马德拉斯印度理工学院校长的一次讲话既精彩又意味深长。1983 年,该校长在全校教职员大会上做报告时指出:"'表列种姓问题议会专门委员会'的议员们关心的是大多数表列种姓和表列部族的学生在印度理工学院跟不上正常学习进度的问题,有些人认

---

①　安双宏:《印度高等教育:问题与动态》,黑龙江教育出版社 2001 年版,第 183—186 页。

为我们的标准太高了。该委员会的某些议员竟然说,我们在教学中应该用印度标准而不是国际标准……"

"大学需要有 3 项基本自由:决定教什么的自由,决定教谁的自由,决定谁教的自由。我们今天目睹的正是对这些自由权利的侵蚀。不幸的是,大学就像一朵花一样,它无能为力;它很容易受摧残,完全依赖于人们的良好愿望才能生存。不久以前,阿拉哈巴德大学和加尔各答大学还像现在的印度理工学院一样,是印度最好的大学并且在世界上享有盛誉。看看它们的下场吧,我们不能不担心我们自己的未来。"

"还有比对印度理工学院系统的诘难更值得关注的是那些议员做事的态度。'表列种姓问题议会专门委员会'的一些议员用难登大雅之堂的语言对印度理工学院的校长们进行威吓、侮辱和谩骂。就是在英帝国主义统治时期,我也不相信曾发生过这样的事。或许人们不应该把这件事看得太严重了,因为它可能只是一时的过失性行为。真正令人担心的是,我无法让任何一个知识分子站出来说这类事情不应该发生,我也无法指望有人会这么做。全体知识分子和专业人员的软弱是令我忧虑的真正原因。"

除了要求以种姓为基础提供保留权的压力一直在加大以外,还有一些人建议印度理工学院也应该为其他落后阶级提供保留权。有些印度学者悲观地估计,印度理工学院按成绩录取的新生数有可能被削减到 50% 以下。这正成为笼罩在印度理工学院之上的不祥阴影。有意思的是,萨尔卡尔委员会曾认真考虑过向表列种姓和表列部族的学生提供保留权的可能性,但是该委员会没有就此问题提出任何建议,而是准备以后再讨论这个问题。由于该委员会没有提出最终报告,这个问题也就未能最终解决。根据当时的情况分析,很明显,印度理工学院的规划者们认为没有必要以种姓为基础为某类人保留入学份额。几乎可以肯定的是,假设印度理工学院不是在 20世纪 50 年代建立的而是在当前印度这种政治条件下创办的,印度可能永远不会有如此高水平的教育机构。

应该说,印度理工学院毕业生是印度生产出来的唯一具有国际竞争力的高技术产品。这件事是好是坏,人们褒贬不一。批评者认为,由于印度理工学院毕业生的水平是如此之高,以至于他们在印度落后的经济生活中竟然没有用武之地,因此,国家花费巨资创办并维持印度理工学院并不符合像印度这样的穷国的需要。另一方面,印度首任总理尼赫鲁经常说,我们不应该好像永远要穷下去那样制定计划,这也是他积极赞成不惜重金开办印度理工学院的主要原因。在印度,这样两种截然不同的观点之间的争论可能将永无终结。

三、印度实施教育保留权政策的障碍

（一）教育保留权政策遇阻的归因分析[①]

保留权政策实施 60 年的实践证明，这项政策对改变印度"落后阶级"社会经济和教育状况做出了巨大的贡献，尤其是通过保留权政策的实施，南部落后阶级人口集中的各邦人口素质整体水平有了很大的提高，促进了当地经济社会的发展。然而，这样一个"好"的政策，为何不断受到人们的抨击，并一次次引起社会动荡？

按照北京大学施晓光教授的研究，其原因是非常复杂的，主要有 3 个方面：一是深刻的社会文化和历史根源；二是保留权政策自身的制度性缺陷；三是保留权政策问题越来越政治化，成为政党选举和统治的一种工具。

对弱势群体实行特殊的优惠政策是世界各国普遍采用的做法。印度也不例外。在过去的 60 年里，印度为落后阶级接受良好教育提供了法律和制度上的保障，并取得了初步的效果。然而，由于印度是一个种姓等级制度严格的社会，固有的传统观念根深蒂固，社会保守势力尤其是高等种姓阶层实力仍然非常强大，他们不愿真正看到落后阶级与之平起平坐，加之保留权政策本身存在某种制度设计上的缺陷，从而导致保留权政策的社会公平性受到越来越多的质疑。因此，围绕保留权政策实施所展开的斗争不会在短时间内结束，其结果如何还需拭目以待。

（二）弱势群体的"精神胜利致幻剂"

在印度，中小学教育阶段较低的入学率和极高的辍学率直接制约着广大落后阶级子女接受高等教育的机会。印度人力资源开发部的工作报告显示，2006—2007 年度，全国范围内 1—10 年级（初中阶段）的辍学率为59.9%，而表列种姓的辍学率是 69%，表列部族的辍学率则高达 78.1%。可见，印度落后阶级子女完成初中教育的比例都是极低的，能读到高中毕业的更是少之又少。

因此，尽管政府为表列种姓和表列部族学生在高等教育阶段保留了法定的名额，而且，表列种姓和表列部族的大学生基本都能享受到奖学金，但是，他们当中却只有少数人获益，多数人都得不到这一好处。也就是说，表

---

① 施晓光：《印度教育"保留权政策"问题探析》，《比较教育研究》2008 年第 10 期，第46—49 页。

列种姓和表列部族中只有家境好的人能够接受高等教育。而且,从中小学教育阶段落后阶级的辍学率中,人们不难推断出高等教育阶段落后阶级的辍学率。

随着时间的推移,保留权制度已经成为一些政治领袖手中的工具,被用来为各自的集团获取更多的特权。结果,在有些邦,保留权的额度超过了高校招生总数的三分之二。例如,中央邦是78%,安德拉邦是71%,卡纳塔克邦和泰米尔纳德邦都是68%。在北方各邦,保留权的比例没有这么高,那里也没有发生像南方各邦那样强大的落后阶级运动。1990年,当时的印度政府总理宣布要把政府工作岗位与公立教育机构中49.5%的名额保留给落后群体,引起高种姓和中上层阶级的不满,导致了全国范围的骚乱。①

如前所述,尽管政府为表列种姓和表列部族的学生保留了相应比例的接受高等教育的名额并提供了相应的优待条件,但表列种姓和表列部族学生的入学率并没有突破性的提高。另外值得注意的是,印度至今没有关于表列种姓和表列部族学生在高等教育阶段辍学率的统计数据,这给人们一种印象,即政府部门似乎有意隐瞒事实真相。统计数据很可能会使政府因为在这方面夸下的海口远未兑现而窘迫不堪。实际上,从中小学教育阶段的辍学率中,人们不难推断出高等教育阶段的辍学率。而保留权政策没有取得成功,落后阶级没有获得应有的受教育机会,根本原因在于,"印度各级学校中的文化是上等种姓和上层阶级的文化,是反对表列种姓和表列部族的文化"②。

穷人家子女的生活氛围是"劳作""实践"和"生存",而富家子弟的生活氛围是"学习""研究"和"记诵"。各级学校中盛行的是后者,这使穷人子弟在其中感觉孤独、不适应,难以融入。在这样的环境中,他们又怎能取得优异的成绩?由于他们处于不利的竞争地位,在各种考试中成绩不好,因而招致老师和同学的蔑视;由于身体条件较差,许多学生每年的学习日缺课25%~30%。因此,正像有的印度学者尖锐指出的那样,印度的整个教育制度是歧视表列种姓、表列部族和其他落后阶级的。该制度显示出对英才的偏爱和对上等种姓、上层阶级的偏向。出身上等种姓、上层阶级的学生不仅有更多的上大学机会,也有更多的被提升机会。这在辍学率、留级率和学业成功率的统计数字中显

---

① Chitnis,S. & Altbach,P. G. Higher Education Reform in India-Experience and Perspectives. New Delhi: Sage Publications,1993:147.

② Pinto,S. J. A. Dalits in Higher Education: Need for Establishing a Counter Culture. Journal of Higher Education,1998(3):404.

而易见。印度的现行教育制度不适合落后阶级,它只是复制着现行的社会关系。"在该制度中存在着教学内容与生活实际的鸿沟,存在着该制度所宣称的价值观与现实社会目标之间的鸿沟,这个制度是不公正的。"①

根据印度 2001 年人口普查的结果,表列种姓人口的文盲率是 45.3%,表列部族是 52.9%,其他人群是 31.2%;表列种姓适龄青年的高等教育毛入学率是 7.52%,表列部族是 6.83%,其他人群是 13.95%。最新的统计报告显示,2010—2011 年度,小学和初中阶段(1—10 年级)表列种姓和表列部族的毛入学率分别是 108% 和 107%,但同时辍学率却高达 56% 和 71%;高等教育阶段的毛入学率分别是 13.5% 和 11.2%(全国是 19.4%)。②

2006 年,印度颁布的"国立教育机构(在招生中保留名额的)法案(Central Education Institutions(Reservations in Admission)Act)"重申,除了中央政府认定的"卓越机构(Institutions of Excellence)"和经过中央政府特别批准的个别院校之外,其余的国立教育机构必须从 2007—2008 年度严格执行保留权政策。在印度,由中央政府创办、全额拨款或者部分资助的高等院校都属于国立教育机构,包括 42 所国立大学(又译"中央大学")、33 所国家重点学院、79 所由中央资助的进行科学技术教育的专门院校(与国家重点学院有部分重合)以及 130 所"相当于大学的机构(Institutions Deemed to be Universities)"中的 38 所。国立教育机构的总数没有精确的统计,应该在 170 所左右。根据印度人资部的材料,这些国立教育机构中,只有 21 所较好地执行了保留权政策,因为只有这些院校向人资部上报了执行保留权政策的数据,其他院校的情况不得而知。这 21 所院校提供的数据有的是 2009 年的,有的是 2010 年的。③ 由此不难看出,印度在保障落后阶级受教育权方面仍然任重道远。

对于女性和残疾人受教育权利的保障,后面将有专章论述。

---

① Pinto, S. J. A. Dalits in Higher Education: Need for Establishing a Counter Culture. Journal of HigherEducation, 1998(3):404.

② Bureau of Planning, Monitoring & Statistics, Ministry of Human Resource Development, Government of India. Educational Statitics at a Glance, 2013. http://www.mhrd.gov.in. 2014-04-22.

③ Ministry of Human Resource Development, Government of India. Annual Report 2010:204-205. http://www.education.nic.in/. 2011-08-10.

第四章　印度表列种姓和表列部族的教育权利保障

从古至今,表列种姓和表列部族都是印度社会弱势群体的主要组成部分。两者的相同之处是,他们都处于印度社会的底层,长期被剥夺了政治、经济、文化和教育诸方面的权利,近代以来共同作为"被压迫阶级"受到关注。两者的不同之处是,表列种姓一直处于印度主流社会的直接的剥削、压迫和欺凌之下,而表列部族生活在偏远的落后地区,很少与主流社会联系。可见,两者既有联系,又有区别。本课题组曾经试图将两者分开来进行研究,但是出现了畸重畸轻和重复过多的问题。合起来进行研究,共性的地方集中论述,个性的地方分别论述,这样可以使得对这两个群体的研究与对其他问题的研究达到更好的平衡。

第一节　印度表列种姓和表列部族的基本状况及其权利保障

一、种姓制度、表列种姓及表列部族

(一)种姓的含义

种姓(英文 caste,也有学者倡导译为"卡斯特"或者"喀斯特"),这个词汇来自拉丁文 castus,原为"纯洁"之意,在西班牙和葡萄牙语中则作 castas,即"种族"的意思,梵语为"瓦尔纳"(Varna),意为色、种、质。中国古代的汉译佛经或旅印高僧的著作中,称为种姓或族姓。

公元前 1500 年前后,印度-雅利安人侵入南亚次大陆以后,为了把自己

较白的肤色同土著居民较黑的肤色区别开来,开始使用"瓦尔纳"一词。随着社会分化,从事祭祀的僧侣和以部落首领为首的武士集团逐渐同一般民众脱离开来,成为两个特权等级,一般民众则成为社会的第三等级。这样,再加上被征服的土著居民,在社会上便形成了四个地位不同的等级,最终形成了古代世界最典型、最森严的等级制度之一。四个等级在地位、权利、职业、义务等方面有严格的规定:第一等级婆罗门主要是僧侣贵族,拥有解释宗教经典和祭神的特权;第二等级刹帝利是军事贵族和行政贵族,他们拥有征收各种赋税的特权;第三等级吠舍是雅利安人自由平民阶层,他们从事农、牧、渔、猎等,政治上没有特权,必须以布施和纳税的形式来供养前两个等级;第四等级首陀罗绝大多数是被征服的土著居民,属于非雅利安人,他们从事农、牧、渔、猎等业以及当时被认为低贱的职业。

在印度,几千年中,种姓是世袭的,代代相传,不能更动。人们社会地位的高低,经济情况的好坏,大都同种姓相关。人们在日常生活和风俗习惯等方面受种姓思想的约束和影响很深。不同种姓有不同的道德标准,有些地区至今还非常严格,如若违反,轻者受罚,重者则会被开除出种姓。印度独立以后,虽然规定不允许种姓歧视,但是由于几千年来种姓制度根深蒂固,种姓歧视至今仍未消除,尤其是在广大农村情况仍然十分严重。①

（二）种姓制度

"种姓制度"仅从字面上看就是有别于"种姓"的,只不过人们通常把两者混用了。实际上,严格来说,"种姓制度"对应的梵语应该是"阇提"(Jati),它是在种姓(瓦尔那)的基础上产生的。"阇提"力图将社会分工通过血缘、姻亲等关系固定下来,一个家族世世代代必须从事同一种职业,不同职业集团之间的通婚是被禁止的。如前所述,古代印度社会以婆罗门为中心,划分出许多以职业为基础的内婚制群体,即种姓。各种姓依所居地区不同而划分成许多次种姓,这些次种姓内部再依所居聚落不同分成许多聚落种姓,这些聚落种姓最后再分成不同职业的种姓,如此层层相扣,整合成一套散布于整个南亚次大陆的社会体系。

种姓制度曾经是印度和南亚其他国家普遍存在的社会体系,其特点是职业世袭、内部通婚、等级森严和社会隔离。虽然印度自古代至现代经历了几种社会形态和3000多年的时间,但是种姓制度一直延续下来,而且经过

---

① 王树英:《印度文化与民俗》,中国社会科学出版社2007年版,第89—93页。

长期演变,越来越复杂,在四个种姓之外,又出现了数以千计的亚种姓。种姓制度涵盖印度社会绝大多数的群体,并与印度的社会体系、宇宙观、宗教与人际关系息息相关,可说是传统印度最重要的社会制度与规范。

(三)表列种姓

除了以上四个种姓以外,在印度,还有一种被排除在种姓之外的人,即所谓的"不可接触者"或"贱民"。这一群体大约出现在公元5世纪,主要由罪犯、战俘或是跨种姓婚姻者及其后裔组成。他们的身份世代相传,不能受教育,社会地位比首陀罗还要低下,处于社会的最底层,饱受歧视与压迫。

在种姓制度下,贱民是没有种姓的,他们的地位甚至不如高种姓人家的猪狗,生活非常凄苦。他们没有资格佩戴金银首饰、穿绸缎、使用好的餐具,不可穿鞋。他们主要从事那些被认为是非常卑贱的、肮脏的工作,如屠宰、制革、清扫、搬运尸体、丧葬等职业。而从事这些职业的人被看作是最低贱、最下等的,四大种姓的人认为和他们接触是对自己的一种玷污,于是高级种姓见到他们就躲避,甚至连他们的影子都躲避。

"不可接触制度"是种姓制度下的产物,"贱民"被视为不可接触的人。婆罗门被认为是最洁净的种姓,任何人都可以从他们手里接受食物或水,而贱民被视为最不洁净的人,高级种姓的人接受或接触他们的食物或水会被污染。所以,种姓制度规定四个瓦尔纳的人不能触碰贱民的身体,贱民走过的足迹都要清理抚平,甚至连影子都不可以交叠,以免受到玷污;在村镇,中心部分为婆罗门或其他有地位的高级种姓的居住地,贱民却只能住在村镇之外或者某一特定区域,并且要住在村镇外风向的下方,即风先从高级种姓的住处吹过来才可以,而不能逆吹;贱民不能和其他种姓的人使用同一口井,无权进庙拜神,等等。这就是所谓的"不可接触制度"。[①]

种姓制度尤其是"不可接触制度"的存在使得贱民在上千年的时间里受到各种不公正待遇。在经济上,由于他们世世代代只能从事收入微薄的最下等的工作,所以他们的收入甚至常常不能维持温饱。在社会上,他们受尽高级种姓的冷眼相待、欺辱甚至被活活打死。在宗教方面,他们无权拜奉神庙,甚至连读宗教书籍或参加宗教仪式的权利也被剥夺。高级种姓享有特权,甚至经常打着宗教的幌子做出令人发指的勾当。

---

① 周慧:《后殖民语境下的文化身份追寻:奈保尔研究》,2009年温州大学学位论文。

（四）表列部族

除了贱民之外，印度还有很多生活在偏远地区的部落民族。他们处于游牧、半游牧或刀耕火种的状态，经济条件很差，文化教育很不发达，与其他社会集团差距很大。

从 1850 年起，贱民和部落民被英印殖民政府笼统地称为"被压迫阶层"。20 世纪初，为缓解严重的不公正造成的社会对立和动荡，英印殖民当局加大力度实施旨在帮助社会底层人群提升地位的政策，在教育、就业等领域对一些特殊人群采取倾斜性优惠，1919 年颁布文件，将一批处于社会最底层的群体按其名称公示，这是官方使用"表列"（Scheduled）这一称谓的开始。1935 年英国通过的《1935 年印度政府法案》（Government of India Act 1935）给予印度更大的自治权，并将此前被英国人称为"被压迫阶级"的贱民、处于印度教主流社会之外的部落及其他落后阶层群体专门列表，在议员选举中为他们保留席位，从 1937 年开始正式实施。通常认为，这是表列种姓和表列部族称呼的首次提出。但是，也有学者认为，虽然 1935 年殖民当局正式出台了对表列群体实施照顾的政策，然而在官方文件中并没有表列种姓与部落的详细划分，相关政策在很多方面的规定还模糊不清，因此，很难确认这时的表列种姓与表列部族已是一个定型的、制度性的正式称谓。①

印度独立后，1950 年的印度宪法延续了这一保留原则。1950 年 8 月 10 日，依据宪法第 341 条"表列种姓指经过印度总统公告确认的种姓、种族和部族"、第 342 条"表列部族指经过印度总统公告确认的部落或部落群"等条款的规定，印度政府颁布了"表列种姓宪法法令"（The Constitution（Scheduled Castes）Order，1950）及"表列部族宪法法令"（The Constitution（Scheduled Tribes）Order，1950），公布了印度历史上首批具有法律效力的表列种姓和表列部族名单（根据需要，以后可以继续修改），表列种姓共有 1109 个（包括对分布在不同地区的同一群体的累计），分布在 24 个邦（中央直辖区）；表列部族共有 212 个，分布在 14 个邦。

二、印度政府对表列种姓和表列部族的保护政策

随着社会的发展和时代的进步，种姓制度的负面影响日益增多。尼赫鲁曾说过："在今天社会的组织中，种姓制度及其相关的许多东西是完全不

---

① 赵伯乐：《印度表列种姓与表列部族探析》，http://tieba. baidu. com/p/2472856551. 2014-10-08.

调和的、反动的、拘束的、并且是进步的障碍。"①为了改善表列种姓和表列部族的政治、经济、教育等众多方面的状况,印度当局采取了一系列保护性措施。

（一）印度宪法中保护表列种姓和表列部族的相关条款

印度宪法由印度制宪会于 1949 年起草,是迄今为止世界上最长的宪法之一。根据各个时期的需求,印度宪法经过了多次修正,但从未发生整体推倒重来、制定"新宪法"的事。截至 2011 年,印度宪法共进行过 97 次修正。印度宪法序言中指出:"我们印度人民庄严决定,将印度建成主权的、社会主义的、世俗的、民主的共和国,并确保一切公民在社会、经济与政治方面享有公正,在思想、表达、信念、信仰与崇拜上享有自由,在地位与机会方面平等,在人民中间提倡友爱以维护个人尊严和国家统一与领土完整;鉴于此,制宪会议于 1949 年 11 月 26 日通过并颁布本宪法。"②为了保护表列种姓和表列部族的权益,印度宪法中制定了许多保护表列种姓和表列部族的条款。

关于平等权的问题。宪法第 14 条规定,在印度领土内法律上平等。国家不得拒绝任何人法律上之平等,或法律上之平等保护。宪法第 15 条规定,禁止宗教、种族、种姓、性别、出生地的歧视。第 15 条第 1 款规定,不得仅仅根据宗教、种族、种姓、性别、出生地或其他任何一项为由,对任何公民有所歧视;第 2 款规定,不得仅仅由于宗教、种族、种姓、性别、出生地等理由,而使任何公民在下述方面丧失资格,承担责任,遭受限制或接受附加条件:(1)商店、公共饭店、旅社及公共娱乐场所之出入。(2)全部或部分由国库维持,或供大众使用之井泉、水池、浴场、道路及公共场所之使用。宪法第 17 条规定,废除"不可接触制"并禁止以任何形式实行"不可接触制",凭借"不可接触制"而剥夺他人权利的行为属于犯罪行为,应依法惩处。③

关于教育平等的问题。宪法第 46 条规定,增进表列种姓、表列部族和其他弱势阶层的教育和经济利益。国家应特别注意增进人民中弱小阶层之教育与经济利益,特别是表列部族和表列种姓的教育和经济利益,并应保护其不受社会之不公待遇与一切形式之剥削。宪法第 350 条第 1 款规定,为小学阶段的母语教育提供方便。各邦及各邦地方政权应尽力为少数语种集

---

① 贾瓦哈拉尔·尼赫鲁著:《印度的发现》,齐心译,世界知识出版社 1956 年版,第 324 页。

② 印度宪法(1949). http://wenku.baidu.com/view/f88258671ed9ad51f01df2b3.html.

③ 印度宪法(1949). http://wenku.baidu.com/view/f88258671ed9ad51f01df2b3.html.

团的儿童提供在小学阶段进行母语教育的方便条件。总统认为必要和适当时,可以向各邦发出指示以保障提供这种方便。[①]

关于保留席位的问题。宪法第 330 条规定,人民院应为表列种姓和表列部族保留议席。宪法第 332 条规定,邦立法会议应为表列种姓和表列部族保留议席;第 1 款规定,除阿萨姆邦部落地区、那加兰邦和梅加拉亚的表列部族外,各邦立法会议应为表列部族和表列种姓保留议席;第 2 款规定,在阿萨姆邦立法会议内应为邦内各自治县保留议席。宪法第 334 条规定,有关保留议席和特别代表的条款三十年后停止生效。不管本篇前述条款做何规定,本宪法有关:(1)在人民院和各邦立法会议中为表列种姓和表列部族保留议席;(2)指定英裔社区公民参加人民院和邦立法会议的各条款,于本宪法实施三十年届满后停止生效。但本条规定不得影响当时人民院和邦立法会议中的任何方面的代表权,直至该届人民院或邦立法会议解散时为止。[②]

关于福利问题。宪法第 339 条规定,联邦对表列地区的行政和表列部族的福利进行管理;第 1 款规定,总统可随时发布命令任命成立委员会,报告各邦表列地区的施政情况和表列部族的福利事宜。本宪法实施十年届满时,总统必须发布命令任命成立这一委员会。总统命令可以规定委员会的组成、权限和程序,还可包含总统认为必要的附属和辅助条款。第 2 款规定,联邦行政权应包括指示有关各邦制定与执行必要的计划,以增进该邦表列部族的福利。[③]

关于担任公职的问题。宪法第 335 条规定表列种姓和表列部族对担任公职的要求。在不影响行政效力的前提下,在任命与联邦事务或各邦事务有关的公职人员时,应考虑表列种姓和表列部族成员的要求。宪法第 338 条规定负责表列种姓和表列部族事务的专员。[④]

关于表列种姓和表列部族的土地、语言、征税等问题也在宪法中有所体现。宪法对表列种姓和表列部族起到了保障作用,维护了表列种姓和表列部族的权益,也体现了印度政府在改善表列种姓和表列部族的状况以及废除种姓制度方面的决心。

---

① 印度宪法(1949). http://wenku. baidu. com/view/f88258671ed9ad51f01df2b3. html.
② 印度宪法(1949). http://wenku. baidu. com/view/f88258671ed9ad51f01df2b3. html.
③ 印度宪法(1949). http://wenku. baidu. com/view/f88258671ed9ad51f01df2b3. html.
④ 印度宪法(1949). http://wenku. baidu. com/view/f88258671ed9ad51f01df2b3. html.

（二）保护表列种姓和表列部族权益的相关法规

除了在宪法中对表列种姓和表列部族给予法律上的支持外，印度政府又专门为表列种姓和表列部族制定了保护其权益的法案和条例。

1955 年 5 月 8 日颁布了《公民权利保护法案》。该法案规定，任何人不得阻止表列种姓出入公共场所、在寺庙参拜、使用井水温泉、佩戴金银首饰、使用任何公共交通工具，如有违者不仅将处以一到六个月的监禁并且将罚款 100～500 卢比。此法案同时还规定，违犯者第二次犯案将处以六个月到一年的监禁，同时罚款 200～500 卢比；若第三次犯案则处以一至两年监禁，并且罚款 500～1000 卢比。该法案在 1977 年又做出了修改，名为《1977 年公民保护条例》。

1989 年印度颁布实施了《表列种姓与表列部族（防止暴力）法案》，旨在维护表列种姓和表列部族不受暴力侵害。该法案第 3 条中，对暴力违法者的惩罚规定：(1)不得强制表列种姓或表列部族食用任何有害物质。(2)不得以倾倒粪便、垃圾、动物尸体或进行其他任何方式，有意伤害、侮辱表列种姓或表列部族成员。(3)不得强行脱掉表列种姓或表列部族成员的衣服，在其脸上或身体上涂抹或进行其他任何侮辱人尊严的行为。(4)不得侵占耕种属于或分配或被主管机关批准分配给表列种姓或表列部族成员的土地。以上违反者应处以六个月至五年的监禁，并处以罚款。

（三）保护表列种姓和表列部族权益的相关机构

除了印度宪法和相关的法律条文以外，印度政府还建立了相关的机构以维护表列种姓的权益，包括社会公正与合法权益保护部（The Ministry of Social Justice & Empowerment）、部族事务部（Ministry of Tribal Affairs）、少数民族事务部（Ministry of Minority Affairs）、全国表列种姓委员会（National Commission for Scheduled Castes）、全国表列部族委员会（National Commission for Scheduled Tribes）、全国落后阶级委员会（National Commission for Backward Classes）、全国少数民族委员会（National Commission for Minorities），等。

根据宪法的有关规定，为了保护表列种姓和表列部族的利益，1950 年，印度政府设立了"表列种姓和表列部族专员（Commissioner for Scheduled Castes and Scheduled Tribes）"，1978 年，在印度内政部设立了"表列种姓和表列部族委员会（Commission for Scheduled Castes and Scheduled Tribes）"。为了区别两个机构的职责，1987 年，印度政府把"表列种姓和表列部族委员会"升格为国家级咨询机构"全国表列种姓和表列部族委员会（National Commission for Scheduled Castes and Scheduled Tribes）"，设在福利部内，并对表列种姓和表列部族专员的办事机构予以加强。1992 年，在经过长期的争论之后，根据新的宪法修正案，印度政府将两个机构进行合并，新的"全国表列种姓和表列部族委员会"升格为正部级机构，委员会主席与内阁部长同级。2004 年，全国表列种姓和表列部族委员会被分为两个新的机构，即"全国表列种姓委员会"和"全国表列部族委员会"，前者设在社会公正与合法权益保护部，后者设在部族事务部。虽然全国表列部族委员会主要是咨询机构，但是它也被赋予了广泛的参与权和监督权，在涉及表列部族的事务时，具有与民事法庭同等的权力。

1985 年成立的福利部是从内务部独立出来的，而当时的福利部就是现在的社会公正与合法权益保护部的前身，负责表列种姓和表列部族的福利事务。社会公正与合法权益保护部的职责是保护弱势群体以及处于社会边缘的群体，这包括表列种姓和表列部族、其他落后阶级、残障人士、老年人以及毒品受害者，并且已经为目标群体制定了有关社会、教育、经济发展的各种计划。这些计划包括，为表列种姓和表列部族提供就业培训、教育奖学金、消除贫困工程等。通过这些措施，政府希望能够消除或减轻表列种姓和表列部族的生活负担和压力，实现社会公正的总体目标。

1999 年，印度中央政府设立了部族事务部。"它的目标是，通过协调和规划，对印度被剥夺了社会基本权利最严重的阶层即表列部族的总体社会和经济发展情况予以特别的关注。"[①]部族事务部在涉及表列部族发展的所有政策、规划和协调方面发挥核心作用，它行使职权的范围依据的是 1961 年《印度政府（关于职责划分的）条例》（Government of India（Allocation of Business）Rules，1961），职权范围很广泛。

少数民族事务部成立于 2006 年。它的职责是通过反歧视运动提高少数民族的社会经济条件以促使少数民族全面发展，并且旨在让每一个公民都有平等的参政权利，确保少数民族团体在教育、就业以及经济活动中的平等地位。表列种姓和表列部族与少数民族群体交叉的成员也在少数民族事务部的职责范围之内。

---

① About the Ministry. http://www.tribal.nic.in/. 2011-11-10.

第二节 表列种姓和表列部族的教育状况以及政府的政策支持

表列种姓和表列部族长期处于印度社会的最底层,接受教育的机会非常少,这就导致表列种姓和表列部族辍学率高、识字率低。2001 年人口普查显示,印度人口的识字率为 64.8%,其中,表列种姓和表列部族分别为54.7%和 47.1%。2011 年人口普查显示,印度全国总人口为 12.1 亿人,其中,表列种姓约 2 亿人,占总人口的 16.6%,表列部族约 1 亿人,占 8.6%;全国人口的识字率为 73.0%,表列种姓和表列部族分别为 66.1%和 59.0%。[①]为了使表列种姓和表列部族能够有平等的受教育机会,印度政府在宪法中做出了明文规定,并且为表列种姓和表列部族制定了各种教育发展计划,付出了持续不懈的努力。

一、表列种姓和表列部族基础教育阶段的基本状况

印度的基础教育学制采取的是 10+2 的教育体系,其中 1—5 年级为初级小学,6—8 年级为高级小学,9—10 年级为初中,11—12 年级为高中。[②]印度政府为表列种姓和表列部族在基础教育阶段所制定的一系列方针政策,使得表列种姓和表列部族在识字率和入学率方面有很大的提高,并且辍学率有所降低,但其中不免还是有一些潜在的问题。

(一)识字率

识字率能够反映出一个国家教育的发展程度和国家整体发展水平。通过印度表列种姓的识字率,可以了解表列种姓和表列部族的基础教育阶段的基本状况。

根据印度政府人口普查的数据显示,1971 年、1981 年、1991 年、2001年、2011 年表列种姓识字率分别为 14.67%、21.38%、37.41%、54.69%、66.1%,虽然远低于其他人群,但是 40 年间表列种姓的识字率增幅达五倍左右,这与印度政府大力支持表列种姓教育有着密不可分的关系。为提高

---

① Office of the Registrar General & Census Commissioner, India. Census of India 2011:Primary Census Abstract—Scheduled Castes & Scheduled Tribes. New Delhi, 2013-10-28.

② 安双宏:《印度基础教育管理体制的多视角研究》,黑龙江教育出版社 2010 年版,第129 页。

表列种姓的识字率,印度政府还实施了专项扫盲运动。人力资源开发部在2010—2011 年度报告中指出,要在 2012 年前实现 1.4 亿表列种姓识字的计划。据 2011 年印度人口调查显示,表列种姓人口约有 2 亿人,也就是说通过这项计划,表列种姓的识字率将达到 80% 以上,这个目标实际上不可能实现。

与此同时,表列部族识字率仍然较低且远低于表列种姓。

(二)毛入学率

毛入学率是指在学校中某一学年度的在籍学生数与适龄入学者之比例。但是由于留级或者比适龄入学者提前入学或晚入学的现象存在,毛入学率也可以大于 100%(见表 4-1 至表 4-4)。

统计数据表明,表列种姓和表列部族基础教育阶段的入学率一直呈较快增长态势,其中尤以表列种姓学生的入学率增长最为显著。当然,这种显著增长是自身纵向比较的结果,与社会中上层阶级儿童的入学率还有较大的差距。

表 4-1　1986—1987 年度至 2010—2011 年度印度表列种姓小学阶段入学率(%)

年度	初级小学 (1—5 年级,6~10 岁)			高级小学 (6—8 年级,11~13 岁)		
	男生	女生	合计	男生	女生	合计
1986—1987	103.8	64.8	84.8	52.7	26.6	40.4
1990—1991	125.5	86.2	106.4	68.7	35.8	52.7
1995—1996	109.9	83.2	97.1	71.4	44.5	58.5
2000—2001	107.3	85.8	96.8	76.2	53.3	65.3
2005—2006	126.3	110.2	118.6	81.0	65.1	73.5
2006—2007	131.6	115.4	123.8	83.1	67.3	75.7
2007—2008	125.5	124.3	124.9	82.1	78.1	80.2
2008—2009	130.2	130.1	130.1	86.8	83.6	85.3
2009—2010	127.8	128.7	128.3	90.5	86.6	88.6
2010—2011	131.3	132.7	132.0	93.8	90.6	92.3

资料来源:Ministry of Human Resource Development, Government of India. Educational Statistics at a Glance 2013:23.

表 4-2　1986—1987 年度至 2010—2011 年度印度表列部族小学阶段入学率(%)

年度	初级小学 (1—5 年级,6～10 岁)			高级小学 (6—8 年级,11～13 岁)		
	男生	女生	合计	男生	女生	合计
1986—1987	111.0	68.0	90.1	45.6	21.9	34.1
1990—1991	125.4	81.4	104.0	53.9	26.7	40.7
1995—1996	115.0	80.2	96.9	57.3	35.0	46.5
2000—2001	116.9	85.5	101.1	72.5	47.7	60.2
2005—2006	131.4	121.1	126.4	77.5	64.9	71.5
2006—2007	134.4	124.0	129.3	80.2	68.2	74.4
2007—2008	136.4	130.6	133.6	81.1	70.2	75.8
2008—2009	142.7	138.8	140.8	86.0	77.5	81.9
2009—2010	139.7	137.4	138.6	87.8	78.8	83.4
2010—2011	137.2	136.7	137.0	90.7	87.0	88.9

资料来源:Ministry of Human Resource Development,Government of India. Educational Statistics at a Glance 2013:25.

表 4-3　2001—2002 年度至 2010—2011 年度印度表列种姓中学阶段入学率(%)

年度	初中 (9—10 年级,14～15 岁)			高中 (11—12 年级,16～17 岁)			中学 (9—12 年级,14～17 岁)		
	男生	女生	合计	男生	女生	合计	男生	女生	合计
2001—2002	*	*	*	*	*	*	37.2	26.9	32.6
2002—2003	*	*	*	*	*	*	36.9	25.7	31.8
2003—2004	*	*	*	*	*	*	37.6	27.5	33.0
2004—2005	52.2	37.6	45.4	26.6	19.1	23.2	39.8	28.7	34.7
2005—2006	54.8	40.3	48.1	27.9	20.9	24.7	41.6	30.9	36.4
2006—2007	58.3	44.6	51.9	29.2	21.8	25.8	44.0	33.3	39.0
2007—2008	55.8	48.9	52.6	30.1	25.3	27.9	43.1	37.5	40.5
2008—2009	57.4	51.8	54.8	30.9	26.6	28.9	44.4	39.5	42.1
2009—2010	71.2	63.5	67.6	37.4	33.5	35.6	54.5	48.8	51.8
2010—2011	74.0	67.5	70.9	40.3	36.1	38.3	57.3	52.2	54.9

资料来源:Ministry of Human Resource Development,Government of India. Educational Statistics at a Glance 2013:23-24.

注:* 表示无统计数据。

表 4-4　2001—2002 年度至 2010—2011 年度印度表列部族中学阶段入学率(%)

年度	初中 (9—10 年级,14～15 岁)			高中 (11—12 年级,16～17 岁)			中学 (9—12 年级,14～17 岁)		
	男生	女生	合计	男生	女生	合计	男生	女生	合计
2001—2002	*	*	*	*	*	*	31.0	19.8	25.7
2002—2003	*	*	*	*	*	*	30.5	20.5	25.7
2003—2004	*	*	*	*	*	*	32.4	21.0	27.0
2004—2005	43.3	30.5	37.2	21.5	12.6	17.2	33.0	22.0	27.7
2005—2006	44.7	33.0	39.1	21.7	13.1	17.5	33.7	23.4	28.7
2006—2007	47.5	35.6	41.8	23.4	14.7	19.2	35.9	25.3	30.8
2007—2008	48.8	37.2	43.3	24.3	16.2	20.3	36.9	26.9	32.1
2008—2009	51.8	40.9	46.6	26.3	18.6	22.5	39.5	29.9	34.9
2009—2010	54.2	44.2	39.4	31.4	22.3	26.9	43.5	33.3	38.7
2010—2011	57.1	49.1	53.3	32.7	24.8	28.8	45.4	37.3	41.5

资料来源:Ministry of Human Resource Development, Government of India. Educational Statistics at a Glance 2013:25-26.

注:*表示无统计数据。

(三)辍学率

近年中,除了极个别年份外,表列种姓和表列部族的辍学率均高于全国平均水平。1—10 年级,表列种姓的辍学率长期高于 50%,表列部族的辍学率更是在 70%以上(见表 4-5)。

表 4-5　印度 2010—2011 年度 1—10 年级辍学率(%)

年级	全体学生			表列种姓			表列部族		
	男生	女生	合计	男生	女生	合计	男生	女生	合计
1—5 年级	28.7	25.1	27.0	29.8	23.1	26.7	37.2	33.9	35.6
1—8 年级	40.3	41.0	40.6	46.7	39.0	43.3	54.7	55.4	55.0
1—10 年级	50.4	47.9	49.3	57.4	54.1	56.0	70.6	71.3	70.9

资料来源:Ministry of Human Resource Development, Government of India. Educational Statistics at a Glance 2013:31-33.

表列种姓和表列部族学生辍学的原因主要有以下几个方面。第一,家

庭教育对表列种姓和表列部族学生的影响。父母是孩子的第一任老师,表
列种姓和表列部族由于长期受到压迫,大多并没有接受过多的教育,这使得
其子女对学习没有兴趣,甚至认为学习是无用的。第二,经济原因。表列种
姓和表列部族过着贫困的生活,有的甚至食不果腹,更不要说承担教育费
用。第三,表列种姓和表列部族的子女要承担家务劳动。表列种姓和表列
部族大多从事低等工作,通常没有时间和精力用于家务劳动,他们的子女就
成了家务劳动的主力军。

二、表列种姓和表列部族高等教育阶段的基本状况

近年来的学者研究表明,在落后阶级中,表列种姓和表列部族的高等教育
毛入学率好于穆斯林。尽管如此,他们的毛入学率仍远低于全国平均水平(见
表 4-6)。

表 4-6　2001—2011 年度表列种姓和表列部族高等教育毛入学率(%)

年度	全体学生	表列种姓	表列部族
2001—2002	8.1	5.8	4.2
2002—2003	9.0	6.0	4.0
2003—2004	9.2	6.4	4.7
2004—2005	10.0	6.7	4.9
2005—2006	11.6	8.4	6.6
2006—2007	12.4	9.4	7.5
2007—2008	13.1	11.0	9.5
2008—2009	13.7	10.5	9.2
2009—2010	15.0	11.1	10.3
2010—2011	19.4	13.5	11.2

资料来源:Ministry of Human Resource Development, Government of India. Educational
Statistics At A Glance 2013. 22-26.

虽然表列种姓和表列部族的高等教育毛入学率有了显著提高,但是他们
在全部大学生中的占比仍然很低,其中,表列种姓为 12.47%,表列部族为
4.17%。而在高校教师的教学人员中,表列种姓占比为 7.28%,表列部族仅
为 2.00%。[1]

---

[1]　Department of Higher Education, MHRD, Government of India. All India Survey
on Higher Education 2011-2012. New Delhi, 2013:10.

　　表列种姓和表列部族不仅接受高等教育的机会仍然低于全印度的平均水平,更为严重的是表列种姓和表列部族的高等教育毕业率问题。一些研究着眼于具体的学校例如孟买医学院。这些研究结果显示,表列种姓和表列部族的毕业率、就业率远远落后于全印度平均水平。1969 年,加兰特指出,表列种姓和表列部族中 15% 的入学者获得了大学文凭,1973 年只有20% 表列种姓和表列部族的入学者毕业,但是即使是毕业的表列种姓大学生,他们的平均考试成绩也远远不如非表列种姓的学生。[①]　2000 年,Sukhadeo Thorat 指出,4.19% 的表列种姓入学者获得了大学文凭。

　　这些数据是根据不同大学、不同情况以及不同时期得出的,但是表列种姓和表列部族学生的成绩与入学率远远要低于其他人群的学生。他们去非重点大学学习非热门专业,比其他人群的学生花更多的时间完成他们的学业,并且辍学率也比其他人群的学生要高,成绩也比其他人群的学生要低。

三、印度政府对表列种姓和表列部族教育的具体政策支持

　　表列种姓和表列部族在官方几乎所有的教育计划中都受到优待。可以说,独立以后,印度政府制定的几乎所有的教育计划中都会强调对表列种姓和表列部族的教育要给予优先考虑。例如,在 20 世纪 80 年代以来具有全国性影响的"操作黑板计划(Operation Blackboard Scheme)""县初等教育计划(District Primary Education Programme)""免费午餐计划(Mid-Day Meal Scheme,该计划的正式名称叫全国初等教育营养支持计划)""初等教育普及计划(Sarva Shiksha Abhiyan)"等等,都有优先支持表列种姓和表列部族教育发展的要求和措施。[②]

　　尤其是,在印度的《儿童免费义务教育权利法》(简称《教育权利法》)于2010 年 4 月份生效之前的 10 多年前,印度政府就呼吁所有的公立初等学校免收表列种姓和表列部族学生的学费,并尽量免收教材费、文具费、校服费等。实际上,一些邦已经把针对表列种姓和表列部族学生免费的范围扩大到了高中阶段。

　　在高等教育阶段,现行的对表列种姓和表列部族的优待措施主要有:印度大学拨款委员会不时地发布准则和命令,要求各高校执行针对表列种姓

---

　　① 　Agarwal, Pawan. Indian Higher Education-Envisioning the Future. New Delhi: Sage Publications India Pvt. Ltd,2009:126.

　　② 　Education for Scheduled Castes and Scheduled Tribes , India. http://www. publishyourarti-cles. org/eng/articles/education-for-scheduled-castes-and-scheduled-tribes-india. html. 2011-11-08.

和表列部族的保留权政策；放宽了对表列种姓和表列部族考生升入高等院校的最低分数要求；对表列种姓和表列部族学生开展的推广活动予以资助；为表列种姓和表列部族毕业生中合格的人选建立国家级数据库，并推荐他们到高等院校任职；几所中央大学为包括表列种姓和表列部族学生在内的落后阶级学生开办补习班以便他们跟上正常的学习进度或者提高学习成绩，许多大学还专门为参加全国教师资格考试和公务员考试的落后阶级学生开办补习班；为一定数量的攻读硕士学位的表列种姓和表列部族学生提供高额奖学金；从 1983 年开始，大学拨款委员会鼓励各大学成立表列种姓和表列部族办公室，截至 2010 年 3 月 31 日，已经有 128 所大学成立了这类办公室；大学拨款委员会已经决定要在所有的大学建立"公平机会办公室（Equal Opportunity Cell）"，2008—2009 年度，给符合条件的 167 所大学每校拨付 30 万卢布的经费。[①] 此外，印度还有一些官方的或者民间的面向表列种姓和表列部族大学生的特殊奖学金项目。

（一）宪法中有关表列种姓和表列部族教育的具体条款

宪法第 16 条第 4 款规定，禁止宗教、种族、种姓、性别、出生地的歧视，本条与第 29 条第 2 款之规定，不妨碍议会为在社会和教育方面落后的任何阶层的公民，以及表列种姓和表列部族的进步制定特别条款。[②]

宪法第 29 条第 1 款规定，居住在印度境内的任何阶层的公民，凡具有独特的语言、文字或文化者，皆有权保持其语言、文字或文化。第二款由国家维持或接受国库津贴的教育机构，不得根据宗教、种族、种姓、语言等理由拒绝任何公民入学。[③]

宪法第 46 条规定，增进表列种姓、表列部族和其他弱小阶层的教育和经济利益。国家应特别注意增进人民中弱小阶层之教育与经济利益，特别是"表列部族"和"表列种姓"的教育和经济利益，并应保护彼等不受社会之不公待遇与一切形式之剥削。[④]

宪法第 350 条规定，为小学阶段的母语教育提供方便。各邦及各邦地方政权应尽力为少数语种集团的儿童提供在小学阶段进行母语教育的方便

---

① Ministry of Human Resource Development，Government of India. Annual Report 2010-11. http://www. education. nic. in/. 2011-08-10.

② 印度宪法(1949). http://wenku. baidu. com/view/f88258671ed9ad51f01df2b3. html.

③ 印度宪法(1949). http://wenku. baidu. com/view/f88258671ed9ad51f01df2b3. html.

④ 印度宪法(1949). http://wenku. baidu. com/view/f88258671ed9ad51f01df2b3. html.

条件。总统认为必要和适当时,可以向各邦发出指示以保障提供这种方便。

(二)1986 年《国家教育政策》中有关表列种姓和表列部族教育的条款

1986 年《国家教育政策》(1992 年修订)涉及了事关表列种姓的教育公平、提高师资水平和社会地位以及助学金等方面的问题。

针对表列种姓的教育问题,《国家教育政策》指出,表列种姓教育发展中的中心问题是他们和非表列种姓人口的平等化,包括在各级各阶段教育及在各个区域和四部分人——农村男子、农村女子、城市男子和城市女子——的平等化。为这一目的而考虑的措施包括:(1)动员贫困家庭送孩子有规律地上学,直到他们 14 岁为止。(2)对来自从事诸如清扫、屠宰、制革等职业的家庭的孩子来说,大学入学考试前的奖学金计划从一年级开始较为合适。这些家庭的所有孩子,不考虑其家庭收入,都将被纳入该计划,而且要制定以他们为对象的限期执行计划(time-bound programme)。(3)不断制定微观计划并予以验证,以确保表列种姓学生的入学人数、巩固人数和圆满完成课程的人数在任何阶段都没有下降,并且提供补习课程来改善他们进一步受教育和就业的前途。(4)从表列种姓中招聘教师。(5)按照阶段性计划,为表列种姓学生提供居住在县城学生宿舍的便利。(6)校舍、幼儿园和成人教育中心的位置的确定,要能使所有表列种姓都参加学习。(7)利用贾瓦哈拉尔就业计划(Jawahar Rozgar Yojna)的资源,以使表列种姓得到基本的教育设施。(8)不断进行发现新方法的革新以使表列种姓更多地参与教育过程。

《国家教育政策》对表列部族的教育也做出了明确而详细的规定,指出:"要迫切采取以下措施以使表列部族和其他人同等:(1)在部族区域中要为开办小学提供优先权。要根据正规教育基金以及贾瓦哈拉尔就业计划和部族福利计划等,在这些区域中优先建造校舍。(2)表列部族的社会文化背景有其自身的特征,其中包括在许多情况下运用他们自己的口语。这就强调有必要在初始阶段用部族的语言编制课程和设计教学材料,然后通过一定安排转变成地区语言。(3)要鼓励和训练受过教育并有培养前途的表列部族的年轻人,在部族区域内从事教学工作。(4)要大规模地建立寄宿学校,包括建立阿什拉姆学校(Ashram Schools)。(5)要为表列部族制定鼓励性计划,考虑他们的特殊需求和生活方式。高等教育的奖学金应着重放在技术、专业和专业辅助课程上。要提供消除社会心理障碍的专门补习课程和其他计划,以提高他们在各类课程中的成绩。(6)要在表列部族主要居住的地区优先开办学前教育机构、非正规和成人教育中心。(7)要设计好教育各阶段的课程以使部族人民意识到他们丰富的文化特性,如同意识到他们巨大的创造能力一样。"①

(三)《儿童免费义务教育权利法》中有关表列种姓和表列部族教育的条款

印度于 2010 年 4 月开始实施《儿童免费义务教育权利法》,该法的出台标志着印度向基础教育普及化迈出了重要一步。印度政府相信,只有为全体印度人提供平等的接受基础教育的机会,才能让印度成为一个具有人道主义精神、公平精神和民主法制的国家。该法案规定:"印度所有 6～14 岁儿童将接受免费义务教育,旨在为他们提供免费义务教育,各个邦政府和地方机构在法律上有义务确保每个适龄儿童在所在地区的学校接受免费义务教育。"②该法特别强调包括表列种姓和表列部族在内一些弱势群体也同时在此法的实施范围之内。

(四)免费午餐计划

表列种姓和表列部族是免费午餐计划重点关照的群体。关于免费午餐计划,本书另辟专章论述。

(五)初等教育普及计划

1986 年的印度宪法规定要推行 6～14 岁儿童的免费义务教育,为此印度政府制定了一系列的计划,初等教育普及计划就是其中的一项。该计划的实施时间是 2001—2010 年,将涉及约 1.92 亿的儿童。初等教育普及计划的目标是在 2010 年前为 6～14 岁儿童提供初等教育,并且促进社区间的相互合作,缩短地区、种族、性别等的差异。

根据初等教育普及计划,现行的对表列部族的优待措施主要有:将在部族地区建立学校的标准尽量放宽(有 10～15 名适龄儿童就可以建学校);为由于各种原因而搬迁的儿童、失学的儿童、超过在学年龄的儿童和从未上过学的儿童开办非正规的教育机构;免收小学(1—8 年级)的教材费;为每个经过认定的部族县提供一定数额的经费,用于支持学生开展创新活动,提高教育质量;开办补习班,提高学生的学习成绩;录用当地部族的人做教师;在地

---

① Department of Education, Ministry of Human Resource Development, Government of India. National Policy on Education(As modified in 1992). New Delhi, 1988:9-10.

② 儿童免费义务教育法案(2010). http://en. wikipedia. org/wiki/Right_of_Children_to_Free_and_Compulsory_Education_Act. 2013-12-18.

方各级教育管理部门中使表列部族人员有足够的代表。[①]

根据 2009 年《儿童免费义务教育权利法》而修改的 2011 年初等教育普及计划中提出:"这项计划的公平性不仅仅是指机会平等,而且是要为表列种姓儿童及其他弱势群体创造机会实现平等。"[②]2011 年人力资源开发部年度报告指出,针对表列种姓的初等教育普及计划的策略有以下几个方面:为 61 个表列种姓集中的地区提供初等教育必要的教学设施;在表列种姓分布稀疏的地方或偏远地区也要切实推行教育保证计划;为 1—8 年级表列种姓学生提供免费教科书;为每个地区的表列种姓儿童教育提供 5000 万卢比的特殊创新活动资金,以促进表列种姓儿童的教育。

(六)表列种姓男生女生宿舍计划

该政策的目标是为初级中学、高级中学、学院以及大学中的表列种姓男生和女生提供住宿设施。邦政府、地方政府机关以及中央大学和邦大学都将参与这项计划,并为前期建设和后续扩大建设提供帮助。但是,非政府组织以及相当于大学的机构只能在扩建他们自己的宿舍设施时获益(见表 4-7)。

表 4-7　表列种姓男生和女生宿舍计划资金分担[③]

序号	学校类别	男生宿舍	女生宿舍	援助项目
1	邦立中小学	邦政府 50% 中央政府 50%	中央政府 100%	新建与扩大现存宿舍
2	地方办中小学	中央政府 100%	中央政府 100%	新建与扩大现存宿舍
3	中央大学	中央政府 90% 中央大学 10%	中央政府 100%	新建与扩大现存宿舍
4	邦大学	邦政府 45% 中央政府 45% 邦大学 10%	邦政府 45% 中央政府 45% 非政府组织 10%	新建与扩大现存宿舍
5	非政府组织或相当于大学的机构	该类院校 100%	中央政府 90% 非政府组织或相当于大学的机构 10%	扩大现存宿舍

---

① Ministry of Human Resource Development,Government of India. Annual Report 2010-11. p196. http://www. education. nic. in/. 2011-08-10.

② MHRD. Sarva Shikasha Abhiyan Framework for Implantation(2011). http:// 164. 100. 52. 173/index. asp. 2013-12-18.

③ Ministry of Social Justice and Empowerment. Annual Report 2009-2010. http:// www. socialjustice. nic. in/pdf/ar11eng. pdf. 2013-10-19.

除了上述教育发展计划涉及表列种姓外,还有免费教科书计划、免费校服计划等等。通过以上计划的实施,表列种姓受教育人数迅速增长,受教育环境有所改善。表列种姓由于经济条件限制而不能上学的情况时有发生,为此印度政府制定了多个奖学金计划以帮助表列种姓免为学费所困扰。

（七）高中层次以下表列种姓助学金

由中央于 1977—1988 年计划并实施的这一计划,其目标人群是从事"不洁"工作家庭的高中层次以下的子女,其中包括:洁厕人员、鞣革工人、扒皮工人、下水管道修理工。该计划旨在减轻表列种姓子女入学的经济负担,并且帮助他们完成学业。在上一学期期末考试中成绩在 50% 以上的学生,并且其父母或监护人的年收入不超过十万卢比的家庭方可申请此助学金计划。该计划的内容由两部分组成,即月助学金计划(10 个月)以及特别助学金(用于购买文具、校服、住宿费用等)。2008 年,印度政府对该计划进行了修改(见表 4-8)。

表 4-8 　高中层次以下入助学金修改前后对比[①] 　　　　　　(单位:卢比)

序号	计划组成部分	2008 年前计划			2008 年修改后计划		
1	月助学金	年级	每日助学金	住宿生	年级	每日助学金	住宿生
		1—5 年级	40	—	1—2 年级	110	—
		6—8 年级	60	—	3—10 年级	110	700
		3—8 年级	—	300			
		9—10 年级	75	375			
2	每年特殊助学金	走读生 550 住宿生 600			走读生 750 住宿生 1000		
3	资金支出	邦支出 50%			邦支出 100%		

（八）高中层次以上表列种姓助学金计划

高中层次以上助学金计划于 1994 年开始实行,旨在通过向高中层次以上的表列种姓学生提供经济资助以确保他们完成学业。2006 年 6 月总理提出的《针对少数民族福利的 15 点新计划》中提出了高中层次以上助学金计

---

① Ministry of Social Justice and Empowerment. Annual Report 2009-2010. http://www.socialjustice.nic.in/pdf/ar11eng.pdf. 2013-10-19.

划。该计划旨在为表列种姓提供更好的高等教育机会,提升表列种姓的高等教育入学率、巩固率以及毕业率。高中层次以上助学金包括生活费、教育机构收取的必修课学分、大学生书籍库计划以及其他费用。该计划的申请条件是:(1)只有在印度就读才可申请该助学金;(2)父母或监护人的年收入不超过 20 万卢比,并且在上一学年的期末考试中成绩不低于 50% 的学生方可申请此奖学金;(3)一个家庭中若有两个以上孩子,只能给其中两个孩子(见表 4-9)。

表 4-9　高中层次以上助学金计划分布①

序号	项目	住宿生	走读生
1	11—12 年级入学及学费	每年最多不超过 7000 卢比	每年最多不超过 7000 卢比
2	11—12 年级技术与职业课程入学及学费(包括原料费等)	每年最多不超过 10000 卢比	每年最多不超过 10000 卢比
3	大学、研究生入学及学费	每年最多不超过 3000 卢比	每年最多不超过 3000 卢比
4	一学年 10 个月生活费(包括学习材料费等)		
	(1)11—12 年级包括技术与职业课程	每个月 235 卢比	每个月 140 卢比
	(2)除技术与职业课程外的大学及研究生	每个月 355 卢比	每个月 185 卢比
	(3)硕士和博士	每个月 510 卢比	每个月 330 卢比

(九)表列种姓高校学生助学金计划

2007—2008 年度开始实行的表列种姓高校学生助学金计划是为社会公正和权益保障部公布的 127 所指定院校中 12 年级以上的表列种姓学生所制定的。该计划的目标是为已经被指定院校录取的表列种姓学生提供全额助学金,以使他们顺利完成学业。表列种姓学生一旦申请助学金成功,就可享受该助学金计划直到毕业为止。助学金包括学费、住宿费、书籍费、购买一次电脑的费用。该计划相关规定:(1)被 127 所指定学校录取的表列种姓

---

① Ministry of Minority Affairs. Scheme of Post-matric Scholarship for Students Belonging to the Minority Communities(2007). http://www. dnscook. net/hostip. php/minorityaffairs. gov. in. 2013-12-18.

学生有资格申请该助学金。每所指定学校有五个名额，如果申请人数超过计划名额，将取成绩前五名的学生，剩下的学生将可申请高中层次以上助学金计划；(2)全家的年收入不超过 20 万卢比的表列种姓学生方可申请此计划；(3)学生如果没有通过期末考试，助学金将被终止，然而该学生还是有资格申请高中层次以上助学金计划。

该助学金包括：(1)全部学费和其他不可退费用。私立学校的表列种姓学生每人每年最多有 20 万卢比的助学金；(2)生活费每人每月最多 2200 卢比；(3)每人每年 3000 卢比的书籍和文具费；(4)一次性购买电脑及其相关配件费用 45000 千卢比。

(十)拉吉夫·甘地全国研究生奖学金计划

拉吉夫·甘地全国研究生奖学金计划是由印度社会公正与权益保障部和部族事务部联合为表列种姓和表列部族制定并实施的奖学金计划。该计划是针对表列种姓和表列部族中有意攻读科学、人文学科、社会科学与工程与技术的全日制或在职的硕士研究生和博士研究生而制定的，其中每年有1333 名表列种姓的学生将受益于这项计划。这项计划的目的是缩小表列种姓在高等教育领域中与非表列种姓的差距。根据 2011 年人力资源开发部年度报告中称，该奖学金的期限为五年(见表 4-10)。①

表 4-10　拉吉夫·甘地全国研究生奖学金计划各专业奖学金额度②

人文科学和社会科学	前两年每月 12000 卢比 两年后每月 14000 卢比
工程学	前两年每月 14000 卢比 两年后每月 15000 卢比
人文和社会科学应急费	前两年每年 10000 卢比 两年后每年 20500 卢比
科学和工程学应急费	前两年每年 12000 卢比 两年后每年 25000 卢比
护送费或盲人阅读费	残疾学生每月 2000 卢比
所在院系资助	每年 3000 卢比

---

① Ministry of Social Justice and Empowerment. Annual Report 2009-2010. http://www. socialjustice. nic. in/pdf/ar11eng. pdf. 2013-10-19.

② Ministry of Social Justice and Empowerment. Annual Report 2009-2010. http://www. socialjustice. nic. in/pdf/ar11eng. pdf. 2013-10-19.

大学拨款委员会将为没有学生宿舍的学生提供房屋租金津贴。其他医疗设施和休假期包括产假,将会依据大学拨款委员会的奖学金计划纲要执行。

（十一）国家海外奖学金计划

1954 年,印度政府为表列种姓、表列部族、游牧和半游牧部落、无土地农民和传统手工艺人制定了国家海外奖学金计划。该计划的目标人群是在海外攻读工程学、管理学、纯科学、农业科学以及医学的硕士研究生和博士研究生。每年有 30 人可享受该计划,其中工程学和管理学 20 人,纯科学 5 人,农业科学与医学 5 人。在非独生子女家庭中只有一个子女可以享此计划,并且奖学金受益者必须在 35 岁以内。奖学金包括每月生活费、护照费、医疗保险费、应急费等(见表 4-11)。

表 4-11　国家海外奖学金计划

项目	在英国留学奖学金(单位:英镑)	在美国及其他国家留学奖学金(单位:美元)
津贴、税、费用等		
每年生活费	9000	14000
每年应急费	1000	1375
意外出行津贴	相当于 17 美元	相当于 70 美元
设施费	1200	1200
人头税	按实际数额	按实际数额
信用卡手续费	按实际数额	按实际数额
学费、录取费、保险费	按实际数额	按实际数额
从家到机场的费用	火车二等座或飞机经济舱费用	火车二等舱或飞机经济舱费用
奖学金年限		
博士研究生	4 年	4 年
硕士研究生	3 年	3 年

第三节　优待政策对表列种姓和表列部族的影响

保障表列种姓和表列部族的教育权利,不仅仅是教育公平的问题,也事关社会的公平与正义。印度政府宣称以社会公平正义为最高理想,在保障表列种姓和表列部族的受教育权方面制定了大量的法律法规和计划方案,取得了很大的成绩。但是,客观分析表列种姓和表列部族的教育现状,人们还是不难发现,印度的教育现实与法律规定和计划目标之间的差距仍然令人震惊。

一、各项教育优待政策措施在基础教育阶段的落实情况

(一)成绩值得肯定

印度官方的统计数据表明,从 1980—1981 年度至 2008—2009 年度,表列部族中小学生的入学人数在初级小学阶段、高级小学阶段和中学阶段分别提高了 3.3 倍、6.8 倍和 8.2 倍。与此相对应的是表列部族人口的识字率有了极大的提高。2001 年的印度人口普查数据表明,全国人口的识字率由 1991 年的 52.2% 提高到 64.8%,而表列部族的识字率由 29.6% 提高到 47.1%。与此同时,表列种姓的进步幅度高于表列部族。这方面的情况前面已有详细介绍。

(二)问题令人沮丧

相对于表列种姓教育发展中存在的问题,表列部族教育中的问题更为突出,包括:第一,表列部族学生的辍学率居高不下;第二,表列部族教育中的师资难以保证;第三,对表列种姓和表列部族教育的投入欠账较多;第四,缺乏符合表列部族需要的教学内容。具体情况在本书第七章第二节中论述。

(三)障碍不易克服

造成表列种姓和表列部族教育发展水平难以令人满意的原因是多方面的,笔者认为决定性的因素有两条。

第一,许多发展目标长期停留在口号上。

印度独立运动的主要领导人对于在印度实现"社会公正"和"国家财富公平分配"并进而建设一个繁荣富强的印度怀有美好的愿望。早在 20 世纪 30 年代初,后来担任印度共和国第一任总理的贾瓦哈拉尔·尼赫鲁就深受费边社会主义思想的影响。关于印度的国体,印度官方的表述是"社会主义民主共和国"。经过一段时间的探索,印度第二个五年计划对"社会主义类型社会"的概念做了比较清楚的解释:"社会主义类型社会的最根本的意思就是,决定一条发展路线的基本标准,是要有利于社会,而不是有利于私人。

发展的模式和社会经济关系结构的设计,不仅为了最终国民收入和就业的显著增长,而且也要使收入和财富的占有更加公平。"印度的"社会主义类型社会"的实质内容就是,在经济上实行混合体制,使公营经济和私营经济在竞争中同时发展,配合农村土地改革和乡村建设计划,促进印度工农业资本主义发展;在政治上实行资产阶级的议会民主制,在维护统治阶级根本利益的前提下,用和平民主的方法革除社会封建流弊,实现"社会公正"和"国家财富公平分配"的社会目标。

60 多年的实践证明,在资本主义制度下,印度很难实现这些目标。印度的一位大资本家 G. D. 比尔拉看得很清楚,他说:"只有在国大党的'社会主义类型社会'里,印度的资本主义才能生存。"有学者认为,与其说印度是在建设"社会主义类型社会",还不如说是在建设改良的印度式的资本主义社会。[1] 不论是领导人美好的愿望,还是政客们竞选的口号,在现实中都缺乏贯彻落实的坚定决心和有效措施,因此,印度宪法规定要在 1960 年普及 8 年免费初等义务教育的宏伟目标等许多计划不能如期实现,甚至过了 50 年以后仍然不能实现,也就不足为奇了。

第二,社会经济发展水平低下严重制约教育发展。

印度社会中的种姓问题、宗教问题、女性地位低下问题、人口增长失控问题等,都严重影响了教育的发展,而经济发展中的问题对教育的制约更为明显。

印度 1991 年开始的改革是经济改革而不是全面改革,改革的背景是印度经济发展早已经处于内外交困的严重境地。尽管印度的经济近年来实现了高增长,但是,发展不均衡的现象并没有自动消除,触目惊心的贫富反差现象仍然比较普遍。学者们的研究指出,印度仍处于低收入国家之列,也是世界上拥有最大量绝对贫困人口的国家。

如前所述,印度宪法 1950 年提出普及 8 年免费初等义务教育,但是,"免费"从 2010 年才开始,"普及"就自然尚需时日了。尤其是,印度面向落后阶级子女的中小学严重缺乏各种基本设施,相当高的比例的学校竟然没有厕所。小学低年级的男女学生可以露天如厕,小学高年级的女生怎么办?女中学生呢?基础设施的缺乏也是印度中小学阶段辍学率居高不下的重要原因。

值得一提的是,最近几年,印度政府已经把初等教育作为教育投入的重中之重,中小学校的办学条件将逐步得到改善,中小学校的吸引力也将随之

[1] 杨翠柏等:《印度政治与法律》,四川出版集团巴蜀书社 2004 年版,第 10—13 页。

逐步增强。

二、教育保留权政策在高等教育阶段的促进作用与问题

(一)保留权政策有利于教育公平

几千年以来,印度社会以传统剥削的种姓制度为其特征。种姓制度将人从出生之日起就划分为四个等级。表列种姓是四个等级之外的种姓,其地位最低、最受歧视,他们被其他种姓的人认为是愚钝的、肮脏的、懒惰的。因此,印度政府为了让表列种姓和其他种姓的群体一样在教育、经济、政治等各个方面受到公平待遇而采取了一系列的措施。其中,为了发展表列种姓的教育,让表列种姓有平等和公平的机会接受教育,印度政府实施了教育保留权政策。

印度政府制定的教育保留权政策是指根据表列种姓和其他落后群体的人口比例,在学校为他们提供保留名额。按照表列种姓的人口比例,其保留名额为 15%。"教育保留权政策是研究印度弱势群体问题的一个十分重要的内容。教育保留权政策使得弱势群体的身影出现在议会、教育机构、政府机关中,也正是教育保留权政策在弱势群体中缔造了一个中产阶级和精英阶层,同时教育保留权政策使得部分弱势群体享受到了优质教育。"[①]

经过印度政府半个多世纪的努力,印度高等教育的入学人数有了显著的增长。从 1950 年不到 20 万的入学人数,到 2007 年印度已经拥有全世界最大的高等教育体系,其中包括 378 所大学,8064 所学院,以及 49.2 万教职员工和将近 1400 万学生。[②] 只是近年来,随着中国高等教育规模的扩充,印度高等教育规模又降到了世界第二位。在印度高等教育大发展的同时,表列种姓和表列部族在高等教育的入学率也有了增长。

独立以后,印度中央政府管理弱势群体事务的部门多次发生变化,现在设置了四个部专门管理与弱势群体有关的事务,即社会公正与赋权部、少数民族事务部、表列部族事务部以及妇女和儿童权益保障部,另外还有一些部委也涉及与弱势群体有关的事务,如人力资源开发部主管与弱势群体教育有关的事务。

如前所述,印度共和国宪法确认了"表列种姓""表列部族"和"其他落后

---

① 杨洪:《印度弱势群体:教育与政策》,人民出版社 2011 年版,第 16 页。

② Report of School Statistics in India. http://www. education. nic. in/stats/statses. 2011-11-08.

阶级"的提法,并保证对他们予以保护和特殊的支持。宪法第 17 条规定取消贱民制度(不可接触制度)。第 46 条指出,国家将特别注意落后阶级人民的教育与经济利益,尤其是表列种姓和表列部族的教育与经济利益,并保护他们免受社会歧视及各种形式的剥削。第 29 条第 2 款禁止在政府资助的教育机构中存在歧视现象。第 15 条第 4 款指出,尽管有了第 15 条和第 29 条第 2 款的规定,国家还应该做出特别的努力,以促进表列种姓和表列部族的进步。

宪法还规定,要分别为少数民族和表列种姓、表列部族各设置 1 位政府特派员(Commissioner),并要求他们定期提交报告。据此,中央政府成立了"表列种姓、表列部族特派员公署"。"少数民族事务委员会"于 1978 年成立,随后又于 1982 年成立了处理少数民族事务的"最高工作小组"。此外,印度政府于 1953 年任命了一个"落后阶级委员会",该委员会负责调查全国处境不利的人群的情况,接受中央政府有关落后阶级问题的政策咨询并提出相应的建议。

1986—1987 年度,"表列种姓、表列部族特派员"的第 28 次报告指出:"最显著的成就还是在教育方面。尽管在同一时期表列种姓和表列部族的识字率与其他各阶层识字率的差距仍在扩大,但在 1971—1981 年的 10 年间,他们的识字率分别提高了 45.7% 和 32.2%。各教育阶段的表列种姓和表列部族儿童的入学率一直在提高,他们在初级小学阶段(1—5 年级)的入学率与其人口比例基本一致,但到高级小学阶段(6—8 年级)便急剧下降,尤其是表列种姓儿童入学率下降较大,在此后的阶段中便稳定下来了。1986—1987 年度,通过中学毕业考试的表列种姓和表列部族的学生有 100 多万。"该报告特别指出,高级小学教育阶段入学率的下降对表列种姓和表列部族学生的高等教育入学率有明显的影响。1988—1989 年度,表列种姓和表列部族学生在大学生中的比例分别为 7.3% 和 1.8%,而按法律规定的保留数额度,这一比例应该分别是 15% 和 7.5%。印度独立 50 年之后,1997—1998 年度,印度政府公布的相应数据是:表列种姓学生占在校大学生总数的比例约为 11.5%,表列部族学生占在校大学生总数的比例约为 3.2%。①

印度独立以后的 50 年中,表列部族大学生的占比长期偏低,1997—

---

①　Ministry of Human Resource Development, Government of India. Annual Report 1998-1999:138-141.

1998 年度,表列部族学生占在校大学生的比例仅为 3.2％,远远低于 7.5％ 的保留额度。[①] 2007—2008 年度,印度在校大学生约为 1704 万人,其中,表列部族大学生约为 95 万人,占比达到约 5％。10 年间,表列部族大学生的占比提高了 2 个百分点,这应该是很大的进步了。[②]

印度宪法规定,实施保留权政策的有效期是 10 年。尽管反对的声音一浪高过一浪,但是,保留权政策的有效期不仅一次又一次地获得延长、额度有所提高,而且,其适用范围也在不断扩大,基本上扩大到了法律允许的最高限度。印度最高法院裁定,保留额度不能超过 50％,现在已经达到 49.5％。尽管人们对保留权政策褒贬不一,但是,这项政策对促进印度弱势群体教育发展方面的积极意义还是毋庸置疑的。

随着印度各级政府对表列部族教育发展的重视程度越来越高,政策措施越来越具体,支持力度越来越大,表列部族的教育有了显著的改善。由于政策措施的滞后效应,可以预期,2008 年和 2010 年开始生效的几项法律必将为表列部族的教育发展带来更大的变化。

(二)保留权政策在实施中的问题

尽管表列种姓和表列部族大学生的人数总的来说是增加了,但他们所占的比例与其在总人口中的比例还有较大差距,尤其是,增加的人数多是学习普通专业的,而他们在一些"好专业"(就业前景好、收入高的专业)中所占的份额是极小的、微不足道的。他们主要集中在文科、理科和商科专业中,学习医科、工程技术等专业的学生很少。教育的层次和水平越高,表列种姓和表列部族学生所占的比例就越低。1988—1989 年度,在博士生中,表列种姓学生的比例为 2.91％,而表列部族学生仅为 0.6％(见表 4-12)。在印度,社会评价最高、地位独特的国家重点学院系统中,表列种姓和表列部族学生所占的比例也是微乎其微的。现有统计数字显示,1982—1983 年度,表列种姓学生在印度理工学院学生中的比例为 4.3％,而表列部族学生仅为 0.8％。虽然这个比例数在个别年份有小幅增长,但总体来说,这个比例数还是呈下降趋势。

---

① Department of Education, Ministry of Human Resource Development, Government of India. Annual Report 1998-1999. New Delhi: Publications Division, NCERT, 1999:140.

② Ministry of Human Resource Development, Government of India. Annual Report 2010-2011. 198. http://www.education.nic.in/. 2011-08-10.

表 4-12　表列种姓学生在高等教育各学科各层次的占比(1995—1996 年)

专业(课程)	人数(人)	所占比例(%)	专业(课程)	人数(人)	所占比例(%)
文学士	273568	11.23	教育学士	12535	10.26
理学士	70285	7.19	文学硕士	36302	13.47
商学士	60084	5.35	理学硕士	7066	7.13
工学士	21084	6.64	商学硕士	5987	7.57
医学与外科学学士	9961	9.01	哲学博士	1514	3.66

资料来源：Pinto，S. J. A. Dalits in Higher Education：Need for Establishing a Counter Culture. Journal of Higher Education，1998(3)：409.

由于官方报告中看不到表列种姓和表列部族学生在高等教育各学科和各层次中的占比，我们只能以印度学者的研究成果为参考。实际上，这样的占比可能会有提高，但是提高的幅度应该是有限的。可见，教育保留权政策的实施虽然取得了一定成绩，但是还存在一系列的问题。

三、教育保留权政策需要进一步完善

一些印度学者在研究教育保留权政策的过程中发现该政策有许多问题，并认为需要很多不同的解决办法对教育保留权政策予以改革，因而对教育保留权政策提出修改建议。这些改革以及建议有的可以在基层得以实现，而有的建议则需要政府或者权威组织去达成。

(一)对中小学教育进行改革

虽然印度的中小学教育取得了长足的进步，尤其是初等教育毛入学率达到了很高的水平，但是其辍学率也很高，尤其是表列种姓和表列部族的辍学率更是高得惊人。2010—2011 年度，表列种姓和表列部族的 1—10 年级的毛入学率分别为 108.0% 和 106.8%，但同时，其辍学率却分别是 56.0% 和 70.9%；而表列种姓和表列部族的高中阶段的毛入学率仅分别为 38.3% 和 28.8%。为了确保表列种姓和表列部族能够享受到为他们保留的接受高等教育的名额，就必须要以初等教育和中等教育作为基础。印度政府已经采取了一系列的举措，如免费午餐、提高教师技能等计划已经在第十个和第十一个五年计划中实施，对改善表列种姓和表列部族的初等教育发挥了积极的促进作用，然而表列种姓和表列部族中等教育的发展水平仍然是一个大问题。

(二)汇总相关法律并提高司法效率

应该说，印度有许多优待表列种姓和表列部族的法律法规，但是一般民

众搜集到有关教育保留权政策的各种规定和法文十分困难，因为这些规定和法文在不同的文献之中，并且很难获知这些规定和法文在哪里实施、怎么实施、对谁实施。专家学者们对教育保留权政策的理解也不尽相同。如果连他们都对司法问题有疑义，就更别说那些普通的表列种姓和表列部族群体了。因此，将所有的信息以及涉及同一问题的不同法令整理出来，以便表列种姓和表列部族能够关注他们的权益是十分有必要的，一旦他们受到歧视和不公待遇就可以维护自身的权益。

1989 年印度政府颁布的《表列种姓和表列部族法案》中第 14 条规定，要设立特殊法院。特殊法院的提出实际上就是让那些歧视表列种姓和表列部族的犯罪者得到快速惩戒的一种办法。但是尼赫鲁大学的阿木肯特博士认为，特殊法院并没有很好地发挥它的作用，一些邦政府仅仅只把这些针对表列种姓发生的暴力案件交给普通法院审理。

（三）加强高等院校的补习课程

印度政府有必要将教育保留权政策一直坚持下去，并且想方设法阻止那些通过保留名额进入高等教育机构学习的学生辍学。正如前文中提到的那样，表列种姓和表列部族学生必须更加努力学习以弥补其较差的学习基础，同时他们还要抵御外界的歧视。若想改变此状况就必须要实行一个宏大的计划，即如果表列种姓和表列部族学生希望通过教育保留权政策上大学，那么他们便有资格进入高等教育机构学习。一种建议是，为表列种姓和表列部族学生在第一个学期开学前的几个月加强课程补习，也就是说为他们提供入门学习，并且这些入门学习全部免费或者通过奖学金的形式发放给学生。入门学习课程应该包括计算机、英语以及学习方法等。

像这样的计划实际上有许多管理问题需要考虑，比如说确保费用计划的公平合理性将是十分困难的。但是，像这样的计划应该保留，因为如果将计算机、英语和学习方法这些入门学习课程学习好的话，将会为那些通过教育保留权政策入学的学生打下良好扎实的学习基础，也将降低那些没有在教育保留权政策范围内入学学生的反对声。然而，毋庸置疑的是，这项入门课程学习计划并不能转变那些反对教育保留权政策者的态度。但是，如果通过不懈的努力将入门课程计划以清晰、结构合理的方式不断发展的话，那么事态一定会有所好转。如果入门学习课程能够让那些通过教育保留权政策进入高校学习的人不中途辍学，那么这实际上也是经济收益的一种表现，因为他们都能够顺利完成学业而不会浪费高等教育机构和政府为他们投入的资金。

第五章　印度少数民族的教育权利保障

第一节　关于印度少数民族及其教育的界定

众所周知,印度是一个多民族的国家。然而,印度的民族划分问题与政治和社会因素纠缠在一起,一直难有定论。① 印度的民族数量和部族数量众多,居住相对集中而固定,然而,历史、地理、语言、生产生活方式等方面的原因致使印度民族融合、民族同化的程度较低,不同民族在人口数量方面虽然差异较大,却并没有形成在人口数量、发展程度上占明显优势的主体民族。

一、关于印度少数民族的不同定义

(一)印度民族关系的历史背景

印度在历史上只是一个地理上的概念而不是一个政治实体,这一地域在历史上外族入侵不断,造成种族与民族的不断渗透与融合。

公元前 3 世纪孔雀王朝疆域广阔,国力强大,虽然"称雄南亚",但是没有统一南亚次大陆。公元前 2 世纪孔雀王朝灭亡,此后 1000 多年的时间里,南亚次大陆除了个别王朝在很短的时期内有较大的影响外,大部分时间

---

① 贾海涛:《印度民族政策初探》,《世界民族》2005 年第 6 期,第 37—44 页;贾娅玲:《印度少数民族政策及其对我国的启示》,《湖北民族学院学报》(哲社版)2007 年第 2 期,第 27—32 页。

处于小国分立的状态。16世纪初期,突厥化的蒙古人建立莫卧儿帝国,成为当时世界强国之一,也没有统一次大陆。1600年,英国侵入,建立东印度公司。1757年,印度和英国之间爆发了普拉西大战,印度因战败而逐步沦为英国的殖民地。1849年,英国基本完成了对南亚次大陆的全面征服。一般认为,印度历史上具有真正意义的统一是由英国人于19世纪后半叶完成的,这次统一是通过对印度社会结构上层的征服与改造完成的,没有引发广泛的民族交往与整合。

综观印度历史发展大势,分分合合,合中有分,分中有合,分多于合。由于印度的语言、宗教、种族、民族、种姓和部落等因素错综复杂,导致民族特征不够完整和突出,民族意识也不甚强烈。

(二)印度对少数民族的界定有多重标准

印度是一个几乎全民信教的国家。印度政府官方文件提到的少数民族(minorities)通常是按照宗教信仰来划分的,即,除了占总人口约82%的印度教教徒之外,信仰其他宗教的都是"少数民族",这些宗教主要有伊斯兰教、基督教、锡克教、佛教、耆那教和拜火教(琐罗亚斯德教)。在这些宗教中,信奉伊斯兰教、基督教、锡克教、佛教和拜火教这5个宗教的人被印度政府确定为"少数民族"。根据2001年的人口普查,这5个宗教少数民族的人口占比依次为13.4%、2.3%、1.9%、0.8%、0.007%,共占总人口约18.42%,而其他几个信徒较少的宗教,包括耆那教,却不属于中央政府认定的少数民族。

但是,印度的一级行政区(邦和中央直辖区)也有权确定哪个宗教属于本一级行政区的少数民族,所以,除了全国性的5个宗教少数民族,有的宗教在一些一级行政区被确定为少数民族,如耆那教在9个一级行政区被确定为少数民族。因此,按照宗教划分的少数民族在国家层面和一级行政区层面并不相同。

印度政府有的文件也提及"以种族划分少数民族""以文化划分少数民族""以语言划分少数民族",但是没有明确说明有哪些少数民族。

近年来,"以语言划分少数民族"的提法在实践中开始得到认同,但是,印度的语言情况极其复杂。人口普查显示,印度有语言和方言1600种左右,官方语言印地语的使用人数不到全国人口的40%;宪法规定的全国性和地方性官方语言"表列语言"有22种(不包括印度的副官方语言英语),被各邦确定的少数民族语言有180多种(各邦之间有重复)。因此,语言上的少数民族的教育情况全国难以一致起来。

综上所述,印度现在通行的对于少数民族的界定是根据宗教信仰来划分的。

二、印度的民族关系极其复杂

(一)印度实际上存在众多的民族

虽然印度共和国宪法中也有"少数民族"的提法,但是在具体工作中,印度领导人从独立之初就坚持认为,印度的全体居民在长期的历史发展和反对殖民主义的斗争中已经融合为一个统一的民族,他们之间只有种族、宗教信仰和语言上的差别,没有明显的民族界限和区别。因此,印度政府尤其是"印度人民党"执政的中央政府长期否认各民族独特历史和文化的存在,对敏感的民族问题讳莫如深,对愈演愈烈的民族纠纷和冲突,一概斥之为"地方主义作祟"。

对于印度是单一民族国家还是多民族国家这一问题,印度学术界至今也是意见不一,各持己见。概括起来有三种观点:一是印度没有明显的民族之分,只有种族、种姓、宗教和语言之别;二是印度有民族之分;三是印度有民族之别,但是民族界限不是很清晰,有时被宗教、语言所混淆。印度有关专家学者认为,原来印度也是个多民族的国家,但是由于历史的发展特别是英国殖民者 200 余年的统治,几乎使肤色、语言和宗教派别并不相同的民族融合为一个民族了。[①] 印度学术界普遍持印度只有宗教、种姓之分的观点。

在印度诸多民族中,主要民族有印度斯坦族(亦称兴都斯坦族)、泰卢固族、马拉地族、泰米尔族、孟加拉族、古吉拉特族、马拉雅兰族、坎纳达族、奥里雅族、阿萨姆族、比哈尔族、拉贾斯坦族和旁遮普族。这些民族约占印度总人口的 97%。此外,印度还有众多的部族(统计口径不一致,一般认为有500 个以上)。从印度全国来讲,它几乎没有主体民族,最大的民族即印度斯坦族,它在总人口中的比重约为 30%,同时,各个邦有自己的主体民族,有自己的主要语言。在印度,一些中央管辖的行政区域是按当地语言划分的,称语言邦。邦语言强化了地域文化和民族特征,但语言邦内还有少数民族语言,这又使语言邦不断分化。

历史、地理、语言、生产生活方式等方面的原因致使印度民族融合、民族同化的程度较低,不同民族在人口数量方面虽然差异较大,却并没有形成在

---

① 　吴永年:《印度民族与部族问题》,《国际观察》1999 年第 3 期,第 28—30 页。

人口数量、发展程度上占明显优势的主体民族,加上民族数量和部族数量众多,居住相对集中而固定,便决定了印度民族构成格局力量分散的特点。

虽然印度政府通常不把国内的语言、宗教、民族、种族、种姓集团和部落等群体视为"民族",但是,我们在研究印度民族问题的时候,却不得不把这些群体都考虑在内。

(二)印度的单一民族理论①

印度官方所称的"一个统一的民族"指的是一个统一的或单一的"印度民族"。非常明显,在印度人民党(BJP)政府眼中,印度是一个"民族—国家",只有一个民族,也只能有一个民族,这就是"印度民族"。也就是说,印度人民党政府否定了诸多民族(主要是少数民族)存在的权利,硬性地将全体国民看作一个统一的、无差别的整体。这种逻辑的理论依据来源于西方的"民族—国家"理论。实际上,"民族—国家"理论在印度的运用是曲解印度民族关系及民族状况的,不符合印度的历史和现实。

印度人民党政府的民族政策源于印度人民党的"文化民族主义"。印度文化民族主义在民族主义发展的基础上演变而来,主张发掘民族文化传统资源,唤起国民对本民族文化的自豪感和认同感,抵御外来文化,捍卫传统文化,认为只有靠复兴印度教传统文化才能实现民族振兴。印度人民党在1996年的竞选纲领中曾正式提出"文化民族主义"原则,如1996年的竞选纲领就强调说,"印度的文化民族主义的核心就是印度教特性"。也就是说,印度人民党既坚持了印度教民族主义的基本点,又把它大而化之,淡化其教派色彩。坚持"印度教特性",可以把原有的追随者团结在自己的周围,起到稳定内部的作用;同时还可以争取占印度人口绝大多数的印度教徒的支持,淡化教派色彩,有利于争取更多选民,包括其他宗教信徒的支持。

印度人民党政府的民族政策实质上提高了印度教和印度教教徒(尤其是说印地语的印度教教徒)的地位,而其他宗教信徒和"语族"的权益却受到了某种程度的损害。无视多民族的客观存在,不顾及少数民族的利益诉求,人为地实现从多民族共存到一个"印度民族"的跨越,不仅不能消除民族与民族之间的矛盾、国家和民族之间的矛盾,反而会成为激化民族矛盾、宗教矛盾的根源。

纵观印度的历史与民族、种族关系,印度只是看似强大,而内部矛盾

① 贾海涛:《印度民族政策初探》,《世界民族》2005年第6期,第37—44页。

重重。

三、独立后印度政府关于少数民族教育的政策和法规

（一）印度宪法的有关规定及其实施情况

印度宪法规定印度为世俗国家，国家对所有宗教一视同仁，实行宗教信仰自由，宗教和政治脱离，不能以宗教为由对公民的任何权力有任何歧视。

关于少数民族的教育权益，宪法中有三项条款做出了具体规定。

第 29 条（1）：任何居住在印度的公民都有权保存他们自己的语言、文字和文化；（2）：任何公民不能因为宗教、种族、种姓、语言或其他任何理由而被拒绝进入公立学校或接受政府补助的学校。

第 30 条（1）：所有少数民族，不论是基于宗教的还是语言的，都有权创办和管理教育机构；（2）：国家不应该因为任何教育机构是少数民族开办的而在拨款方面予以歧视，不论其是语言少数民族还是宗教少数民族开办的。

第 350 条（A）：为小学阶段的母语教育提供方便——各邦及各邦的地方政权应该尽力为少数语种群体的儿童提供在小学阶段进行母语教育的方便条件。总统认为必要和适当时，可以向各邦发出指示以保障提供这种方便。

但是宪法中的这些条款在实际执行中引起了无休止的争论。争论的焦点就是如何界定少数民族，哪个宗教或语言上的团体是少数民族。对于这个问题，各邦的看法很不一致。在关于喀拉拉邦教育法案的诉讼中，最高法院认为人数占某个邦总人数不到 50% 的群体可算作少数民族。此外，争论的问题还包括少数民族教育机构应该具有什么样的特征，少数民族管理教育机构的权利，各邦在规定少数民族教育机构时的权力范围，建立少数民族学校的目标，有关附属学院的规定，等等。

喀拉拉邦教育法案在阐述宪法第 30 条时认为，宗教和语言上的少数民族有权按他们自己的意愿来创办教育机构。在少数民族创办的教育机构中，关于所设科目没有规定，但是，为了让少数民族孩子以后能够更好地发展，学校应该教授世俗课程。也就是说，创办少数民族教育机构应该包括两个目标：要保留他们自己的宗教、语言和文化，也要给学生一个全面、完善、正规的世俗教育。[①]

宪法赋予少数民族的权利不能受到干涉，但是为了学校的良好发展，政府对少数民族学校做出相应的规定也是应该的。比如，教师是否合格、工资

---

① R. N. Thakur. Plight of the Minorities. New Delhi:Gyan Pub House，1999:74-75.

支付情况、工作条件、是否受到不应有的惩罚等。而对于接受政府资助的学校,政府更有责任了解相关情况。因此,政府关于保障学校工作人员权利的有关规定,只要没有对语言或是宗教上的少数民族学校的歧视,就不应该受到质疑。

最高法院规定,接受政府资助的少数民族学校有权优先接受他们本民族的学生,以保证他们少数民族的特征,但是必须要留一定名额给非本民族学生。

1978年到1985年之间,由于部分少数民族学校存在管理不善的问题,印度总共有九个邦(包括喀拉拉邦、安德拉邦、西孟加拉邦和比哈尔邦)都通过修改教育法案来增强政府对少数民族学校的控制。这一行为遭到了各少数民族的强烈反对,他们都认为这侵犯了少数民族的权利。各少数民族组织的代表宣称,宪法规定宗教上的少数民族有权管理他们自己的教育机构,政府没有理由干涉他们的事情;政府应该制定一些措施来保障少数民族教师和学生的权益,但是这并不表示他们可以干涉少数民族学校的事务。他们希望政府能遵守宪法的规定。同时,他们也承认,有些少数民族学校管理不善,但是这不能成为政府干预少数民族自主权的理由。

对此,印度最高法院和一些邦的高级法院表明了以下原则:(1)需要政府资助和认可的少数民族教育机构必须遵守相关的规定,这些规定要合理。(2)不需要政府资助和认可的教育机构不需要遵守这些规定。(3)少数民族教育机构不能低于对教育机构所要求的质量标准,不能拿其自主管理的特权作为理由而拒绝遵照一般的教育模式。(4)少数民族教育机构在其管理事务上有权制定和执行相关管理规定。(5)少数民族教育机构不能因为有宪法的保护而任意剥削其雇用者。(6)对于同意接受政府的认可和拨款的学校,政府可以提出一些规定性条件。

(二)1968年、1986年的《国家教育政策》

1968年的《国家教育政策》第16条专门提到少数民族的教育,具体内容如下:要像1961年8月举行的各邦首席部长和中央政府各部部长联席会议上所发表的声明中提出的那样,不仅应该竭尽全力保护少数民族的权利,而且应该竭尽全力促进他们教育方面的利益。[①]

---

① National Policy on Education,1968. http://www. indg. in/primary-education/policiesandschemes/national_policy_on_education_1968. pdf. 2014-10-11.

1986 年的《国家教育政策》第四部分中提到少数民族教育，具体内容如下：一些少数民族群体被剥夺了受教育的权利，或在教育方面非常落后。为了平等和社会正义，要更多地注意这些群体的教育。这自然就包括了宪法给予他们的保证，即建立和管理他们自己的教育机构，并且保护他们的语言和文化。同时，在教科书的编写和学校的所有活动中要体现客观性，并且要采取所有可能的措施来促成一种民族团结，这种民族团结是依照核心课程建立在正确评价共同的国家目标和理想的基础上的。

（三）《总理关于少数民族福利的新 15 点计划》

1983 年 5 月，英迪拉·甘地总理致信内政部长并转发给其他所有的内阁成员，强调要采取适当措施防止宗教（社群）冲突，改善少数民族的社会经济条件。信中提到的措施被归纳为 15 条，通称《总理关于少数民族福利的 15 点计划》(Prime Minister's 15-Point Programme for the Welfare of Minorities)。英迪拉·甘地总理信中的两句话令人印象深刻："我从孩提时代就致力于世俗化的目标。只有当穆斯林和其他少数民族生活在绝对的安全与自信中的时候，我们梦想中的印度才能生存和繁荣。"1985 年 8 月，拉吉夫·甘地总理致信各邦首席部长，重申了这 15 点计划。[①] 但是，代表印度教徒的印度人民党一直反对这个计划。

2006 年 4 月，以曼莫汉·辛格为总理的印度政府批准了《总理关于少数民族福利的新 15 点计划》，除了防止宗教（社群）冲突和改善少数民族经济条件外，新 15 点计划特别强调了为少数民族提供更多的就业机会，改善少数民族的教育，提高少数民族的生活水平。特别值得一提的是，印度政府决定，为了实现新 15 点计划的目标，政府计划将拨款的 15％用于少数民族事务。[②]

《总理关于少数民族福利的新 15 点计划》分为四个部分，即提升教育机会（6 点）、在经济活动和就业中享有平等份额（4 点）、改善少数民族的生活条件（2 点）、防止和控制社群冲突（3 点），本文只介绍第一部分即"提升教育机会"的 6 点。

1. 公平地获得"综合性儿童发展服务"计划的服务。"综合性儿童发展

---

① Minorities welfare announcements, The Milli Gazette Online, 24 June 2006. http://www. milligazette. com/dailyupdate/2006/20060624_minorities_welfares. htm. 2014-10-11.

② Prime Minister's New 15 Point Programme for the Welfare of Minorities. http://www. minorityaffairs. gov. in/sites/upload_filesmomafilespdfsamended_guidelines. pdf.

服务"计划(The Integrated Child Development Services Scheme)旨在通过幼儿教育中心(Anganwadi Centres)提供的服务,使儿童获得全面发展,使孕妇和哺乳期妇女获得全面帮助,服务内容包括补充营养、免疫、体检、推荐服务、学前教育和非正规教育。在少数民族聚居的乡镇和村庄实施的"综合性儿童发展服务"计划以及在这些地区建设的幼儿教育中心要占到一定的百分比,以便他们也能够公平地获得这些服务带来的好处。

2. 改善接受学校教育的机会。政府已经实施了普及教育计划(Sarva Shiksha Abhiyan)、女童寄宿制学校计划(Kasturba Gandhi Balika Vidyalaya Scheme)和其他类似的计划,要确保根据这些计划建设的中小学在少数民族聚居区占到一定的百分比。

3. 为乌尔都语教学提供更多的资源。中央政府将帮助初级小学和高级小学招聘和委派乌尔都语教师,这些学校所在社区的人口中必须有至少四分之一的人使用乌尔都语。

4. 使马德拉萨的教育现代化。中央政府推行的"少数民族聚居区和马德拉萨现代化计划"(Scheme of Area Intensive and Madrasa Modernization Programme)旨在为教育方面落后的少数民族聚居区提供教育基础设施,为马德拉萨教育的现代化提供资源。考虑到满足这个要求的重要性,该计划将获得显著加强并予以有效落实。

5. 为少数民族的优秀学生提供奖学金。要分别为高考前和高考后的少数民族学生制定奖学金计划并予以落实。

6. 通过"毛拉纳·阿扎德教育基金会"改善教育基础设施。中央政府将尽一切可能向"毛拉纳·阿扎德教育基金会"(Maulana Azad Education Foundation)提供帮助,使之更有效地扩展其活动。

(四)面向少数民族教育的组织

1. 国家少数民族委员会①

为了保证宪法和各项法律中关于少数民族的权利是否得到落实,1978年,印度成立了国家少数民族委员会(National Minorities Commission),归内政部管辖。1984年,国家少数民族委员会划归新设的"福利部"管辖。1992年,印度颁布了《国家少数民族委员会法案》,并于1993年成立了新的、具有法定地位的国家少数民族委员会(其英文称呼改为"National Commis-

---

① Genesis of NCM. http://www.ncm.nic.in/Genesis_of_NCM.html. 2014-10-11.

sion for Minorities",NCM),使之可以更加有效地保护少数民族的权益。除了中央政府之外,还有 9 个邦建立了自己的少数民族委员会。

　　NCM 的职责是:根据中央和各邦政府的要求,评估少数民族发展进步的情况;监督宪法以及中央和各邦的法律中关于少数民族的权利是否得到落实;对如何有效落实中央和各邦政府保护少数民族利益的规定提出建议;对侵害少数民族权益的申诉进行调查并告知政府有关部门;发起研究因歧视少数民族而引发的问题并提出解决这些问题的措施;开展涉及少数民族社会经济和教育发展有关问题的研究;建议中央和各邦政府采取事关少数民族的适当措施;针对与少数民族有关的事务尤其是少数民族面临的困难,定期或者专门向中央政府进行报告;处理中央政府可能安排的其他任何事务。

　　2. 毛拉纳·阿扎德教育基金会①

　　毛拉纳·阿扎德教育基金会(Maulana Azad Education Foundation,MAEF)成立于 1989 年,是一个自愿的、非政治性的、非营利性的组织。它初创时由印度中央政府的社会公正和权利保障部提供资助,后来由少数民族事务部提供资助。MAEF 的主要目标是制定和实施教育计划,致力于改善教育上落后的少数民族的教育,同时兼顾一般意义上的弱势群体的教育,促进主要面向女生的寄宿学校建设以便让女孩子们接受现代教育,推动并鼓励旨在改善教育上落后的少数民族的研究工作和其他努力。

　　基金会的资助主要分为两种形式:其一,给教育领域的非政府组织提供资助,用于新建或者扩建主要招收女生的中小学、学院和职业技术培训中心以及女生宿舍;其二,为优秀的女生提供奖学金。到印度的"十一五"计划结束时,基金会的本金是 10 亿卢比。印度政府计划在"十二五"期间拨款 50 亿卢比用作基金会的本金,后来又增拨了 5 亿卢比,加上其他资金来源,到"十二五"末期,基金会的本金达到了 80 亿卢比。

　　虽然印度政府对国际上通行的"民族概念"和"民族问题"持否认和回避态度,但是,教育公平受到中央政府的高度重视。印度对相当于我国和世界上绝大多数国家的民族教育方面的"落后阶级教育"一直特别关注,在落后阶级教育上制订了一系列法律法规,采取了一系列有力措施,教育的覆盖面逐渐扩大。然而,恰恰是由于印度政府对民族问题采取了否认和回避的态

---

① Corpus Funds to MAEF. http://www. minorityaffairs. gov. in/maef_equity. 2014-10-11.

度,民族教育缺乏全面的政策设计与支持,所以,民族教育对民族问题的解决和民族关系的改善帮助不大。在关于落后阶级(包括少数民族)教育的政策措施方面,理想(设想、设计)与现实仍有很大距离。具体表现为,其一,印度的贫富差距极大,落后阶级(包括少数民族)仍然处于极端贫困状态;其二,虽然民族教育方面有政策优待,但是宽进严出,受教育的质量也不同,矛盾很大。

四、我国对印度少数民族教育的界定及研究现状

(一)我国对印度少数民族教育的界定

如前所述,印度政府官方文件提到的少数民族通常是按照宗教信仰来划分的,即除了约占总人口82％的印度教教徒之外,信仰其他宗教的都是"少数民族"。当前印度中央政府关于宗教少数民族的教育主要指的是伊斯兰教的教育,基本不涉及其他宗教。

印度没有按照"国际惯例"和中国通常的理解来划分少数民族,实际上,由于各国的国情不同,划分少数民族的国际惯例也没有得到一致的认同。因此,除了按照印度政府认定的"少数民族"划分来研究相关的教育政策及其实践之外,以前多数研究印度教育的中国学者通常把印度表列种姓和表列部族(表列部落)的教育作为印度少数民族教育研究的主要对象。

本研究按照印度政府关于少数民族的界定和实践,主要把宗教少数民族教育和语言少数民族教育作为"印度少数民族教育"的研究对象。

(二)我国关于印度少数民族教育的研究现状

当前,我国学者研究印度少数民族教育的文献很少。贵州财经学院的杨洪在《民族教育研究》2009年第5期发表了题为《印度少数民族教育研究》的论文,介绍了以表列部落为代表的"少数民族"的社会经济状况、教育发展历程与政策保障、成就与问题。中央民族大学的贾娅玲在《湖北民族学院学报》(哲学社会科学版)2007年第2期发表了题为《印度少数民族政策及其对我国的启示》的论文,认为印度政府对少数民族和少数民族地区在政治、教育、就业、资源开发与保护、农村建设以及社会保障等方面采取了多种政策和相应的帮扶计划,取得了较好的成效。中央民族大学2007届硕士研究生叶燕撰写了题为《印度穆斯林教育的历史研究》的硕士学位论文。

上述这几项研究,都只介绍了印度少数民族教育的不同侧面,都是初步的研究,远远没有涉及印度少数民族教育的全貌。

从笔者多年来研究印度教育的角度看,印度民族教育方面的成就表现

在以下几个方面,即,为落后阶级(包括少数民族)实行上大学和就业上的保留权(有的学者译为"预留权");为落后阶级(包括少数民族)中的学习优秀的学生开办"新星学校";在女童教育方面大力推行优待政策;在初等教育阶段实行"免费午餐计划",落后阶级(包括少数民族)的学生获益较大。而印度在民族教育方面的问题是,由于印度贫富差距极大,社会不公现象严重,教育无力解决这些社会问题,印度人民党政府硬性抹杀民族界限使得少数民族教育长期受到忽视。

第二节　印度的宗教少数民族教育

伊斯兰教大约在公元 7 世纪左右进入印度次大陆,公元 1206 年开始在印度建立统治,持续时间长达 500 多年。当前,伊斯兰教是印度的第二大宗教,穆斯林人口约 1.5 亿人,占印度总人口的 13％左右,仅次于印度教徒,所以,穆斯林是印度最大的宗教少数民族。

穆斯林分布在印度各邦,但通常都是少数民族,只是在拉克沙群岛(Lakshadweep)、查谟和克什米尔地区占当地人口的多数。人口占比超过全国平均水平的有阿萨姆邦、西孟加拉邦、喀拉拉邦、北方邦、比哈尔邦和贾坎德邦,穆斯林人口数量最多的邦分别是北方邦、西孟加拉邦、比哈尔邦和马哈拉施特拉邦。基督教徒在那加兰邦、米佐拉姆邦、梅加拉亚邦占人口的绝大多数,锡克教徒占旁遮普邦人口的 60％,传统的佛教徒主要分布在印度北部,新佛教徒主要是印度独立前后由表列种姓改宗的,拜火教徒主要生活在马哈拉施特拉邦。

在印度,从官方的角度来说,少数民族教育主要是指穆斯林的教育。

一、印度独立前的穆斯林教育

(一)伊斯兰教统治时期印度穆斯林的教育发展

在穆斯林统治印度之前,印度教和佛教的教育已经取得了很辉煌的成就,但是古印度的教育尤其是印度教的教育只限于婆罗门等高级种姓群体,下层人民根本谈不上接受教育。穆斯林统治印度之后,建立了大量清真寺、麦克台卜和马德拉萨作为教育机构,印度教和佛教的教育受到了很大的冲击。因此,穆斯林统治在一定程度上促进了印度教育的发展,教育延伸到各个乡镇农村,使一些下层劳动人民也能享受到教育,扩大了受教育群体。

教育在伊斯兰教中有着很重要的地位。《古兰经》以真主的名义要求穆斯林们尊重知识、尊重教师、鼓励求知，"求知"是男女穆斯林的"天职"。在世界各民族中，把学习提升到这样的高度，是极为罕见的。在这一"天职"观念的指引下，伊斯兰教大力鼓励求学和教学，清真寺教育为每个愿意受教育者敞开大门，许多家境贫寒、出身卑微者由此获得了受教育的机会。

在伊斯兰教统治时期，穆斯林教育以及整个印度的教育都有了较大的发展。莫卧儿统治者将知识的大门开向了所有人，允许宗教差异的存在。基础教育学校在城乡都较普遍，各个地区的统治者都很注重教育的发展，尊重学者，甚至还邀请外国学者来演讲。莫卧儿时期学校之多超过印度历史上的任何时期。

（二）英国殖民统治时期的穆斯林教育

英国在印度实行殖民统治后，伊斯兰教封建主失去了以前的特权地位。在政治上，殖民者对穆斯林和印度教徒实行"分而治之"的政策，在印度教徒和穆斯林之间挑拨离间，制造矛盾；英印政府在任用行政官员时主要倾向于印度教徒，排斥穆斯林。

在经济上，英国强制推行的土地政策剥夺了许多穆斯林地主的土地，包括穆斯林统治者分给穆斯林教育机构的土地，这给穆斯林的教育事业造成了重创。穆斯林的手工业劳动者，特别是织布行业，因为殖民者的财政贸易政策也无法立足。语言政策更进一步造成穆斯林落后。

英国殖民者用英语替代波斯语作为官方语言，推行的是英语教育，而穆斯林则反对学习英语，一方面是因为殖民者对穆斯林的打击歧视导致他们拒绝改变和西化，另一方面是因为学习外语是违反伊斯兰法律的，除非在通信的时候需要。而且，殖民者在编写教科书时对印度中世纪的历史缺乏客观公正的描述，夸大穆斯林对印度教徒的迫害，对穆斯林进行恶意丑化。殖民地时期开设的课程和教科书完全没有考虑穆斯林的感情，并与穆斯林传统相违背，将穆斯林学生挡在学校大门之外。当时，穆斯林的大学生比例很少，不到 4%。他们因为既得不到良好教育，又不懂英语，因此，也不能在政府机关中担任职务。[1]

英国的压制政策使印度穆斯林对政府采取敌视冷漠的态度，对于殖民

---

[1] 李文业：《印度史：从莫卧儿帝国到印度独立》，辽宁大学出版社 1998 年版，第148 页。

者推行的"西方教育"最初也采取抵制态度。然而,印度教徒却很快适应了新的统治者,他们接受了西式教育以充当殖民政府的官员和英国公司的经纪人。受西方文化影响的知识分子在 19 世纪初就开始了印度教的启蒙运动和改革运动。这一切都使印度教徒的政治经济地位有了很大的提高。与此同时,印度穆斯林却因失去了昔日的政治经济特权地位而日益贫困。结果,由于印度教徒在数量上占多数,在社会、政治、经济和文化教育方面取得了对穆斯林的比较优势,从而在社会生活的各个领域都居于领导地位。这样,两个教派之间逐渐产生摩擦和隔阂。为了维护教派利益,穆斯林民族主义者最终走上了分离独立的道路。

二、独立后的印度穆斯林教育

(一)穆斯林教育的发展现状

印度宪法把社会公平与正义放在了极为重要的地位,对保护语言少数民族和宗教少数民族的权益进行了全面的规定。但是,由于国情复杂,宪法中的许多规定一直没有得到很好的落实,印度教育的总体发展水平不高,印度穆斯林教育的发展情况更是不尽如人意。

1947 年,英属印度分裂为以印度教徒为主的印度和以穆斯林为主的巴基斯坦,在两个宗教派别之间造成了至今难以愈合的创伤。1999 年笔者在印度尼赫鲁大学留学时,一位穆斯林博士研究生竟然对我说:"印度不是我们穆斯林的国家,这个国家对我们不公平,我们的国家在西边!"一些穆斯林这样看待印度,印度教徒普遍地怎样看待穆斯林也就可想而知了。

应该说,在印度长期执政的国大党是代表全体人民的,宗教情绪对施政的影响较小。但是,由于印度教徒占人口总数的 80% 以上,对穆斯林持有敌视态度的党派在印度政坛的影响时大时小,对印度民族政策的制定和执行都有或大或小的干扰。尤其是,20 世纪 90 年代以后,起源于印度教极端组织"人民志愿卫队"(该组织的一名成员刺杀了圣雄甘地)且公然宣称代表印度教徒的宗教政党印度人民党成为印度的执政党,极大地影响了穆斯林各方面条件的改善。

在宗教、政治、经济、社会、文化和教育等各种因素综合作用之下,针对印度穆斯林的教育优待政策较少且落实不到位,致使穆斯林成为印度社会中教育最落后的群体。一些统计数据很能说明问题(见表 5-1 至表 5-5)。

表 5-1　各宗教群体的识字率(%)

宗教群体	男性	女性	平均
全部宗教群体	75.3	53.7	64.8
穆斯林	67.6	50.1	59.1
基督教徒	84.4	76.2	80.3
锡克教徒	75.2	63.1	69.4
佛教徒	83.1	61.7	72.1

资料来源:The First Report on Religion data "Census of India 2001". 转引自 Ministry of Human Resource Development,Government of India. Report of the Standing Committee of the National Monitoring Committee for Minorities'Education(NMCME),April 2013:4.

表 5-2　城市居民印度教徒和穆斯林教育程度比较(%)

宗教/性别	文盲	小学以下	初级小学	高级小学	中学	大学	不详
男性							
印度教徒	25.3	18.8	16.6	13.9	17.2	7.9	0.3
穆斯林	42.4	20.9	16.3	10.0	8.0	2.3	0.1
全民	27.7	19.0	16.7	13.3	13.3	7.0	0.3
女性							
印度教徒	33.4	18.1	15.8	12.2	14.1	6.2	0.3
穆斯林	50.5	19.8	13.9	7.8	6.2	1.6	0.1
全民	35.5	18.3	15.7	11.6	13.2	5.5	0.3

资料来源:Report of the Working Group on the Empowerment of the Minorities for the Eleventh Plan (2007-2012):6-9. (转引出处同上)

表 5-3　2006—2012 年穆斯林小学生在全国小学生中的占比(%)

年度	男生	女生	全部
2006—2007	8.6	9.1	8.84
2007—2008	9.8	10.2	9.98
2008—2009	10.3	10.8	10.51
2009—2010	12.8	13.3	13.05
2010—2011	12.2	12.8	12.50
2011—2012	12.5	13.1	12.79

资料来源:Ministry of Human Resource Development,Government of India. Report of the Standing Committee of the National Monitoring Committee for Minorities'Education (NMCME),April 2013:9.

表 5-4　小学各年级学生的分布情况(%)

年度	一年级	二年级	三年级	四年级	五年级	六年级	七年级	八年级
穆斯林学生								
2006—2007	20.2	16.2	15.0	14.0	12.1	9.2	7.8	5.4
2009—2010	17.7	15.5	14.6	13.4	12.2	10.3	9.5	6.7
2010—2011	17.4	15.3	14.5	13.6	12.2	10.2	9.3	7.4
2011—2012	16.6	14.9	14.3	13.4	12.5	10.4	9.6	8.4
全体学生平均								
2006—2007	17.6	15.2	14.2	13.3	12.9	10.3	9.3	7.2
2009—2010	16.2	14.5	14.1	13.4	12.7	10.7	10.2	8.3
2010—2011	15.7	14.4	13.9	13.4	12.8	10.9	10.2	8.9
2011—2012	14.9	14.2	13.8	13.2	12.8	11.0	10.6	9.5

资料来源:同上,10.

表 5-5　2011—2012 年度穆斯林儿童初级小学升学率的县域分布

升学率	县的数量
低于50%	15 个
50%～70%	42 个
70%～80%	57 个
80%～90%	116 个
超过90%	276 个

资料来源:同上,15.

　　2011—2012 年度,印度共有经过认可的马德拉萨 5797 所(在读学生 198.5 万)、没有经过认可的马德拉萨 2392 所(在读学生 48.9 万),学生数占穆斯林学生总数的 9.7%。由于对全国的马德拉萨情况最近刚有权威机构进行统计,所以这些数据应该还是不完全的。

　　教育权威机构还没有关于中等教育分群体的统计数据。2013 年 1 月,阿布萨拉·谢里夫在名为《撒卡尔委员会报告发布 6 年后》(Six Years After Sachar)的报告中分析了预科教育阶段(matriculation level education)的情况。他的分析是根据全国抽样调查组织收集的数据做出的(Employment and Unemployment Survey of India,2009-2010,NSSO)。结果显示,不论是在城市还是在农村,穆斯林在预科教育阶段的入学率甚至低于表列种姓和表列部族。更加令人担忧的是,在 2004—2005 年度和 2009—2010 年度期间,穆斯林预科教育阶段的改善情况是在所有群体中最差的。[①]

人资部、UGC 和 AICTE 都没有收集关于高等教育分群体的统计数据。阿布萨拉·谢里夫在名为《撒卡尔委员会报告发布 6 年后》(Six Years After Sachar)的报告中还分析了穆斯林在高等教育中的情况。他发现,穆斯林中属于其他落后阶级的成员在高等教育毛入学率方面远远低于印度教徒中的其他落后阶级成员、表列种姓和表列部族,甚至全体穆斯林群体的毛入学率也低于表列种姓和表列部族。更有甚者,在 2004—2005 年度和 2009—2010 年度期间,全体穆斯林群体的高等教育毛入学率还降低了 1.5%。考虑到在此期间印度高等教育的毛入学率从 6% 提高到 11%,穆斯林高等教育毛入学率不升反降的事实令人难以接受。

(二)穆斯林的语言问题

在 16 世纪左右,一种由波斯语、阿拉伯语和印度本地语言混合而成的语言开始流行起来,这就是延续至今的印地语和乌尔都语。这两种语言有相同的语法和大体相同的基本词汇。印地语用"天城体",乌尔都语用波斯阿拉伯字体。印度政府想推广印地语,除了政治上的阻力外,印地语本身存在很多不足。到目前为止,连什么是标准印地语这一问题都没有解决好。尼赫鲁总理曾说过,印度广播公司的印地语广播,我一个字都听不懂。[②] 自独立以来,关于语言的争论至今仍未停息。印度穆斯林要求政府给予乌尔都语以官方语言的地位,但是一直未能成功。穆斯林的语言问题一直没有得到政府的足够重视。印度北方的穆斯林大多讲乌尔都语,但乌尔都语却不是印度的官方语言。印度宪法规定以印地语为国语,英语为第二国语,各邦都有自己的官方语言。但因为穆斯林在各邦的人口中都没占多数(克什米尔地区除外),所以乌尔都语只能充当民间交流的媒介。北方邦共有 1700 万人,穆斯林人占 15%。北方邦的官方语言是印地语,穆斯林要求乌尔都语也作为北方邦的官方语言使用(但并不是官方语言)。1989 年,有关当局批准了这个要求,却引发了印度教学生和穆斯林学生之间的冲突,造成 23 人

---

① Ministry of Human Resource Development, Government of India. Report of the Standing Committee of the National Monitoring Committee for Minorities'Education(NMC-ME), April 2013:17.

② 赵小树:《色彩缤纷的印度》,四川人民出版社 1991 年版,第 112—121 页。

死亡。[1]

穆斯林的语言问题，既困扰着他们的就业，也不利于他们受教育。除了在北方邦和比哈尔的一部分地区外，乌尔都语现在已经不再是行政、立法或执法使用的语言了。即使中央政府或邦政府为推进使用乌尔都语做出象征性的努力，也会遭到武力反抗，这种反抗 20 世纪 80 年代在北方邦和卡纳塔克邦都发生过。由于这种武装抵抗，北方邦政府放弃了 1989 年做出的将乌尔都语定为北方邦第二官方语言的决定。1994 年 10 月，因为班加罗尔电视上出现了 10 分钟的乌尔都语新闻节目，导致了一场骚乱，三人在骚乱中死亡。在印度的大多数地区，乌尔都语现在已经成为仅有穆斯林才使用的语言。根据尼赫鲁大学一位学者所做的调查，在整个比哈尔邦、西孟加拉邦、安德拉邦和马哈拉施特拉邦，没有任何一个非穆斯林学生的小学和中学学习乌尔都语，甚至作为选修课程学习的也没有。[2] 语言的孤独加深了穆斯林与其他宗教团体的隔离，也阻碍了他们进入主流社会。

语言问题也是影响穆斯林教育发展的原因之一。乌尔都语是印度穆斯林所使用的主要语言，也是印度的第二大语种。据 1981 年人口普查资料显示，印度讲乌尔都语的有 3500 万人。早在 19 世纪末期，印地语与乌尔都语的官方语言地位之争就在北印度地区展开。讲印地语的人试图在印度的广大地区建立印地语的官方统治地位。印巴分治后，虽然乌尔都语在宪法的英文语种表中榜上有名，但只有在穆斯林占多数的查漠-克什米尔邦才被定为官方语言。乌尔都语的官方语言地位问题被再次提出。

独立以来，关于语言的争论至今仍未停息。20 世纪 60 年代和 70 年代尤为突出，在北方邦和比哈尔邦，成立了许多组织并发起运动，要求给予乌尔都语以官方语言地位，但这些要求在两邦均遭官方拒绝。直到 80 年代，乌尔都语才得以以政府条令的形式，在比哈尔邦的数个行政区和北方邦西部的一些行政区获得官方第二语言的地位。但不久北方邦的条令就被取消。

把乌尔都语作为地方第二官方语言的要求至今未果，特别是在北方邦和比哈尔邦。在安得拉邦和比哈尔邦的一些行政区，乌尔都语取得了辅助官方语言的地位，而在北方邦则仅被看成是有"特殊用途"。

---

① 谢国先：《印度：南亚最大的多民族国家》，《今日民族》2002 年第 5 期，第 22—25 页。

② 穆西鲁尔·哈桑：《一个被分裂的国家的遗产：独立以来的印度穆斯林》，新德里：尼赫鲁大学，1977：160。

语言地位之争与宗教偏见有关。北印地区由于受印巴分治的影响较大,宗教情绪在语言之争中表现得更为显著,乌尔都语受到的压制也就更大。南印地区的两教矛盾相对缓和,乌尔都语受到的压制也相对少些。例如,在卡纳塔克邦和马哈拉施特拉邦,1979—1980 年,接受以乌尔都语为教学语言的学生数分别为 360009 人和 438353 人。这两个邦穆斯林和讲乌尔都语的人口较少,但这一数字在比例上却远远高于北方邦。[①]

(三)关于穆斯林教育的研究报告

1. "撒卡尔委员会的建议"(Recommendations of the Sachar Committee, 2006)[②]

2005 年 3 月 9 日,"总理备忘录"宣告,组建一个在拉金德·撒卡尔法官(Justice Rajinder Sachar)主持下的高级委员会,准备就印度穆斯林群体的社会、经济和教育状况写一个报告。委员会将整合、核实并分析有关上述领域的信息,确定政府应该干预的领域,以便解决涉及穆斯林群体的社会、经济和教育状况问题。委员会的最终报告于 2006 年 11 月提交。这份报告通常被称为"the Sachar Committee Report"。在这里,有必要重申该委员会的主要建议。

在报告的第 12 章,基于对印度穆斯林群体教育状况的调查发现,撒卡尔委员会提出了若干建议。建议概述如下:

(1)关于全国各个宗教群体的状况,有必要收集数据并建立国家数据库。

(2)每五年发布关于各个宗教群体状况的监测报告,在此期间进行定期监测。

(3)消除普遍存在的歧视观念,强化有关的法律条款。

(4)从少数民族的草根阶层中选拔更多的人进入各公共权力机构。

(5)研制一个关于教育机构的多样性指数(Diversity Index)以便使少数民族进入主流社会,使高等院校的生源更加多样化;UGC 在向各高等院校拨款时,也要把拨款数额与各高校生源多样化的程度联系起来;开发一些使

---

① 吴宏阳:《教派矛盾与印度的政治世俗化进程》,《郑州大学学报》(哲学社会科学版)2001 年第 3 期,第 79 页。

② Ministry of Human Resource Development, Government of India. Report of the Standing Committee of the National Monitoring Committee for Minorities'Education(NMC-ME),2013:33-34.

教职员关注多样性的课程,在师范教育中设置有针对性的课程;在高等院校举办辅导班,为少数民族学生提供公共空间。

(6)密切关注中小学教育,对中小学教科书中反映社会多样性的内容仔细查看,清除那些容易造成宗教之间互不容忍的材料。

(7)为学生创办社区学习中心。

(8)在穆斯林集中的地区建立高质量的政府学校。

(9)为九到十二年级的女孩单独设立学校。

(10)确定乌尔都语人口地区,在这些地区提供小学教育。

(11)各邦给教育机构的拨款应与教育落后群体的招生标准联系起来。

(12)以合理的价格为少数民族学生在乡镇政府所在地和教育中心提供宿舍设施。

(13)从穆斯林中任命更多的兼职教师。

(14)改变三种语言模式在实施中"走样"的情况,在印地语邦安排乌尔都语教师。

(15)在需要并且能够提供高质量教材的地方开设高质量的乌尔都语中小学。

(16)在那些有大量讲乌尔都语人口的邦,把乌尔都语作为学校的选修课。

(17)把马德拉萨作为正规学校的补充,在学术上给马德拉萨的学生与正规学校学生同等的待遇,以便他们升入高等院校。

(18)获得马德拉萨学校学历的人应该有资格参加公共职位的招聘考试。

(19)在扩展"马德拉萨现代化计划"之前,要对它进行审查并修改。

2."兰加纳特·米世拉委员会"的建议[①]

2004年10月29日,印度政府组织了一个国家委员会,即"兰加纳特·米世拉委员会"。希望其就下列问题提出建议,即:为鉴定宗教和语言少数民族中的社会与经济落后群体制定标准;为改善宗教和语言少数民族中的社会与经济落后群体的福利所应该采取的措施,包括在教育和政府部门就业中保留席位;提出为执行这些建议需要在宪法、法律和行政方面采取哪些

① Ministry of Human Resource Development, Government of India. Report of the Standing Committee of the National Monitoring Committee for Minorities'Education(NMC-ME),2013:35-37.

行动。委员会在 2007 年提交了最终报告(Report of the Ranganath Mishra Commission,2007),其主要建议总结如下:

对于穆斯林这个全国最大的少数民族,也是教育上最落后的宗教团体,委员会推荐如下专门措施:

应当在全国范围内选择像阿利加尔穆斯林大学和国立伊斯兰大学这样的机构,依法赋予它们特殊的责任,通过采取各种可能的措施来促进各阶段穆斯林学生的教育。在每个拥有庞大的穆斯林人口的邦和中央直辖区,至少要选择这样一个机构。

要采取各种方式加强对穆斯林开办的所有中小学和高等院校的帮助,帮助它们做好后勤设施建设,以提高它们的办学水平并把这种水平保持下去。

政府的马德拉萨现代化计划应该进行适当的修订和加强并提供更多的资金支持,这样可以提供资金和必要的设施,用于为那些目前只传授宗教教育的马德拉萨提供现代化教育并使其达到十年级的水平,或者能让马德拉萨的学生在他们周围的普通学校里同时接受现代化教育。为了实现这些目标,马德拉萨计划可以由类似"中央伊斯兰教财产委员会"(Central Wakf Council)的一个中央代理机构来操作,或者由拟议中的"中央马德拉萨教育理事会"来操作。

中央伊斯兰教财产委员会的规则和程序应该进行修订,以便使它的主要职责成为致力于穆斯林的教育发展。为此,可以依法授权该委员会从所有伊斯兰教财产中收取 5% 的特别教育税,批准使用属于伊斯兰教财产的土地利用来设立教育机构、多科技术学校、图书馆和宿舍。

在由毛拉纳·阿扎德教育基金会负责分配的资金中,应该为穆斯林确定一个适当的专项资金比例,这个比例应该与他们在少数民族总人口中的比例相一致。这部分资金不仅要提供给现有的穆斯林教育机构,也应该用于在全国各地新建从幼儿园一直到最高程度教育的新机构以及技术和职业教育,尤其是要向穆斯林聚居区倾斜。

幼儿教育中心(Anganwaris)、英才学校(Navodaya Vidyalayas)和其他类似的机构特别应该按计划在穆斯林聚居区开办,要鼓励穆斯林家庭把自己的孩子送到这样的机构。

应该在全国各地实行三种语言模式,要强制政府部门执行,使每个孩子受到以母语作为媒介的教学,特别是要把乌尔都语和旁遮普语包括进来,各邦政府为教育提供的所有必要的条件,不论是金融方面的还是后勤方面的,都应该与这个要求相一致。

根据曼达尔委员会的报告,既然少数民族占其他落后阶级总人口的8.4％,那么在为其他落后阶级保留的27％的名额中,8.4％的份额应专门留给少数民族,同时在少数民族内部细分为穆斯林占6％(这和他们占全国少数民族人口的73％是相称的)、其他少数民族占2.4％,各邦和中央直辖区还可以根据各少数民族人口的比例进行微调。

表列种姓和表列部族学生的入学资格标准和学费已经降低了,建议对所有少数民族的落后人群采取同样的做法。一些少数民族的妇女,尤其是穆斯林和佛教徒妇女,她们的受教育程度普遍比较低下,建议对她们也采取同样的做法。

三、各方面的计划与建议

(一)正在执行中的计划

1. 初等教育普及计划(Sarva Shiksha Abhiyan,SSA)

2. 女童寄宿学校计划(Kasturba Gandhi Balika Vidyalaya,KGBV)

3. 为穆斯林学生聘用语言教师计划

根据15点计划,中央政府出台了为小学阶段少数民族学生聘用语言教师的政策。该政策规定,中央政府承担各邦和中央直辖区聘用乌尔都语教师的费用或者给兼职的乌尔都语教师发放每月1000卢比的酬金。聘用乌尔都语教师的条件是学校所在社区讲乌尔都语的人口超过该社区总人口的25％。

4. Saakshar Bharat

这是一个综合性的成人教育计划,主要面向农村弱势群体中的女性,地方政府负领导责任,村潘查雅特(印度的乡村行政管理机构,是民主选举的自治组织)负责具体工作。每个村潘查雅特要建立一个由2位协调员组成的成人教育中心,统筹协调本辖区的成人教育,包括扫盲、脱盲后教育、基础教育、职业教育和终身教育。实施该计划的费用由中央政府承担75％,邦政府承担25％,东北地区各邦的费用90％由中央政府承担。

5. "人民教育学院计划"(Jan Shikshan Sansthan,JSS)

该计划是一项多元的成人教育计划,旨在提高务工者的劳动技能,改善他们的家庭生活水平。该计划既面向原先就居住在城市里的成人和青年,也面向来自农村的进城务工人员。

随着全国识字运动的不断发展,新识字群体的人数达到了数百万,加上社会经济形势的变化,人民教育学院的作用更加多样化,规模也增加了。该学院的教育对象由单纯面向城市工人转变为面向全国的新识字群体和无技术的、没工作的青年人,在职业技能培训和终身教育方面发挥着县域资源支持机构的作用,办学地点也由城市扩展到乡村。根据中央政府的规定,该学院 25% 以上的学员必须是新脱盲的人。

截至 2013 年,印度全国共批准在 88 个县设立了 271 所人民教育学院,其中,33 所设在穆斯林人口占 20% 及以上的县,占学院总数的 12.17%。

6. 在马德拉萨中提供优质教育的计划和改善少数民族教育机构办学条件的计划

这两项计划都是经过修订后在 2008 年推出的。"在马德拉萨中提供优质教育的计划"(Scheme for Providing Quality Education for Madrasas, SPQEM)力图改善马德拉萨的教育质量以使穆斯林儿童能够达到与全国正规教育系统相一致的水平。该计划的主要内容是:通过提高教师的酬金水平来加强正规教学科目的师资力量,包括科学、数学、语文、社会研究等;每两年对这些科目的教师进行新的教学实践培训;为马德拉萨中等教育阶段的实验室、微机室提供维护费;为马德拉萨的小学提供科学或数学工具包;加强图书室建设,为马德拉萨所有阶段的教育提供教学资料和学习资料(teaching learning materials)。为了监控该计划的落实,中央政府将对各邦的马德拉萨理事会进行资助并定期评估,第一次评估在两年内进行。"十一五"计划期间,中央政府已经为该计划支出 32.5 亿卢比,总预算是 37.9 亿卢比。

"改善少数民族教育机构办学条件的计划"(Scheme for Infrastructure Development of Minority Institutions, IDMI)旨在加强私立公助和纯私立的少数民族教育机构的基础设施建设,以便提高少数民族儿童的教育质量。该计划的主要内容是:通过加强少数民族教育机构的基础设施建设,扩充面向少数民族儿童的正规教育设施,促进少数民族教育。该计划虽然面向全国,但是优先支持少数民族人口超过 20% 的社区中的私立公助和纯私立的少数民族教育机构;除了其他设施之外,该计划鼓励为少数民族中的女生、有特殊需要的学生和受教育机会最少的群体建设教育设施;对于现有学校改善教育设施和办学条件,该计划的资助比例最高为 75%,每所教育机构最高资助 500 万卢比,资助项目包括新建教室、实验室和微机室、图书室、厕所、饮水设施和学生宿舍尤其是女生宿舍。"十一五"计划期间,中央政府已经为该计划支出 12.5 亿卢比,而总的预算是 7.5 亿卢比。

7. 中等教育阶段的一些计划

除了其他方面的内容外,2009 年开始实施的"国家中等教育工程"(Rashtriya Madhyamik Shiksha Abhiyan,RMSA)强调要覆盖一些特殊群体,包括女生以及表列种姓、表列部族、其他落后阶级和教育落后的少数民族的学生,目的是提高这些群体的中等教育入学率,改善他们的中等教育质量。该工程实施 4 年中,9670 所中学获准成立,其中 7303 所已经开办。在这 9670 所获准成立的中学中,906 所坐落在少数民族聚居县,其中 461 所在 2012 年 1 月 31 日前已经开办。

各邦的教育理事会已经同意,在就业和升学时,马德拉萨理事会颁发的资格证书与前者颁发的证书具有同等效力。行政部门的认可通告也在 2010 年 2 月 23 日公布了。

有关方面已经要求少数民族聚居县的中小学教师注意培养少数民族学生的自信心,鼓励他们来上学,降低辍学率。

根据新修订的《中等教育职业化方案》(the revised CSS of Vocational-isation of the Secondary Education),主流学校要特别重视进行职业教育,各邦要采取特别措施,加强主流学校中的表列种姓、表列部族、其他落后阶级、少数民族、生活在贫困线之下家庭的学生的职业教育,尤其是要特别关注这些学生中的女生。该方案希望各邦为这些群体中参加职业教育的学生制定激励措施。

人资部和少数民族事务部还为少数民族学生设置了各种奖学金。

8. 高等教育中的一些计划

(1)UGC 在《关于"十二五"计划期间工作的报告》(The UGC's approach paper to the XII Five Year Plan)中关于少数民族学生的建议

UGC 在报告中指出,穆斯林学生的高等教育毛入学率大大低于非穆斯林学生,这是很严重的问题。穆斯林学生的毛入学率只有全国入学率的一半。这个问题需要予以特别关注(见表 5-6)。

表 5-6　18～22 岁穆斯林青年的高等教育毛入学率情况

2004—2005 年度	毛入学率(%)	2007—2008(年度)	毛入学率(%)
穆斯林	8.5	穆斯林	9.51
非穆斯林	15.1	非穆斯林	18.54
全国	14.19	全国	17.21

资料来源:全国抽样调查组织(NSS)第 61 次和第 64 次调查结果。

　　UGC 建议扩充现行的一些计划以便提高穆斯林的高等教育入学率。这些计划包括：为表列种姓、表列部族和少数民族学生提供研究生奖学金的计划；促进少数民族接受高等教育的各种计划；各高校建立机会均等办公室(Equal Opportunities Cell, EOC)的计划；为少数民族、表列种姓、表列部族学生和女生建立寄宿制补习学校的计划；为表列种姓、表列部族和少数民族学生提供博士后奖学金的计划；为表列种姓、表列部族和少数民族学生进行专业课程学习提供研究生奖学金的计划；为穆斯林和其他落后阶级学生提供的本科生和研究生奖学金的计划；为穆斯林和其他落后阶级学生提供的博士生奖学金的计划；为表列种姓、表列部族、穆斯林和其他落后阶级学生提供博士后奖学金的计划；为表列种姓、表列部族、其他落后阶级和少数民族学生在高等院校开设补习班的计划；为表列种姓、表列部族、其他落后阶级和少数民族学生参加 NET 和公职考试开办补习班的计划；为弱势群体学生提供书籍的计划；为表列种姓、表列部族、其他落后阶级和穆斯林学生参加公立院校和私立院校专业课程的学习提供奖学金的计划(用于支付学费和生活费)。

　　(2)人资部高教司的其他计划

　　3 所中央大学建立了乌尔都语教师专业发展学院(Academies for Professional Development of Urdu Medium Teachers)，即阿里加尔穆斯林大学(Aligarh Muslim University, AMU)，国立伊斯兰教大学(Jamia Millia Islamia ,JMI)和毛拉纳·阿扎德国立乌尔都语大学(Maulana Azad National Urdu University, MANUU)。MANUU 已经培训了 3061 名教师，JMI 的专业发展学院已经培训了 1675 名教师，AMU 已经培训了 356 名教师。"十一五"期间，UGC 为 3 所大学各拨款 4000 万卢比用于专业发展学院的建设。

　　UGC 拨款 6.13 亿卢比给 AMU、JMI、MANUU 和 B. S. B. 安贝德卡大学等 5 所院校，用于"为少数民族、表列种姓、表列部族学生和女生建立寄宿制补习学校的计划"。此外，AMU 在西孟加拉邦和喀拉拉邦建成了两个新校区。

　　全国少数民族教育机构委员会(National Commission for Minority Educational Institutions, NCMEI)已经根据议会颁布的法案建立起来了，它的核心任务是确保包括穆斯林在内的、由政府认定的宗教少数民族群体能够真正享受到宪法第 30 条第 1 款赋予的少数民族教育权利。截至 2011 年 12 月 31 日，NCMEI 已经颁发了 5313 份少数民族身份证明(minority status certificates)。

全国乌尔都语促进委员会(National Council for Promotion of Urdu Language,NCPUL)的地位得到了加强,有权注册、考核学士学位前阶段的乌尔都语学生并授予资格证书,这样就与"全国职业教育资格证书组织"(National Vocational Education Qualification Framework)的做法相吻合了。

NCPUL 开设的课程覆盖了 26 个邦 234 个县的 1567 个办学点,包括一年制的"计算机应用、企业会计和多语数据处理"(CABA-MDTP)文凭课程、一年制的"乌尔都语"文凭课程、一年制的"阿拉伯语"证书课程和两年制的"实用阿拉伯语"文凭课程。CABA-MDTP 课程使那些说乌尔都语的人成了有就业能力的人,获得文凭的人中,50%的人已经找到了工作。全国人口登记项目(National Population Register Project)计划为 CABA-MDTP 文凭持有者提供 5 万个工作岗位。

为了保存和促进作为印度丰富遗产之一的传统书法并使之与现代平面设计相吻合,创造更多的就业机会和兴办相关企业,NCPUL 在全国各地的 35 个地方开设了"书法与平面设计课程"。

乌尔都语新闻宣传促进计划(Scheme for Urdu Press Promotion)不断加强,乌尔都语新闻工作者的能力得到了提高。有关方面还开设了一些关于大众传媒和写作的培训班,为更多的乌尔都语使用者创造就业机会,同时,对乌尔都语报纸的补贴也有助于印度联合通讯社(United News of India)的乌尔都语新闻服务。

(3)将要在"十二五"期间实行的计划

有关部门计划在高等教育入学率较低的县建立 374 所"可授予学位的学院"(Degree college),其中有 90 个少数民族聚居县。国家计划委员会的指导委员会认为,在少数民族聚居县建立的示范性可授予学位的学院应该完全由人资部资助,而且,按照 UGC 标准发放的经常性经费应该连续向这些学院提供 5 年。人资部正在对该计划进行评估,上述建议很可能被采纳。

少数民族大学生的技能培养将会受到应有的重视,因为这直接涉及他们的就业能力。根据有关教育发展战略,建立社区学院的事情纳入了议事日程,而社区学院要与当地的企业紧密联系。根据"全国职业教育资格证书组织"的意见,加强职业教育对于少数民族将是特别重要的,这样可以提高大学生的适应性,满足他们的需要,使他们具备一定的资格。

"十二五"期间,大学生的奖学金数额和各种补贴将会适当提高以便确保所有想上大学的学生都能获得适当的资助,各种奖学金和补贴计划会把满足少数民族学生的需要作为重要目标。

人资部已经发布指令,从为其他落后阶级保留的 27％的入学额度中拿出 4.5％专门给穆斯林学生。印度理工学院已经开始执行为少数民族学生保留入学席位的规定,但是安得拉邦高等法院宣布不能从为其他落后阶级保留的 27％入学额度中单独拿出 4.5％给穆斯林学生。

（二）印度国家计划委员会的建议

为了研究在"十二五"计划中采取怎样的措施解决"少数民族的权利保障"问题,国家计划委员会成立了一个"少数民族问题指导委员会"（Steering Committee for Minorities for the XII Five Year Plan）,该委员会提出了关于少数民族教育方面的诸多建议。

1. 关于少数民族学生奖学金的建议

该委员会特别强调,教育问题是保障少数民族社会经济权利问题的核心,并提出了 7 条建议和措施:（1）奖学金应该按需发放,不同的政府部门在发放生活补贴、录取费和学费时要保持协调一致。（2）各类奖学金的组成部分应该与"十一五"计划期间保持连续性,奖学金的数额应该与批发价格指数（Wholesale Price Index）紧密相关。（3）奖学金可以直接打到学生的银行账号上,因为"奖学金在线管理系统"已经在实验的基础上开始运行了。在"十二五"期间,高考前奖学金和高考后奖学金也可能被纳入这个系统。（4）高考前奖学金应该完全由中央政府拨款。家庭收入的上限应该由每年 10 万卢比调整为 15 万卢比,因为少数民族最贫困群体的收入水平已经提高了。（5）授予高考前奖学金有一个条件,即学生必须在百分制的考试中取得 50 分以上的成绩,这一条应该取消,这样将使少数民族学生留在学校里。（6）授予高考后奖学金的各种条件应该保留,但是家庭年收入的上限应该调整为 25 万卢比。（7）录取费、学费和生活补贴的数额不应该是一成不变的,应该根据学生从 11 年级升入 12 年级的变化提高奖学金数额,这样做可以成为对学生的一种鼓励,使更多的学生留在高年级以便能够继续接受高等教育。

2. 关于少数民族教育存在的问题及建议

委员会发现,关于宗教少数民族儿童各阶段的入学情况都缺乏可靠的数据。作为一个综合性的数据采集系统,虽然"县域教育信息系统"（District Information System for Education,DISE）采集小学 1—8 年级的信息,但是 9 年级以后的数据就没有权威机构负责采集了。委员会也注意到,人资部已经开始通过实施"中等教育管理信息系统"（Secondary Education Management Information System,SEMIS)采集 9—12 年级的数据了,但是很遗憾,采集数据的工作并不包括宗教少数民族的教育情况,而为什么不采集宗教少数民族数据的原因没有说明。因此,委员会建议政府马上依靠 DISE 采集 1—8 年级、依靠 SEMIS 采集 9—12 年级少数民族教育情况的数据。

委员会还建议在技术教育和高等教育阶段设立一个综合性的信息收集系统,数据采集范围包括人资部之外的由各部委主管教育机构提供的所有课程,诸如"健康和家庭福利部"(Ministry of Health and Family Welfare)(医学课程和辅助医疗性课程 para-medical courses)、纺织工业部农业研究司(Department of Agricultural Research,Ministry of Textiles)(服装技术等课程)。这样,人资部可以和其他部委共同处理有关 12 年级以上课程的事宜。在建设这个系统的过程中,有关部门应该考虑在设计软件时对收集少数民族教育数据予以足够的注意。

除了通过 DISE 收集少数民族入学情况的数据之外,委员会建议设立一个收集少数民族教育情况的数据库。委员会的后续报告将涉及这个问题。

委员会对北方邦的初级小学升入高级小学的比例之低表示严重关切,2011—2012 年度,升学率只有 70.7%。对于一些邦的升学率为什么这么低还没有充分的解释,因此,委员会建议人资部对县一级的数据进行分析并与有关的邦政府进行讨论,采取措施解决初级小学升学率偏低的问题。

3. 关于初等教育

委员会注意到,在 2009 年实行《儿童免费义务教育权利法案》(The Right of Chidren to Free and Compulsory Education Act,2009,RTE Act)之前,一些马德拉萨和麦克台卜(伊斯兰教的初级学校)已经根据普及初等教育计划(SSA)接受财政支持。然而,在 RTE Act 实施之后,SSA 不再对 RTE Act 涵盖的马德拉萨和麦克台卜提供财政支持。但是 2012 年的 RTE Act 修正案取消了涵盖马德拉萨和麦克台卜的规定(修正案规定不向提供宗教教育的学校提供财政支持),因此委员会希望人资部建议各邦政府不要拒绝根据 SSA 对马德拉萨和麦克台卜提供财政支持。委员会注意到,印度一些地方的公立中小学不能满足当地居民的需要,尤其是不能满足宗教少数民族和语言少数民族的需要,这些地方的中小学不用乌尔都语授课,因此,许多家长倾向于把孩子送到用乌尔都语授课的马德拉萨和麦克台卜。由于宪法保证学生有通过母语接受教育的权利,所以委员会建议继续向马德拉萨和麦克台卜提供财政支持。

委员会注意到,政府规定设立女童寄宿学校的县的宗教少数民族人口应该是 25% 以上,但是,为了吸引更多的女孩子来上学,委员会建议在所有宗教少数民族人口超过 10% 的县都设立女童寄宿学校。实际上,在许多女童寄宿学校,少数民族女生的比例并不高。因此,委员会希望人资部建议各邦政府让女童寄宿学校优先招收少数民族女生,这也是设立女生寄宿学校的初衷。在 3501 所已经开办的女童寄宿学校中,只有 454 所学校的穆斯林女生比例在 20% 以上。

关于开办用乌尔都语授课的初级小学:令人忧虑的是,委员会注意到,即使是在有大量学生的母语是乌尔都语的地区,初级小学中仍然没有用乌尔都语进行教学。委员会希望,人资部应该建议所有的邦政府,在初级小学阶段的班级人数超过 15 人时,一定要确保使用学生的母语进行教学,而且要为初级小学委派足够的能使用乌尔都语进行授课的教师。

委员会希望人资部建议各邦政府开办乌尔都语教师培训学校,同时希望人资部建立一个乌尔都语教师人才库,使乌尔都语教师可以跨地区流动。

4. 关于中等教育

委员会注意到,在有些情况下,少数民族团体在申请开办附属于中央中等教育理事会或者各邦政府理事会的中小学时,迟迟拿不到"无异议证书"(No Objection Certificate)。委员会希望人资部要求各邦政府对办学申请在 90 天内予以答复,否则就视为同意开办。

委员会注意到,人资部计划以公私合作的方式开办 2500 所示范学校,但是目前一所都没有开办。委员会建议,至少为少数民族保留 10% 的名额即 250 所学校。该计划设想,在以公私合作的方式开办的示范学校中,政府在每个年级选择支持 140 名学生,每所学校最多支持 980 名学生;在这些学生中,为表列种姓、表列部族和其他落后阶级的学生保留的名额要与各邦的保留政策相一致,此外,要为女生保留 33% 的名额。委员会建议,33% 的女生中应该包括少数民族女生。

委员会获悉,人资部已经在全国各地开办了 500 多所"英才学校"(Navodaya Vidyalayas),然而,教育落后的少数民族好像没有从这类学校中获得好处。由于难以确定少数民族学生的中等教育入学率,所以也就难以确定英才学校对少数民族学生的影响。委员会建议在全国 90 个少数民族聚居县中,每个县按照英才学校的模式建 2 所学校。这类学校可以接受地方非政府组织的帮助,吸引少数民族学生,使当地少数民族社区可以从这类学校中获益。开办这类学校时,可以通过媒体进行适当的宣传。

委员会注意到,"十一五"期间,人资部推出了在中学建造女生宿舍的计划。根据这个计划,各地建造了许多女生宿舍。委员会建议在每个少数民族聚居县建造 2 所女生宿舍,能够容纳 100 名女生。

5. 关于高等教育

如前所述,现在还没有少数民族学生的高等教育入学率数据。通过 NUEPA 对 NSSO 得到的高等教育数据进行分析,得出的结论是,2007—2008 年度,穆斯林的高等教育毛入学率是 8.7%,而非穆斯林人口的高等教育毛入学率是 16.8%。委员会重申,除非建立一套有效的数据收集系统,否则就很难评估少数民族学生接受高等教育的真实情况。为了提高少数民族学生的高等教育入学率,希望中央政府对各邦在 90 个少数民族聚居县建立示范性学位学院(Model Degree College)提供 100%的资金支持。

委员会注意到,UGC 实施了一个为少数民族学生举办补习班的计划,然而却找不到有多少学生从中受益的数据。正如前面所说的,有关部门应该收集综合性数据并使公众能够获得。比哈尔邦的 Rahmani Foundation 在选择优秀学生方面的试验是成功的,建议各邦采取同样的做法,把优秀的学生委托给著名的补习机构,为他们在高考时报考工程学、医学等专业进行考试前的辅导。

根据 Sachar Committee 的建议,人资部还应该制定一项政策,为了鼓励高等教育机构学生来源的多样性,要让所有高等教育机构都有一定数量的少数民族学生。在美国,甚至最好的高等教育机构在录取学生时都考虑给少数民族学生留有机会。印度迫切需要一项政策来解决少数民族学生在高等教育机构中比例极低的问题。

6. 关于教师教育

改善少数民族教育现状的最好的措施之一是把少数民族学生培养成教师。为了实现这个目标,建议人资部资助各邦政府在 90 个少数民族聚居县中每个县建立一所教师教育学院。

7. 关于技术教育

委员会注意到,有大量的中学毕业生对上大学并不感兴趣,他们可能更愿意去读多科技术学校、辅助性医疗课程、文凭课程等等。在这些院校中,应该鼓励学生来源的多样性。在有些邦,由几个著名的非政府组织为报考医学和工程学专业的学生举办补习班,委员会建议人资部制定一项计划,为少数民族学生举办寄宿制补习班,为优秀的少数民族初中毕业生和高中毕业生补课。

　　8. 关于马德拉萨

　　委员会注意到,大量的穆斯林学生去马德拉萨和麦克台卜读书,这些学生主要居住在落后地区,那里的由政府开办的学校教育条件很差或者教育质量不高。在这些地区,甚至连非穆斯林的孩子也去马德拉萨读书。不过,现在有一些马德拉萨得到了政府的资助,由政府给教师发工资。在这些受到资助的马德拉萨中,邦政府也向学生提供免费午餐。而在同一个邦中,一些没有受到资助的马德拉萨中的学生没有得到政府提供的免费午餐。委员会建议免费午餐计划应该覆盖所有的学生,不论马德拉萨是否申请接受免费午餐计划。

　　委员会注意到,人资部正在实施"提高马德拉萨教育质量的计划"(Scheme for Promoting Quality Education in Madrasas)。根据这个计划,中央政府在"十一五"期间为马德拉萨拨款 35 亿卢比。但是,在一些邦,人资部拨款给了邦政府,邦政府却没有拨款给马德拉萨。委员会建议要解决这类拖延拨款问题,而且,在马德拉萨当教师的本科毕业生的工资应该从每月6000 卢比提高到 8000 卢比,硕士毕业生教师从 12000 卢比提高到 15000 卢比,相应地,人资部应该给"提高马德拉萨教育质量的计划"增加拨款数额。

　　为了让马德拉萨的学生有机会接受现代教育,委员会建议由人资部制定一套激励措施,鼓励马德拉萨的学生参加由"全国开放中小学教育研究所"(National Institute of Open Schooling, NIOS)举办的考试。可以免收这些学生的报名费和考务费,并给予通过考试的学生 1000 卢比的现金奖励,这样可以吸引更多的学生来参加考试。这将促进马德拉萨的学生加入正规学校教育系统。委员会建议"全国开放中小学教育研究所"免收马德拉萨学生的一切费用。

　　9. 关于奖学金计划

　　令人担忧的是,委员会注意到,在一些邦的中小学中,少数民族尤其是穆斯林儿童的入学率很低。建议在评选奖学金时,对穆斯林学生的要求应该与表列种姓和表列部族相同。少数民族事务部、社会公正与权益保障部实行了一些向通过高考的少数民族学生和表列种姓、表列部族的学生提供奖学金的计划,建议发放给少数民族学生的奖学金数额与表列种姓和表列部族的学生相同。为此,中央政府需要向各邦政府提供足够的资金,以确保少数民族儿童不会因为经济困难而上不起学。

　　委员会还注意到,对于表列种姓的学生来说,即使他们上私立院校,所有的学费也都由邦政府报销。他们入学时就不需要交费,邦政府根据表列种姓学生的实际入学人数给私立院校拨付他们应该交的学费,而少数民族学生入学时必须全额交费。由于经济困难,大量的少数民族学生不能接受高等教育,因为私立院校的高额学费是他们承担不起的。委员会建议人资部和少数民族事务部也为少数民族学生制定一项与表列种姓学生同样的政策,以使达到录取标准的学生不会因为高额学费而失去接受高等教育的机会。

10. 关于少数民族教育机构的基础设施建设

委员会注意到,"十一五"期间,人资部一直坚持改善少数民族教育机构的基础设施,拨款额达到了 12.5 亿卢比,为少数民族的非政府组织拨款 500 万卢比改善基础设施。委员会也注意到,在人资部已经把款项拨付给各邦政府的情况下,一些邦政府迟迟没有把资金拨付给相关的少数民族教育机构。因此,建议人资部直接把款项拨付给有关教育机构,同时,建议人资部拨款为少数民族创建的高等院校建造宿舍,以便增加教育落后的少数民族群体的高等教育入学率。

11. 关于用乌尔都语授课的中小学、教师和乌尔都语教科书

针对中小学用乌尔都语授课的师资问题,委员会与德里市政府的一些官员进行了详细的讨论,结果发现,一些原定用乌尔都语授课的中小学却没有能用乌尔都语授课的教师,而德里市政府也没有关于聘任懂得乌尔都语教师的政策。因此,有关方面应该建议德里市政府做出强制性规定,让这些中小学为每个学科都聘任乌尔都语教师,使学生直到中学毕业都能学到乌尔都语;要为各科的乌尔都语教师保留一定的职位。

委员会还注意到,有些邦没有乌尔都语教科书,其结果必然是儿童的教育遭了殃。建议把乌尔都语教科书的印刷和分发工作交给"全国乌尔都语促进委员会"(National Council for Promotion of Urdu Language)。在2011—2012 年度,中央政府给"全国乌尔都语促进委员会"的拨款从 2 亿卢比提高到 4 亿卢比,建议这个数额保持稳定。

人们对政府实施的关于少数民族教育的计划了解得很少,希望利用乌尔都语电视频道、报纸、网络等大众传媒,向少数民族群体广泛宣传政府的有关计划。

第三节 印度的语言少数民族教育

在世界主要国家中,印度各级各类教育中的语言问题是最为独特的。尽管殖民地传统导致印度受教育者中掌握英语的人数众多,但是,印度没有国语(national language),有 2 种联邦官方语言(印地语和英语)、22 种宪法规定的地区性官方语言(也包括印地语)和 1000 多种语言和方言(1961 年人口普查确认有 1652 种,1991 年人口普查确认有 1576 种),这种情况使语言问题不仅成为影响印度教育改革和教育水平提高的难点,而且影响了民族凝聚力的形成,并逐渐演化成尖锐的政治问题。

如前所述,近年来,"以语言划分少数民族"的提法在实践中开始得到认同,但是,印度的语言情况极其复杂,被各邦确定的少数民族语言有 180 多种(各邦之间有重复)。因此,语言上的少数民族的教育情况全国难以一致。本研究试图通过对印度各级各类教育中的教学用语的研究,揭示印度语言少数民族教育的概况。

一、印度教学用语问题的历史背景

(一)两种官方语言的形成

印度沦为英国殖民地后,殖民统治者在印度建立了以英国流行模式为样板的教育制度。这种教育移植的特点显著地表现在英语上,英语不仅被作为一种语言教授,还成了教学用语。直到 1937 年,印度中等教育证书考试都是用英语进行,而在殖民统治期间,英语几乎是高教阶段唯一的教学用语。

1835 年 2 月,时任公共教育总会会长的麦考莱向印度总督委员会提交了一份要求支持英语教育的备忘录,这是印度教育史上的一份重要文件。麦考莱在备忘录中极力宣扬西方文明和教育制度的先进性。他认为,在印度发展文化,就是在印度传播英国文化,而不是发扬印度传统文化或阿拉伯文化或波斯文化。他吹嘘,"内容充实的欧洲图书馆的一个书架就可与印度和阿拉伯的所有文献媲美"。他宣扬说,英国文化是全世界最优秀的文化,而英语可以使人们学习和掌握"地球上所有最聪颖的国家所创造的所有丰富的智力财富"。因此,他竭力主张在印度推广西方教育,将英语作为教学用语,甚至要求停办原来学习东方文化的学校,以便把经费用于开办英语学校和发展西方教育制度。[①]

　　麦考莱在备忘录中所阐述的观点得到了当时的印度总督 W. 本廷克的完全支持。1835 年 3 月，本廷克颁布文件，规定："英国政府今后在印度的伟大目标是在印度提倡欧洲的文化和科学；拨给教育的专款只应该用于英语教育。"这一文件从官方的角度确立了英语、西方文学和科学在印度高等教育中以至整个教育体制中的合法地位，为英印殖民政府的教育政策奠定了理论基础。直到 1937 年，印度中等教育证书考试都是用英语进行，而在殖民统治期间，英语几乎是高等教育阶段中唯一的教学用语。

　　随着民族意识的觉醒和独立运动的发展，民族语言问题以及在教育中用本土语言取代英语的问题被提了出来，用印地语取代英语作为全印度交流、经商和管理方面使用的语言逐渐成为人们的共识。1950 年颁布的印度共和国宪法规定："印地语应成为联邦的官方语言。自宪法公布之日起的 15 年中，英语应继续被运用于联邦的一切官方目的。"印度新政府的考虑是，经过 15 年的推广，使印地语逐渐取代英语并最终让英语退出通用语的地位。但是，推广印地语的努力在原先不讲印地语的地区遇到了强大的阻力，进展缓慢。

　　反对把英语作为通用语言的人强调，英语是外国统治、殖民主义和新殖民主义的象征，继续把它作为通用语是对国家尊严的侮辱。由于一种通用语言对国家的统一和一体化是必需的，作为符合逻辑的必然结果，最适于取代英语的就是印地语了。然而，使印地语成为唯一通用语的做法受到许多非印地语邦的严重挑战。这些邦认为，对他们来说，印地语同英语一样，也是"外来的语言"，因此，这些非印地语邦尤其是南方各邦，宁愿把英语作为本邦的第二语言并把它作为各邦间互相交流的语言。通常，某邦的地区语言是该邦的第一语言。这样，相对来说是地方性的一些语言逐渐正式取得显要位置，而对印地语来说，"在讲印地语地区，它已经取得了对英语的优势，但在不讲印地语的地区，它还是无法与各种地区语言相比。它已基本成为北印度的通用语和北部及中部一些邦的地区语言"[②]。

　　随着宪法规定的印地语将成为唯一的官方用语的日期日益临近，南方

---

　　① 　Raza, Moonis. Higher Education in India: Retrospect and Prospect. New Delhi: Association of Indian Universities, 1991:5.

　　② 　Brass, Paul R. The Politics of India Since Independence. Cambridge: Cambridge University Press, 1990:145.

各邦的不满情绪越来越高涨。1964 年底至 1965 年初,泰米尔纳德邦学生反对把印地语作为唯一官方用语的抗议活动演变成南方数邦的大规模骚乱,仅在泰米尔纳德邦,警察就逮捕了一万多人并在 21 个城镇开枪,造成 50 多人死亡,但仍未能恢复秩序,直到中央政府被迫宣布无限期地继续使用英语,骚乱才告结束。1967 年,印度议会通过了"官方语言法案(The Official Languages Act,1963)"的修正案,规定英语和印地语一样,也是官方语言,为行政和司法用语。在印度,英语通常被称为"副官方语言"(Associate Official Language,有人译为"联系官方语言")。这样,印度一些领导人想把印地语变成唯一的官方语言(国语)的努力以失败告终,印度形成了没有国语而有两种官方语言的局面。

从推广语言的角度来说,尽管在不同地区有重视印地语或某种地区语言而排斥英语的倾向,但总体上,越来越多的印度人现在更愿意学英语。《时代》杂志 1990 年中的一期报道说,1976 年,一家出版公司用地方语言出版了一套"教你学英语"教材,当时只卖出 3 万册,而到 20 世纪 80 年代末,该教材每年卖出 100 万册以上。该报道同时估计,印度全国有 2.7 万个英语会话班。①

殖民地时期英语及英国教育的移植,与争取自由斗争相连的民族意识的觉醒,独立后把印地语作为国语推广的努力反复不定,不同地区的语言沙文主义,英语仍然是全国范围内最重要的交流用语,以上这些因素构成了印度错综复杂的语言问题的背景。

(二)关于学校中语言教学问题的争论

在当今印度,中央管辖下的 35 个一级行政区域(邦和中央直辖区)有相当一部分是按当地语言划分的,称语言邦。印度宪法规定,各邦有权确定一种或几种语言作为本邦的官方语言,并规定各邦有义务在初等教育阶段用学生的母语进行教学。邦语言强化了地域文化和民族特征,但语言邦内还有少数民族语言,这又使语言邦出现了不断分化的情况。

在印度 1961 年人口普查列出的 1652 种母语中,51 种语言的使用人数分别超过 10 万人。在这 51 种语言中,16 种语言没有自己的文字,其余有文字的 35 种语言被作为基础教育阶段的教学用语。2001 年的人口普查显示,在 22 种表列语言之外,还有 122 种语言的使用人数在 10000 人以上,有大约

---

① Pratap,Anita. Once Again,Strife Over English. Time,1990(136):32.

234 种可以确认为母语的语言。[①]　有人认为,家庭语言(home language)和学校语言(school language)的不同,不仅是各级学校中辍学和留级的原因,也是学生自我形象发展缓慢和学习成绩较差的原因。

在所有的邦中,尤其是在非印地语各邦中,一直存在着对语言教学的争论。在基础教育阶段争论的主要问题有:(1)应该教授的语言是 2 门还是 3 门;(2)应该把母语还是把本邦语言作为必须学习的语言;(3)是否应该把英语作为必须学习的语言;(4)是否应该把印地语作为必须学习的语言;(5)各邦少数民族的教学语言问题;(6)语言课程的内容和方向。

二、印度关于教学语言的政策

(一)三种语言模式

1956 年,对基础教育政策的制定很有影响力的"中央教育咨询理事会"提出在基础教育阶段实行"三种语言模式"(Three-Language Formula)。1961 年,该模式在各邦首席部长大会上获得批准。当时,三种语言模式的要求是,学生的母语是第一语言(语言Ⅰ),印地语是第二语言(语言Ⅱ),英语是第三语言(语言Ⅲ)。科萨里委员会(1964—1966)也赞成三种语言模式,但对它进行了修改:母语或地区语言是语言Ⅰ,联邦的官方语言或副官方语言(即印地语或英语)是语言Ⅱ,没有作为教学用语的一种"现代印度语言"或欧洲语言是语言Ⅲ。[②]

(二)1968 年的《国家教育政策》关于教学语言的规定

1968 年的《国家教育政策》采纳了三种语言模式,并对语言问题进行了详细的论述。[③]

根据三种语言模式,每个中学生必须至少学习三种语言。在非印地语邦,这三种语言是:母语或地区语言(语言Ⅰ),作为官方语言的印地语(语言

---

①　Planning Commission, Government of India. Eleventh Five Year Plan(2007-2012), Volume Ⅱ. New Delhi: Oxford University Press, 2008:35.

②　印度宪法最初把使用人数最多的 14 种语言和梵语规定为官方语言,学者们通常称之为"现代印度语言"(Modern Indian Languages)。除了印地语作为联邦官方语言之外,梵语因为历史和文化的原因入选其中,其他 13 种是地区性官方语言,它们是:阿萨姆语,奥里萨语,泰米尔语,乌尔都语,坎纳达语,古吉拉特语,泰卢固语,马拉雅兰语,旁遮普语,孟加拉语,信德语,克什米尔语,马拉提语。1992 年新增了尼泊尔语,贡根语和曼尼普尔语。2003 年又新增了波多语(Bodo),多格尔语(Dogri),迈提利语(Maithili)和桑塔利语(Santhali)。

③　安双宏:《印度教育战略研究》,浙江教育出版社 2013 年版,第 173—174 页。

Ⅱ),作为外语的英语(语言Ⅲ)。在讲印地语的各邦中,印地语是语言Ⅰ,英语是语言Ⅱ,另一种"现代印度语言"是语言Ⅲ。这种模式在原则上被各邦接受了,但在实行中许多邦都根据自己的理解做了一些变通。

最为独特的是,泰米尔纳德邦政府一直反对把印地语作为教学用语,在邦政府管辖下的学校只允许把泰米尔语和英语作为教学用语,只有中央政府开办的"中央高级中学"(Kendriya Vidyalaya,是为由于工作调动或者家庭搬迁的中央政府公职人员、主要是军人的子女开办的学校)可以使用英语和印地语两种教学用语。[①] 1999 年笔者在印度留学期间,去位于喜马偕尔邦首府台拉登的"国家林业研究院"(相当于大学的机构)避暑 2 个月,遇见了一位刚到几个月的来自泰米尔纳德邦的研究生,但是不久之后,这个研究生就转学回去了。他的同学跟笔者解释说,这里的人讲英语经常加进一些印地语词汇,南方的学生听不懂,而南方的学生讲英语时经常加进本地语言的词汇,北方人也不容易听懂。也就是说,在印度,即使是受了一定的教育的人,如果来自不同地区,也经常难以用印度两种全国性官方语言中的任何一种进行正常的沟通交流。

(三)1986 年《国家教育政策》(1992 年修订)与语言教学问题

1986 年的《国家教育政策》(1992 年修订)关于语言问题没有新的规定,全文翻译如下:

1968 年的教育政策已详细地检验了语言发展这一问题,其中的一些基本规定无需修改,并同过去一样,这些规定也适用于今天。但是,1968 年政策中这一部分的实施并不平衡。今后将更有力且更自觉地实施这一政策。

(四)印度政府一直大力促进现代印度语言的发展

印度中央政府的内政部和人力资源开发部都设有专门的"官方语言"管理部门,但是,从中央政府相关机构的活动来看,推广和发展印地语是重中之重,其次是另外 21 种"官方语言",再次是英语,最后才是偶尔涉及的一两种表列部族语言。

负责促进现代印度语言发展的最高机构是"中央印度语言研究院"(Central Institute of Indian Languages),它成立于 1969 年,总部设在迈索尔(Mysore),实际上相当于人资部高等教育司下面的一个办公室(或者按照中

---

① Education in Tamil Nadu. From Wikipedia, the free encyclopedia. http://en.wikipedia. org/wiki/Education_in_Tamil_Nadu. 2011-11-21.

国的习惯可以称之为"局"),在全国设有 7 个"地区语言中心"。该院负责贯彻落实中央政府的语言政策,就语言问题与各邦进行协调。它的职责之一是通过保护和促进那些使用人数少的语言和部族语言来保障印度的语言多样性遗产,尽量加强他们的多语环境。该院的工作目标是,使印度的各种语言达到基本的统一,使各种语言互相丰富,最终实现印度人民的情感一体化。该院在总部设有"部族和濒危语言中心"。近年来,该院及其地区语言中心每年都推出上百项活动方案,举办上百次研讨会,影响很大。①

中央印度语言研究院的地区语言中心主要进行现代印度语言的各层次教学工作,包括进行这些语言的教师培训。

三、印度教学用语的现状与问题

(一)基础教育阶段的教学用语情况

1. 三种语言模式的执行情况

由于印度的语言种类繁多,加上许多邦都根据自己的理解实施三种语言模式,这些原因使得印度基础教育阶段三种语言模式的执行情况各不相同。表 5-7 和表 5-8 分别介绍了印度各邦和中央直辖区基础教育阶段对三种教学语言的选择情况。

表 5-7　各邦基础教育的三种语言

序号	邦	语言 I	语言 II	语言 III
1	安德拉	泰卢固语/乌尔都语	泰卢固语/印地语	英语
2	藏南地区②	英语	印地语	阿萨姆语/梵语
3	阿萨姆	阿萨姆语/印地语/孟加拉语/波多语(Bodo)/曼尼普尔语	英语	印地语
4	比哈尔	印地语/乌尔都语/孟加拉语/奥里萨语/迈提利语(Maithili)/桑塔利语(Santhali)	印地语/梵语	英语

---

① Department of School Education & Literacy and Department of Higher Education, Ministry of Human Resource Development, Government of India. Annual Report 2010-2011: 235.

② 藏南地区主要是由印度非法侵占的中国西藏南部领土构成的。

续表

序号	邦	语言Ⅰ	语言Ⅱ	语言Ⅲ
5	果阿	印地语/乌尔都语/马拉提语/科凯语/英语	印地语和古典语/马拉提语/科凯语/英语	印地语/科凯语/马拉提语/古吉拉特语/卡纳达语/乌尔都语/梵语/阿拉伯语/拉丁语/德语/法语/葡萄牙语
6	古吉拉特	古吉拉特语	印地语	英语
7	哈里亚纳	印地语	英语	泰卢固语/梵语/旁遮普语/乌尔都语
8	喜马偕尔	印地语	英语	乌尔都语/泰米尔语/泰卢固语
9	查谟和克什米尔(印度与巴基斯坦有争议的地区)	乌尔都语/印地语	英语	印地语/乌尔都语/旁遮普语
10	卡纳塔克	卡纳达语	英语	印地语
11	喀拉拉	马拉雅兰语	英语	印地语
12	中央	母语/印地语/英语/马拉提语/乌尔都语/旁遮普语/信德语/孟加拉语/古吉拉特语/泰米尔语/泰卢固语/马拉雅兰语	梵语/印地语/英语	英语/梵语/印地语/马拉提语/乌尔都语/旁遮普语/信德语/孟加拉语/古吉拉特语/泰卢固语/阿拉伯语/波斯语/法语
13	马哈拉施特拉	马拉提语/印地语/乌尔都语/英语/信德语/古吉拉特语/卡纳达语/泰卢固语/孟加拉语	印地语/马拉提语/乌尔都语	印地语/英语
14	曼尼普尔	曼尼普尔语/经认可的方言	英语	印地语
15	梅加拉亚	母语	英语	印地语/卡西语(Khasi)/加罗语(Garo)/阿萨姆语/孟加拉语
16	米佐拉姆	英语/米佐语	米佐语/英语	印地语
17	那加兰	方言/英语	英语/方言/印地语	印地语

续表

序号	邦	语言Ⅰ	语言Ⅱ	语言Ⅲ
18	奥里萨	奥里萨语/印地语/孟加拉语/泰卢固语/乌尔都语/英语	英语/印地语	印地语/奥里萨语
19	旁遮普	旁遮普语	印地语	英语
20	拉贾斯坦	印地语	英语	乌尔都语/信德语/旁遮普语/孟加拉语/梵语/古吉拉特语/马拉雅兰语/马拉提语
21	锡金（1975年被印度强制吞并建邦）	英语	尼泊尔语/不丹语/来普恰语（Lepcha）/林波语（Limboo）/印地语	同语言Ⅱ
22	泰米尔纳德	泰米尔语/母语	英语或任何其他非印度语言	
23	特里普拉	孟加拉语/考克-波罗克语（Kok-Borok）/路撒语（Lusali）	英语	印地语
24	北方	印地语/乌尔都语/英语	印地语/英语	梵语或乌尔都语或其余一种现代印度语
25	西孟加拉	孟加拉语或母语	英语/孟加拉语/尼泊尔语	孟加拉语/印地语/梵语/巴利语/波斯语/阿拉伯语/拉丁语/希腊语/法语/德语/西班牙语/意大利语

资料来源：Ramamurti Committee. Towards an Enlightened and Humane Society：NPE，1986—A Review. New Delhi，December，1990：256-259.

表 5-8　中央直辖区基础教育的三种语言

序号	中央直辖区	语言Ⅰ	语言Ⅱ	语言Ⅲ
1	安达曼和尼科巴群岛	孟加拉语/印地语/泰米尔语/马拉雅兰语/科林语（Koren）/尼科巴语	印地语	印地语/泰卢固语/孟加拉语/马拉雅兰语/乌尔都语/梵语

续表

序号	中央直辖区	语言Ⅰ	语言Ⅱ	语言Ⅲ
2	昌迪加尔	印地语/旁遮普语/英语	旁遮普语/印地语	英语/旁遮普语/印地语
3	达德拉和纳加尔哈维利	古吉拉特语	印地语	英语
4	达曼和第乌	母语/英语/马拉提语/乌尔都语/印地语	印地语/马拉提语/科凯语/英语	除语言Ⅱ中的语言外,还有阿拉伯语/拉丁语/德语/法语/葡萄牙语
5	德里	印地语	英语	梵语/旁遮普语(乌尔都语、孟加拉语、信德语、古吉拉特语、泰米尔语、泰卢固语、波斯语、卡纳达语、阿拉伯语、马拉提语也被作为少数民族语言开设)
6	拉克沙群岛	马拉雅兰语	英语	印地语
7	本地治里	泰米尔语/马拉雅兰语/泰卢固语	英语	印地语

资料来源:同表 5-7。

另外需要说明的是,语言Ⅰ通常贯穿基础教育的全过程,语言Ⅱ、语言Ⅲ从三年级、四年级、五年级至六年级开始开设,持续开设的年限各邦、各中央直辖区也有所不同。

2. 三种语言模式执行中的问题

由于宪法规定得不够严密,且印度各地语言情况复杂,加上印度民主政治的弊端,一些团体或是为了本民族的利益,或是为了本党派的利益,经常钻法律和政策规定的空子,利用语言问题为本团体或本党派争取特殊利益而不惜损害国家的整体利益。

基础教育阶段三种语言模式的执行中也遇到了类似的问题。①

(1)各邦在开设三种语言方面为学生提供了更多的选择,超出了三种语言模式的规定,也就是说,虽然学生学的语言是三种,但一些语言并不是模

---

① 安双宏:《印度教育战略研究》,浙江教育出版社 2013 年版,第 166—167 页。

式中规定的。

（2）各邦开设语言Ⅲ的动机有很大的不同。

（3）语言上的少数民族子弟应该在初等教育阶段用母语接受教育，但这种要求常常得不到满足。

（4）三种语言模式对母语强调得不够，只重视地区语言和包括印地语在内的现代印度语言以及英语。

（5）三种语言模式最初只是针对初中阶段制定，各邦有权决定其他教育阶段开设多少种语言以及学生学习这些语言所要达到的程度，结果，不同的邦在初等教育阶段和高中阶段语言课程有很大的不同。

（二）高等院校中的教学用语情况

这方面的具体内容，与少数民族的教学用语问题关系不大，请参见《印度高等院校中的双语教学问题及其启示》。①

由于印度在中小学阶段推广印地语和地区语言，英语的教学质量较低，大学生对以英语为主要教学用语的各科教学的接受能力大打折扣。印地语和地区语言缺乏现代技术语汇，用印地语和地区语言编写的大学教科书和教辅材料质量较差，也使得印度高等教育质量受到不可忽视的影响。

需要重点说明的是，作为教学用语，英语在印度高教本科阶段许多专业以及研究生阶段各专业中的地位十分突出；印地语虽位列第二，但与英语的差距极大；各种地区语言（宪法规定的各邦的官方语言）在高教中的推广情况进展缓慢，表列部族（或者说某一个少数民族）的语言没有作为高校的教学用语使用。这种局面在最近的将来不会有明显的变化。

———————————

① 安双宏、耿菲菲：《印度高等院校中的双语教学问题及其启示》，《比较教育研究》2007年第3期，第66—67页。

第六章　印度女性的教育权利保障

第一节　女性处于印度社会的最底层[①]

　　在世界主要国家中,印度女性的社会地位是最低下的。由于种姓制度等一些因素对妇女权益造成很多损害,她们遭受着多重不平等的待遇,至今仍然不同程度地受一些社会陋习的影响,如殉葬、童婚、陪嫁的嫁妆、禁止寡妇再婚以及受教育的权利得不到保障等。多年来,印度女性受侵害的极端事件屡见报端,令国际社会感到震惊。

　　印度 2011 年第十五次全国人口普查结果显示,印度每 914 个 0~6 岁的女孩对应 1000 个同年龄段的男孩,是自独立以来的最低儿童性别比例。一般认为,越是在妇女地位低下、经济水平落后的地区,男女性别比例失衡的现象越明显,而这种失衡反过来又会进一步加剧妇女境遇的恶化。印度社会男女比例失衡现象如此严重,在世界范围内实属罕见,女性社会地位低下可见一斑。

---

　　① 蒋茂霞:《印度女性社会地位探析》,《东南亚南亚研究》2009 年第 4 期,第 60—65 页。

一、印度女性的政治经济地位

（一）政治参与

1950 年,印度公布的新宪法中规定男女平等,女性享有与男性同等的选举权和被选举权,以及出任政府部门职务的权利。自此以后,印度女性开始参与政治,取得了巨大的进步,许多有影响力的女性活跃在印度政坛上,其中的典型代表有英迪拉·甘地——印度历史上第一位享有国际声誉的女总理,印度首位女总统普拉蒂巴·帕蒂尔,印度驻中国前大使尼鲁帕玛·拉奥琪等。还有更多的女性参与政治活动,她们参加选举,出任议员,担任政府部门职位。

1993 年,印度通过宪法第 73 修正案,规定各邦设立县(区)、乡、村三级潘查雅特(地方管理机构),潘查雅特中三分之一席位必须预留给妇女。这在印度妇女的政治生活中可说是个翻天覆地的变化。越来越多的女性参与基层政治,基层女性的参政意识得到了提高,促使她们更努力地争取平等的地位。

然而,与男性相比,印度女性政治参与情况仍然不容乐观。1974 年,印度妇女运动活动家们为联合国起草的关于印度妇女地位的报告向世人揭示了印度妇女在独立之后被剥夺了平等的地位,包括妇女在政治权力机构力量微小的代表数字。从表 6-1 中可以看到,能够进入政府部门以及议会的印度女性比例是极低的,独立后的 60 多年来,进入议会的女性由 1952 年的4.4％上升至 2012 年的 10.8％,距离人们期待的 30％还有很大的差距。

表 6-1　历年来印度人民院女议员所占比例①

年份	1952	1957	1962	1971	1977	1980	1984	1991	1998	2003	2012
女议员(％)	4.4	5.4	6.8	4.2	3.5	5.2	8.1	7.2	7.9	8.8	10.8

2010 年 3 月 9 日,印度联邦院通过了在议会下院(人民院)和各地方议会中为妇女保留 1/3 席位的议案,以提高妇女的参政权。但这一比例具体在什么时间实现尚是个未知数。参与基层政治的女性,由于受整体文化水平的制约,她们有多大的发言权,是否能起到改善妇女地位的作用也未可知。

---

① 闵冬潮:《关注配额,超越数字:比较中印两国妇女参政中的配额制》,《妇女研究论丛》2012 年第 1 期,第 66—67 页。

(二)经济独立

女性在经济上是否独立,最直接的表现就是女性的就业状况。根据全国抽样调查组织——印度收集核心数据的官方机构发布的数据,截至 2010 年,印度估计有 1.12 亿女性拥有工作(一年 365 天中至少有 30 天工作)。印度 15 岁至 59 岁接受过高中以上教育的女性仅占 6.5%。对于受过大学教育的女性而言,由于受传统文化的影响,许多女性在结婚或者有了孩子之后放弃工作,将重心放在家庭生活上。

女性主要在九个领域工作,按照工作人数从多到少排序为:农业、烟草制品和服装制造业、建筑业、学校、杂货店、家政、个人服务、医疗保健、政府部门。其中,大约 68.5%女性从事农业,五年前这一比例为 73.3%。尽管印度农村人口中男性比女性多,但只有 46.6%的印度男性劳动者受雇于农业。由此可见,大多数印度妇女从事的是收入低地位也低、单调而重复的劳动,例如农活。这种工作只需要观察和实践便可学到手,而不一定要受正规的教育和训练。

但拥有工作对于印度女性而言并不等同于经济独立。与男性相比,印度妇女的工作条件和工资待遇很差,她们没有技能,工作报酬十分低,没有安全保证也没有福利,一般情况下都低于最低日工资,同工同酬根本无从谈起。例如,一个不识字的女性在不需技能的工作中平均每天赚 85 卢比(约合 1.5 美元),而一个不识字的男性做这样的工作,平均每天赚 177 卢比(约合 3.20 美元),报酬是女性的两倍。[①] 除工作外,印度女性把她们其余的时间、精力都贡献给了家庭。因此,除了补充家庭收入和勉强谋生之外,印度的就业妇女作为一个阶层没有得到多少发展机会。

(三)基本权利

1. 生存权

在人权中,生存权和发展权是首要的和基本的人权,但是印度重男轻女的思想使得大量女婴在未出生或刚出生时就被杀死。印度目前拥有自独立以来的最低儿童性别比例,这很大程度上是人们不顾法律的禁令,大规模公然滥用产前诊断技术造成的。1994 年产前诊断技术法案出台,旨在终止性别鉴定测试和女性堕胎,禁止医生进行有关专门鉴定性别的诊断行为。2003 年印度政府又出台了监管和预防滥用孕前和产前诊断技术法案。但印

---

① Tripti Lahiri. By the Numbers: Where Indian Women Work. http://blogs.wsj. com/indiarealtime/2012/11/14/by-the-numbers-where-indian-women-work/. 2012-11-14.

度没有从根本上改变性别歧视和性别选择的状况。现实中那些想要儿子的家庭往往会和医生达成某种默契,合作逃避法律的制裁。而且,产前诊断技术法案等相关政策执行十分不利,直到 2006 年 3 月 28 日,这项产前诊断技术法案才第一次发挥作用——印度一名叫萨玛尼亚的医生和其助手因为涉嫌向孕妇泄露胎儿的性别而被判处两年监禁,并处以罚金。①

2. 人身权

在人身权利方面,性骚扰和性暴力事件每天都在印度上演,不少女性包括大量的女童都深受性侵犯事件的毒害,从小就留下了深刻的心理阴影。

美国《环球邮报》2013 年 12 月 15 日称,印度对改善女性待遇以及遏止性暴力问题的进展仍"很难判定",媒体倒是越来越关注此类案件,强奸案的报案数量也显著增多。美国《华尔街日报》统计的数据显示,过去 11 个月,印度德里接到的性骚扰和强奸报案达 1493 起,是去年同期的两倍多。不过,《环球邮报》认为,印度女性受害者通过报案只能得到"虚拟的安全感",她们误以为自己能够伸张"正义"。该报援引英国《卫报》的一组数据称,2012 年印度新德里记录在案的强奸案有 706 起,仅一起案件的嫌犯被定罪;2012 年 12 月 16 日至 2013 年 1 月 4 日,德里警方接到 501 起性骚扰和 64 起强奸报案,警方只对其中 4 起进行了调查。《华盛顿邮报》说,为增加强奸案的审理效率,印度此前在新德里设立了"快速法庭"。但这类法庭目前已超负荷运转,效率大打折扣。②

由联合国印度人权工作组发布的《2012 年状况报告》指出,印度每小时有 2 名妇女被强奸,每 6 个小时有一名已婚妇女被殴打致死,或被焚烧或被迫自杀。农村妇女、穷人、文盲和贫困阶层的女性承受着最严重的冲击。强奸经常被当作一种征服贱民妇女的政治和社会工具,种姓偏见使贱民妇女一直被压在社会最底层。该报告称:对贱民妇女施加性暴力是强制执行贱民地位的一种制度方式。③

3. 健康权

传统文化对女性的歧视,女性在家庭中地位的低下,使印度女性在生理

————————

①　宋璐、姜全保:《印度女性生存状况:现状、原因及治理》,《南亚研究季刊》2008 年第 1 期,第 76—77 页。

②　环球时报:《美媒批印"强奸国"毫无改善,女性仅虚拟安全》,http://news. sohu. com/20131217/n391884778. shtml. 2014-12-17.

③　环球时报:《印度女性地位低,被用来享乐》,http://www. indiacn. com/news/she-hui/12321_2. html. 2014-12-17.

发育的各个阶段都遭受很多健康问题。从一出生,女孩就被家庭认为是负担,在家庭中食物、健康照料分配方面都不及男孩。与男孩相比,女童很少有机会被带去健康医疗中心,其免疫接种率很低。在女孩成长过程中,很多女孩要承担做家务和照顾弟弟妹妹的责任,根本得不到足够的抚养、医疗和关爱,因此印度许多青春期女孩营养不良,健康问题堪忧。与其他国家相比,印度女性的死亡率也比较高。

4. 婚姻权

在落后传统文化习俗盛行的印度,女性的婚姻权根本得不到保证,女孩一般早早就被父母安排好丈夫,童婚现象十分普遍。独立后,童婚被宣布废止,但其实施效果并不理想,政府为此做了许多努力。1978 年,印度政府修改了《禁止童婚法》,把女子的最小结婚年龄从 15 岁提高到 18 岁,男子从 18 岁提高到 21 岁,童婚的现象大幅度减少。但印度尤其是偏远地区法律观念淡薄,童婚的现象仍然存在。印度种姓长老甚至宣称女孩早结婚可以避免遭受性侵犯。

嫁妆制度是套在印度女性身上沉重的枷锁,是女性婚姻权得不到保障的罪魁祸首之一。女性被认为是负担,嫁入男方家里,要陪上很多的嫁妆。如果男方家庭对新娘的嫁妆不满意,女性在男方家里就会受到非人的虐待,不少妇女因此自杀或被男方家庭折磨致死。不合理的嫁妆制度引发了一系列社会危机,许多家庭因为给女儿置办嫁妆濒临破产,重男轻女的错误观念愈演愈烈,大量女胎及女婴被弃杀,男女比例严重失调。可以说,如果不彻底根除陪嫁制度,印度女性的地位就不可能得到根本改善。

残忍的寡妇殉葬更是对印度女性基本权利的蔑视和践踏。虽然 1829 年英属印度政府已宣布寡妇殉葬是非法行为,但这一陋习在印度并未绝迹。

二、政府为提高女性社会地位所做的工作

自独立以来,印度政府主要从三个方面着手改变女性地位:第一,尽可能地为女性创造一个良好的外部发展环境;第二,为了帮助女性在经济上获得独立,国家确保在培训、就业和收入方面给予女性与男性同等的机会,同时帮助女性建立横向和纵向联系,使其有更多的机会进行自我选择;第三,消除任何形式上的性别歧视,使女性获得多层面的发展。尤其是,20 世纪 80 年代以后,印度政府在提高女性地位方面采取了一些强有力的具体措施,包括:

1. 把促进女性发展纳入国家的发展战略和总体规划。

2. 成立妇女工作组织,并采取组织咨询委员会、工作组、专家组、研讨

班、向政府献策等形式多样的活动,促进女性的地位改变和经济独立。

3. 针对女性需求,开展多种服务。进入 21 世纪以来,印度女性社会地位有了明显提高,表现在:(1)经济独立促进了女性社会地位的提高;(2)女性文化素质的提高成为女性社会地位提高的重要基础;(3)女性已经成为促进经济社会发展的重要力量;(4)一系列法律、法规,从制度上保障女性的各项权利。

三、进一步提高女性社会地位仍然存在着挑战

尽管在政府的重视和推动下,印度女性的社会地位得以大幅度提高,但是女性工作的开展仍面临诸多挑战和问题。

1. 某些针对女性的潜在的歧视意识仍然存在。(1)从性别比例中可窥见一斑,国家的计划难以落实(见表 6-2)。(2)目前估计印度约 6000 万儿童处于辍学状态,其中女童就占到一半以上,多达 3500 万。(3)女童教育还存在很大的地区差异,如初级教育和中级教育阶段,印度比哈尔邦女童辍学率达到 63.44%,西孟加拉邦 55.59%,拉贾斯坦邦 57.2%。(4)迄今为止,依然有为数不少的人秉持传统观念,把女儿当作家庭的经济债务,女儿出嫁的时间越早,所需要支付给男方的嫁妆金额便越低。根据国家家庭健康调查显示,1998—1999 年度,高达 65% 的女性在 18 岁时结婚。而 1993 年印度拉贾斯坦邦的一个调查却显示,17% 的女性在 10 岁以前就结婚了;3% 的女性在 5 岁以前就结婚了。而最近的一次人口普查显示,有 490 万的女性在 18 岁以前便已经结婚了。(5)据国家抽样调查显示,在 1999—2000 年和 2004—2005 年度,农村女性临时工每天的工资收入和农村男性临时工每天的工资收入差距分别达到 15.83 卢比和 20.38 卢比;同期城镇女性临时工每天的工资收入和城镇男性临时工每天的工资收入差距分别为 24.55 卢比和 31.23 卢比。

表 6-2　印度 1901—2011 年性别比例(每 1000 名男性中的对应女性)

1901	1911	1921	1931	1941	1951	1961	1971	1981	1991	2001	2011
972	964	955	950	945	946	941	930	934	927	933	914

资料来源:1991 年、2011 年印度人口普查统计数据。

2. 政府制定的政策在执行过程中没有得到贯彻执行,因此没有产生预期的效果,女性没有获得相应的社会地位。如 1975 年,英迪拉·甘地推行"最少工资法"和"同样工种同等工资法",这两个法案主要针对农村贫困女

性。尽管如此,农村女性却不能完全受惠,原因是这些法案触动了势力深厚的封建、富裕农村阶层的利益。

3. 社会对女性的关爱程度不够。如据国家刑事犯罪记录局的数据显示,针对女性实施的刑事犯罪案在逐年上升。2001 年针对女性实施的刑事犯罪数量占当年刑事犯罪总量的 7.4%,2002 年占 7.4%,2003 年占 7.6%,2004 年占 7.8%,2005 年占 7.9%,2006 年则占 8.8%。

4. 男性地位普遍高于女性。如家庭中就可以很好地反映出这种两性关系。印度南部喀拉拉邦的特里凡特朗,约 64.9% 的已婚女性遭受过心理暴力(辱骂等),35.7% 的女性遭受过身体暴力。虽然女性的地位较之以前有了大幅提升,但是在与男性比较时,地位依然处于劣势,涉及获取和掌控资源等多方面,如健康、营养、识字率、就业等都是如此(见表 6-3 至表 6-5)。

表 6-3　1991 年和 2001 年印度女性、男性就业率比较　　(单位:百分比)

时间	女性	男性	总就业率
1991	22.3	51.6	37.4
2001	25.6	57.9	39.2

资料来源:Department of Women and Child Development,Ministry of Human Resource Development,Government of India. Platform for Action,India Country Report.

表 6-4　1981、1997 年就职于政府部门的印度女性、男性数量比较(单位:百万)

时间	女性	男性	总数
1981	1.2(11%)	9.7	10.9
1997	1.6(15%)	9.1	10.7

资料来源:同上表。

表 6-5　1997、2000 年就职于决策及管理部门的女性、男性数量比较　(单位:位)

时间	女性	男性	总数
1997	579(7.3%)	7347	7926
2000	645(7.6%)	7860	8505

资料来源:同上表。

第二节　印度的女童教育

从年龄上说,女性教育的跨度很大,不同阶段的情况有明显的区别。本研究把女性教育分为女童教育和女性高等教育两方面。文中女童教育指印度 6~18 岁女童在初等教育阶段和中等教育阶段所接受的教育。

一、独立后女童教育发展历程

印度宪法规定的为所有儿童普及初等教育直至他们 14 岁,是印度教育发展的主要目标之一。独立以后,随着国家相关政策和措施的出台,印度女童教育的发展大致可以分为三个阶段。

（一）1947 年至 1985 年

这一阶段,印度女童教育的发展取得了初步成绩,到 1978 年印度 1—5 年级女童入学人数几乎为 1950 年的 5 倍,6—8 年级女童入学人数是 1950 年的 10 倍,中学女童入学人数更是增长了 20 多倍。

为贯彻宪法中教育平等的承诺,印度政府成立了多个委员会审议女性教育的现状,为提高女性受教育状况提出建议和方法。其中最重要的是成立于 1959 年的全国妇女委员会。该委员会强调,必须认识到妇女的教育是教育领域中的一个重大问题。全国妇女委员会建议女孩及妇女不仅应该接受同男孩及男性同样良好的、多样的和全面的普通教育,也应该接受适合女性的专业及职业教育,使她们更好地完成家庭内外赋予她们的职责。

20 世纪 70 年代初,印度女性教育的发展出现了转折点,1964 年至 1966 年的科塔里委员会提出:"对于人力资源全面开发,改善家庭状况以及塑造儿童期孩子们的良好性格,女性教育要比男性教育重要得多。在现代世界中,女性扮演的角色远超出了照顾家庭和抚养孩子。女性变得独立自主,并与男性平等分担社会的各个方面的发展的责任。这是我们女性教育要发展的方向。"因此,科塔里委员会强调均衡的教育机会。该委员会的建议在 1968 年的《国家教育政策》中得以体现。

1968 年的《国家教育政策》在女性教育的问题上明确提到:"女童的教育应该得到重视,不仅是因为追求社会公平,而且还因为它能加速社会发展转型。"该政策最具深远影响的建议是为所有儿童提供十年相同内容的课程,这一政策让女童能够学习科学与数学的年级提高到 10 年级。女性参与科学研究以及此后女性在科学、数学和技术领域中崭露头角的现象都源于该政策的建议。

另一个具有里程碑意义的报告为《1974 年印度妇女地位报告》(下称《报告》)。《报告》第一次肯定了在教育过程中灌输性别平等观念的重大价值。它强调了教育对女性赋权的重大作用。《报告》还指出,根据女孩所占的人口比例,各级教育中女孩与男孩在入学人数之间差距巨大,仍远远不能达到宪法中规定的普及 6～14 岁儿童教育的目标,这些差距主要是对女童教育认识不足及女童教育设施不足造成的。该委员会因此建议:所有人,特别是女性官员、社会和政治工作者要将每一个女童都带入学校上学,尤其是那些年龄在 6 岁的女童;对女童提供到高级小学阶段的免费教育;在教育过程中灌输性别平等观念。

印度政府对妇女发展采取的另一项重要举措是成立全国核心工作小组。全国核心工作小组高度强调女性并不是社会发展的薄弱环节,女性也不是社会发展的被动受益者,她们是实现国家发展目标独特的力量源泉。教育是改善印度女性地位的最有效工具。因此,即将实行的计划和政策都将女性教育放在优先发展的地位。[1]

此后,根据印度"中央教育咨询委员会"提议成立的"妇女教育高层常务委员会",1985 年设立的妇女与儿童发展部,它们提出的建议和措施、对女性教育发展的关注和对各项发展工作的敦促,都为女童教育的发展做出了巨大的贡献。

(二)1986 年至 2000 年

自从 1976 年宪法第 42 修正案"共同条例"将焦点转移到教育方面开始,中央政府在教育上有了更大的发言权。1986 年,印度人力资源开发部颁布了《国家教育政策》。这一教育政策十分重要,不但创造性地提出了一些针对普及义务教育的方法、措施,而且在重视普及的同时还强调了义务教育的巩固问题,这在之前的一些政策中是未曾提及的,从而使义务教育工作能够朝着更深的层次进行,为以后的发展开辟了道路。《国家教育政策》为妇女和女童的教育规划了一个整体的愿景,为女童教育的发展注入了新的推动力。

---

[1]　Anita Nuna, Poonam Agrawal. Post Independence Indian Perspective on Girls' Education. Dialogue,2011(12):87-89.

1990 年世界全民教育大会后，印度把普及八年初等义务教育作为教育发展的重中之重。1986 年《国家教育政策》在 1992 年进行了修订，制定了《行动计划》。1992 年《行动计划》中印度政府提出为所有人提供优质教育的目标，重点是为所有儿童提供优异的初等教育；进一步实行中等教育职业化；大力加强妇女教育以及重点扶持低种姓人口和少数民族的教育。《行动计划》认为普及初等教育的问题从根本上说就是解决女童的教育，强调要在教育的所有方面，尤其是科学、职业、技术和商业教育方面增加招收女学生。《行动计划》成为一个具有开创性的文件，明确地阐明了印度政府发展妇女教育的决心。[①]

印度第七个五年计划（1985—1990 年）的目标是招收 6400 多万名儿童，其中将有 4500 万名女童。计划提议"应将在 1990 年以前实现普及 6 至 14 岁儿童的初等义务教育放在绝对优先地位"。计划中规定：通过任命女教师促进女性教育；建立学前教育中心；鼓励有能力的女性继续更高层次的教育，并提倡她们加入开放学习体制，通过函授课进行学习；建立更多的妇女综合性工艺学校，以促进妇女的职业和技术教育，继续发展教育的职业化；对于表列种姓和表列部族以及其他社会低弱阶层的女性要在"落后阶层的发展"计划下继续提供特殊的优惠条件，为她们在区一级建立校舍，并增加设备、书籍、期刊等；鼓励女童和妇女参加各项运动。

1993 年《全民教育计划》是以联合国教科文组织为主发起的一项旨在促进九个人口大国基础教育和扫盲的全球性计划，是世界全民教育的重要组成部分。这九个国家包括：孟加拉国、巴西、中国、埃及、印度、印度尼西亚、墨西哥、尼日利亚和巴基斯坦。这九个国家除了分别制定各自的全民教育目标外，还通过了九国政府对实现全民教育的决心与庄严承诺——《德里宣言》。2000 年 4 月，包括印度在内的 164 个国家在达喀尔经过研究讨论达成协议，确定了《全民教育》的六项目标，其中关于女童教育发展的两项目标为：确保到 2015 年，所有儿童，尤其是处境困难的女童和少女，都有机会免费享受良好的初等教育；到 2005 年消除初等教育和中等教育中的性别差异，到 2015 年实现性别平等。

在这一阶段，印度女童初等教育阶段入学率有所增长，辍学率迅速下

---

① M. Mangapatipallam Raju. Annual Report 2012-2013 . Delhi：Ministry of Human Resource Development，2013：182-187.

降,初小阶段下降了约 25 个百分点,高小阶段下降了约 20 个百分点(见表 6-6)。[①]

表 6-6　印度 1980—2001 年度女童初等教育入学率和辍学率(%)

年度	入学率		辍学率	
	初级小学	高级学校	初级小学	高级小学
1980—1981	38.6	32.9	62.5	79.4
1990—1991	41.6	36.7	38.6	65.1
1999—2000	43.6	40.4	38.6	58.0
2000—2001	43.7	40.9	38.6	57.7

资料来源:Ministry of Human Resource Development, Government of India. Selected Educational Statistics 2000-2001.

(三)2001 年以后

2001 年,印度开始实施"初等教育普及计划"(印地语叫 Sarva Shikasha Abbiyan,SSA),并把接受有质量的基础教育作为每个儿童的基本权利写入了修改后的宪法。该项目计划分两个阶段,第一阶段到 2007 年,所有的儿童,包括残障儿童都要实现完全的初级小学教育;第二阶段到 2010 年,实现完全的高级小学教育。自"初等教育普及计划"开始,印度先后实施了"女童初等教育国家计划"(NPEGEL)、"乡村及贫困阶层女童教育计划"(KGB-VS)、教师培训计划(SKP),致力于发展中等教育,大力发展非正规教育,与外国政府、非政府组织和私人部门开展合作等方案和措施,有力地促进了女童教育的迅猛发展。

2001 年的女性赋权国家政策是实现两性平等与女性赋权的另一项重要举措。女性赋权国家政策关注各级教育中平等接受优质教育的机会和发展女童及妇女职业教育的需要。除此之外,在预算过程中引入性别视角作为一项可操作战略。

2005 年,印度政府设立女童教育与公立教育系统中央教育咨询理事会,审查当前各级教育阶段,旨在减少性别差异、增加女童参与率、提高女童保留率的各项计划、措施和专门措施。它建议为女童提供免费义务教育直至 18 岁,并强调女童教育不应该存在"隐形成本"。委员会有力推动了提高女

---

① 安双宏:《印度基础教育管理体制的多视角研究》,黑龙江教育出版社 2010 年版,第 176 页。

童教育发展的各项措施,使女童能够克服阻碍其教育发展的一些因素,如贫困、照顾弟弟妹妹等家务、女童工、不重视女童教育、让女童去结婚而非接受教育等。委员会还建议为女性教育及女性工作者提供良好的工作环境以便女性尤其农村女性能有效运用她们的能力。

2009 年印度通过了建国以来具有历史意义的教育改革法案——《儿童免费义务教育权利法案》,即著名的《教育权利法案》,旨在解决长期以来 6～14 岁儿童免费初等义务教育中的入学机会与教育质量不平等问题。《教育权利法案》于 2010 年 4 月起正式生效,规定对全部 6～14 岁的儿童(即从小学到初中)实行免费义务教育。如有儿童辍学,其父母或学校将被罚款一万卢比(相当于 1500 人民币),并且入狱。人们希望该法案的实施能改变一般家长对女童教育的偏见。

进入 21 世纪,在印度普及初等义务教育的努力下,各级学校注册人数呈现出持续的增长,尤其是女童在初级小学和高级小学阶段注册人数与男生基本相当(见表 6-7)。

表 6-7　印度各级学校注册人数　　　　　　(单位:十万)

年度	初级小学 (1—5 年级) (6～10 岁)			高级小学 (6—8 年级) (11～13 岁)			中等学校 (9—12 年级) (14～17 岁)		
	男生	女生	合计	男生	女生	合计	男生	女生	合计
2000—2001	640	498	1138	253	175	428	169	207	376
2005—2006	705	616	1321	289	233	522	223	161	384
2006—2007	710	627	1337	298	246	544	229	169	398
2007—2008	711	644	1355	310	262	572	252	193	445
2008—2009	700	645	1345	294	260	554	256	199	455
2009—2010	708	648	1356	318	276	594	267	215	482
2010—2011	705	648	1353	328	292	620	283	229	512

资料来源:Ministry of Human Resource Development, Government, of India. Educational Statistics at a Glance 2011-2012.

二、女童教育的促进措施

(一)实施一系列资助计划

1."初等教育普及计划"

如前所述,"初等教育普及计划"是印度政府的一项旗舰计划,通过要求按照限期完成的一系列完整的实施步骤,中央政府与邦政府紧密配合实现初等教育普及化,下放分散管理规划权和社区自主权。它的基本目标是到2010年为所有6～14岁年龄段儿童提供有用的和优质的教育,更高目标是通过教育弥补社会和性别差距。这项计划得到了世界银行、英国国际发展部和欧盟的支持与资助。[①]

"初等教育普及计划"中面向女童的条款主要有:向所有女孩提供免费教科书,直到八年级;为女孩建立单独的厕所;让失学女童重返校园;为年龄较大的女童开设衔接课程;招聘50%的女教师;在学校或附近建立幼儿保育和教育中心,或与整体性儿童发展项目相融合;实施教师敏感度项目以提供均等的学习机会;编订性别敏感教学材料包括教科书;加强社区集中动员努力工作,让社区产生对女童教育的需要;根据确保女童到校和在校上学干预措施的需要,每个县设立"创新基金"等。

女童教育战略一直均等地关注"需求"和"供给"两方面(见表6-8)。[②]

表6-8　女童教育战略一直均等地关注"需求"和"供给"两方面

使教育系统响应女童的需要并成为拉动因素	让社区产生对女童教育的需要
确保女童进入学校	
增加女教师比例	
培训以提高教师的性别敏感度	对父母和社区进行动员和激励
开发性别感知及相关方面的课程与教科书	增强妇女和母亲在学校相关活动中的角色
提供支持性机构如幼儿保育和教育中心	保证人们在学校委员会的参与度
提供选择性学习设施	加强学校、教师和社区之间的联系
保证学校的基础设施——厕所和饮用水	

2."女童初等教育国家计划"

"女童初等教育国家计划"旨在通过印度政府提供的财政拨款对"最难以普及到"的女孩全体的受教育情况进行干预,也照顾到那些已经登记入学却不能正常上学的女孩。该计划于2003年7月启动,旨在广泛动员各个社

---

① Department of Elementary Education and Literacy,MHRD,Government of India. Sarva Shiksha Abhiyan:A Programme for UNIVERSAL Elementary Education Manual for planning and Appraisal. New Delhi,2004.

② M. Mangapatipallam Raju. Annual Report 2012-2013. Delhi:Ministry of Human Resource Development,2013:182-187.

区,为每一个社区提供一个"示范学校",并监督女孩入学情况。该计划还负责增强教师的性别感知能力、编制"宣传性别问题"的学习材料、提供基于需求的激励措施(如提供陪护、文具、练习本和校服等)。根据"女童初等教育国家计划"设立的学校与其他常规学校的一个最根本的不同在于,前者对女孩发展的各个方面所提供的帮助都经过整体分析并且带有很强的集约性。在邦一级,邦执行协会是"女童初等教育国家计划"的实施机构。在实施"女性平等教育计划"(MS)的邦,SSA 协会通过 MS 协会实施"女童初等教育国家计划"。[①]

该计划已经在教育落后乡(Eductionally Backward Blocks:EBB)全面展开,这些地区农村女性识字率低于全国平均值,而性别差距却高于全国平均值。另外,该计划也已经在那些不属于教育落后乡(EBB)但却拥有至少5%表列种姓或表列部族人口的地区和那些表列种姓或表列部族女性识字率低于10%的乡和地区展开。在其他一些城市贫民区,该计划也正在进入推广阶段。到2011年,"女童初等教育计划"取得的成果主要有:442个县的3353个教育落后乡开办了41779所示范学校;2065所早期教育中心得到了支持;另外兴建了26838间教室;214731名教师接受了性别敏感度培训;提供支持性机构如幼儿保育和教育中心;2418036名女童接受了补救教学;衔接课程覆盖到657622名女童。

3."乡村及贫困阶层女童教育计划"

"女童初等教育国家计划"的主要目标是让更多的女孩接受初级小学教育,而2004年7月发起的"乡村及贫困阶层女童教育计划"(KGBVS)的主要目标是向女孩提供更多的接受高级小学教育的机会。为了巩固"女童初等教育国家计划"所取得的成果,"乡村及贫困阶层女童教育计划"专门为促进女孩继续进入更高一级学校学习而在方便女孩入学的地方建造了大量学生宿舍。根据人力资源开发部2011—2012年度报告,该计划已经批准在表列种姓、表列部族和少数民族聚居地建立2075所带有学生宿舍的学校。其中穆斯林聚居地428所,表列部落聚居地441所。到2006年12月,已经有1039所这类学校被建立起来,64000名儿童已经进入该类学校学习。这其中有27%的儿童来自表列种姓,30%来自表列部族。

该计划最近的一次评估表明,这些学校都已经实现正常运转和规范管

---

① 安双宏:《印度基础教育管理体制的多视角研究》,黑龙江教育出版社2010年版,第304页。

理。同时此次评估还发现这些地区的学生、家长以及该地区居民对这一计划普遍持赞同态度。随着女性平等教育计划(MS)的推广,这一计划在许多邦还得到了进一步加强。截至 2009—2010 年度,全国范围内有 2570 项"乡村及贫困阶层女童教育计划"实施。2010 年 4 月 1 日,《儿童免费义务教育权利法案》生效后,又有 1030 项"乡村及贫困阶层女童教育计划"得到批准,使得全国"乡村及贫困阶层女童教育计划"的数量增至 3600 项。到 2012—2013 年度,3609 项 KGBVs 批准实施,3528 项 KGBVs 在经营运作,366000 名女童注册了在运作的 KGBVs;开发出与性别感知相关的课程与教科书,至少有 75% 的名额留给表列种姓、表列部族、其他落后阶层或者少数民族的女童,剩余 25% 的名额优先留给生活在贫困线以下家庭的女童。①

4. 女童选择性学校的特殊模式

为了满足女童教育的学校,"初等教育普及计划"设计出不同模式的选择性学习中心,目的是满足当地女童的需要。根据社区的需求,这些选择性学校的模式显示出其覆盖面的变化和多样性。其中一种模式是为失学的 9 岁女童设立,另一种面向肩负照顾弟弟妹妹责任的少女,同时运营学习中心和早期儿童保育中心。以社区为基础的宗教教育中心被用作学习中心,开设正式课程,努力覆盖到那些不能注册正规学校的穆斯林少数民族女孩。

衔接课程战略是其中一个最成功的选择性学校模式,旨在为辍学女童和从来没有进入过学校的大龄女童提供速成学习的机会。根据女童年龄和教育背景,计划不同时间长度的课程内容。通过这种努力措施,在成功完成衔接课程的学习周期之后,很多女孩子被安排进普通学校学习。

为提高女童注册入学率和保留率,向女童提供诸如免费课本、文具、笔记本、奖学金、公交卡、保险和校服等用于激励。此外,面向在女童入学、出勤和保留方面表现最好的学校和村教育委员会,创立奖励计划。

5. "女性平等教育计划"

"女性平等教育计划"(Mahila Samakhya,MS)开始于 1987—1989 年,它将《国家教育政策》(NEP,1986)和 1992 年"行动计划"(POA,1992)的目标转化为一个具体的计划,赋予农村地区的妇女,尤其是处于社会边缘和经济

---

① M. Mangapatipallam Raju. Annual Report 2012-2013. New Delhi:Ministry of Human Resource Development,2013:182-187.

边缘群体的妇女教育和权力。① 自实施以来，"妇女平等教育计划"以妇女为中心，注重过程的实效性，对处于社会边缘群体的妇女的生活改善起到了极大的积极作用。

目前，该计划正在 10 个邦（安得拉邦、阿萨姆邦、比哈尔邦、查蒂斯格尔邦、恰尔肯德邦、卡纳塔克邦、喀拉拉邦、古吉拉特邦、北方邦和北阿肯德邦）里的 102 个县实施。②

各邦在教育方面开展一系列活动，这些活动包括识字活动，建立选择性机构如成人识字中心、妇女教育中心、非正规教育中心。这些活动为妇女和女童提供了制度化学习的空间。比哈尔邦"女性平等教育计划"，在协会的日常运作极为良好的地区，民众的整体识字情况出现明显的好转，尤其是女童入学和上学的人数增长明显。以迦耶县的实际情况来说明，迦耶县共有 249 个村庄参加了"妇女平等教育计划"，36％的村庄小学入学率已经达到 100％。③ 在喀拉拉邦，妇女受教育水平比较高，喀拉拉邦"妇女平等教育计划"协会里的大多数妇女至少已经学习到七年级的水平。只有少部分妇女受教育的程度低于七年级水平，大部分妇女能阅读报纸，几乎所有学龄期的女童（除了少数辍学）都进入学校接受教育。

"女性平等教育计划"是前后串联运作的，它与目的在于普及基础教育如"县初等教育计划"（District Primary Education Programme，DPEP）和"初等教育普及计划"（SSA）的教育计划存在着有机联系。"女性平等教育计划"和"妇女协会"在致力于消除女童与妇女与社区层面教育的障碍方面，在小学学校管理以及所需的另择学校设备的运作方面，发挥了积极的作用。邦级女性平等教育社团（State MS Societies）正在 1434 个居住小区（cluster）实施"全国女童基础教育计划（National Program for Education of Girls at Elementary Level，NPEGEL）"，还经营着 140 所 KGBV（Kasturba Gandhi Balika Vidyalaya）以及由"初等教育普及计划"资助的女童寄宿学校，用于直接支持教育落后乡的女童教育。"女性平等教育计划"向"初等教育普及计

---

① 　Department of Education，Ministry of Human Resource Development，Government of India. National Policy on Education 1986（As Modified in 1992）. New Delhi，1998：8.

② 　Ministry of Human Resource Development，Government of India. Annual Report 2011-2012：45.

③ 　National Evaluation-Mahila Samakhya，Bihar. http://www. docdatabase. net/more-national-evaluation-mahila-samakhya-bihar-698783. html. 2010-12-12.

划"的性别相关问题、培训方面提供了资源支持,还为文字资料的编纂提供了资源支持。"妇女协会"在监督村级教育活动方面发挥了积极的作用。该协会的妇女通常是"村教育委员会"(VEC)和"学校发展与管理委员会"(SD-MC)的成员。她们在"初等教育普及计划"的实施与监督方面发挥了积极的作用。

另外,"女性平等教育计划"覆盖的各邦经营着 95 处"妇女教育中心"(Mahila Samakhya Kendra:Center for Education of Women),向那些从未上过学或者已经辍学的少女和年轻妇女提供简明寄宿课程(condensed residential courses)。

6. 性别敏感度培训

为了解决基础教育阶段存在的性别问题,需要培训"初等教育普及计划"性别项目负责人以及在邦一级招募的解决教育性别问题的核心官员。这些官员被特别地委以实施与女童相关的教育的权力。在这方面已经实施了两个项目。在 2010—2011 年度和 2011—2012 年度,"教育中的性别问题"培训项目已经为他们开展。2010—2011 年度的工作重点是培养东北地区一些邦的性别项目负责人员,2011—2012 年度则重点面向早前没有参加培训项目的邦,如阿萨姆邦、梅加拉亚邦和米佐拉姆邦。

用于教师教育工作者和依照性别平等和赋权项目的教师的培训材料,以及关于教育问题的中心工作组的文件也已编写。培训材料模块的主题,将有助于解决女童教育和妇女赋权相关的问题。此外还编写了有关教育性别方面的术语汇编。

KGBVs 性别敏感学习材料已经编制。在这方面,涉及印地语、英语、数学、历史、地理、英语、政治生活、艺术和美学的衔接课程已经开设。在初级阶段,根据 NCERT 教科书准备了印地语和英语两种版本。这些材料将有助于概念澄清和更好地理解与这些学科相关的概念。

7. 将女童教育纳入社区议程

为了使所有女童都能接受小学教育,"初等教育普及计划"设计了各种各样动员社区重视女童教育的策略。一些引人注目的干预措施包括:母亲女儿集会、与宗教领导人的会谈、立足于社区的集会等。

在母亲女儿集会上,大量母亲和女儿聚集在一起。通过开展不同的活动,关于女童教育重要性的意识得以形成。她们不仅获取有关当地学校和教育系统大体上运作的信息,而且还获取女童可利用的专门供应品的信息。她们也参与有关营养食物、法律问题和电影的讨论。有些由母亲手工制作的产品像咸菜和衣服也被拿出来销售。与宗教领袖和社区决策者的会谈对女童进入学校的作用十分关键。他们对社区行为的影响力很大，可以让他们来影响关于女童教育的群众观点和让社区履行对女童教育的义务。这已经成为致力于将穆斯林少数民族女童纳入教育范围内的一项关键战略。

此外，计划还采取了微型行动实验的措施。微型行动实验采用不同管理模式。有时邦一级教育计划的官员去管理乡或村级学校，在某些情况下会增派官员到村级小学，加强计划实施情况。微型行动实验用以确定女童具体的教育需求，这包括时常与父母、教师和其他决策者交流，从而让失学女童注册入学并保证女童上学的保留率，获得民众对女童教育的支持，监督女童上学的出勤率。随着国家一步一步地向普及入学的目标迈进，对失学女童和女童在校学业水平的关注也在加强。依然被排除在学校之外的是那些因为地理区域和条件、社会群体、性别等因素上学有困难的儿童。护送女童上学放学也是保证女童按时上学的一项措施。通常，因为学校离家太远，上学要经过偏僻的地方、树林或者上学路上存在其他障碍，女童的安全有时受到威胁，女童会停止学校教育。要克服这些困难，村里要选出一名长者——通常是妇女，将女童聚集在一起并且护送她们到学校，陪同女童们一起上学放学。根据其受教育状况，护送女童们上学放学的妇女可以在学校打零工，甚至可以当老师，根据其工作情况发放报酬。

（二）大力开办中等学校，普及初中教育

2001 年印度全国 14～18 岁（中等教育适龄）儿童数量大约有 1.07 亿，2006 年为 1.197 亿，2011 年为 1.211 亿。然而现有的初中和高中在校生人数加起来还不到 6000 万。因此印度政府大力发展中等教育势在必行。在普及初等义务教育目标接近实现的情况下，印度政府提出到 2020 年普及中等教育。2009 年 1 月，经过五年的酝酿和准备，印度"内阁经济事务委员会"正式批准了"普及中等教育计划"（Rashtriya Madhyamik Shiksha Abhiyan：RMSA）。

2009 年 3 月，印度开始实施"普及中等教育计划"。该计划要实现下列五个目标：为每个社区提供合理距离的中学；到第十一个五年计划末，实现 9—10 年级的毛入学率（GER）75％的目标；通过让所有中学标准化，提高中学阶段的教育质量；解除性别、社会经济地位和身体残疾的限制；在 2017 年，即在第十二个五年计划末普及初中教育，2020 年全面普及中学教育。RMSA 第四项目标就强调了消除中等教育中性别不平等的重要性。

在普及中等教育目标的影响下,为提高女童在中等教育阶段的参与率,印度政府实施了两个项目:一是"女童中等教育激励计划"(Incentives to Girls for Secondary Education);二是"为初高中女学生提供寄宿或宿舍设施计划"(Scheme of Construction and Running of Girls Hostel for Students of Secondary and Higher Secondary Schools)。

1."女童中等教育激励计划"

2008—2009年度,印度政府发起了一项中央赞助计划——"女童中等教育激励计划"。根据该计划,对符合条件的女童,以其名义存入3000卢比作为定期存款,在年满18岁和已经通过10年级考试之后,有资格连本带息将其取出。该计划覆盖范围为:(1)所有通过八年级考试的表列种姓、表列部族女孩;(2)参加"乡村及贫困阶层女童教育计划",通过八年级考试,并且在国立、公立和私立公助学校中注册九年级的所有女童(不论她们是否属于表列种姓或表列部族)。资助计划的目标是在中学,针对主要来自表列种姓和表列部族的女童,创设一个有利于减少其辍学率并提高其入学率的环境。2012—2013年度在该计划下受益的女童已有31.1万名。①

2."为女中学生提供寄宿或宿舍设施计划"

为了改善和提高女童在中等教育阶段的入学率,中央资助"为初高中女学生提供寄宿或宿舍设施计划"于2008—2009年度启动,并从2009—2010年度开始实施。该计划设想在全国3479个教育落后乡的每个乡,按照每一百名女生建立一间宿舍的标准进行。

计划的主要目的是提高女童在中等教育阶段(9—12年级)的入学率和保留率,这样女童就不会因为家距离学校远、父母经济负担能力和其他社会因素而被剥夺继续接受教育的机会。在9—12年级学习,来自表列种姓、表列部族、其他落后阶层、少数民族及生活贫困线以下家庭的14~18岁年龄段的女童,构成该计划的目标群体。至少50%的女童应该来自表列种姓、表列部族、其他落后阶层及少数民族。为该计划成立的邦政府协会负责实施计划,印度政府和邦政府按9:1的比例进行拨款。

2009—2010年度与2010—2011年度,项目审批理事会(PAB:Project Approval Board)建议在19个邦建立1505间宿舍,并为11个邦拨款12.119亿卢比,建立538所宿舍。2011—2012年度预算支出中计划拨款25亿卢

---

① M. Mangapatipallam Raju. Annual Report 2012-2013. New Delhi:Ministry of Human Resource Development,2013:182-187.

比,期间又一次性拨款 3700 万卢布。截至 2011 年 12 月 31 日,参与计划的 12 个邦共计收到拨款 18.932 亿卢比,建立了 538 所宿舍。

（三）积极发展非正规教育和争取外部援助

1. 发展非正规教育

在印度,"非正规教育"通常是指以 6 岁至 14 岁儿童为教育对象的在学校之外实施的教育。为了辍学者、居住地没有学校的儿童、因工作而不能上日校的儿童,印度从第七个五年计划开始大力推行非正规教育计划。由于印度庞大的儿童数量、各种文化观念的交织及基础薄弱的基础教育,想要尽早实现普及义务教育的任务,就必须采取灵活多样非正规教育的方式,而且印度非正规教育取得了很大的成功。

非正规教育是在普及基础教育的大前提下进行的,自 1979 年开始施行。非正规教育是对正规学校教育的一项有效的补充措施,主要是帮助 6～14 岁的没有上过学的儿童能够接受基础教育。接受非正规教育的儿童包括家庭经济困难不能负担上学费用的儿童;因家务缠身或父母观念等原因被迫辍学的女童等。而且,该计划与国家消除童工的计划有机地结合起来了。基于印度多种宗教和种姓之间的互相排斥和对立,在农村地区,通过非正规教育的形式,建立起大量的女童教育中心,专门为女童提供安全和良好的教学环境。

1993 年,国家对非正规教育计划进行修改,在邦和直辖区建立混合性别的学校和单纯女童的教育中心时,分别按照 6∶4 和 9∶1 的比例给予资助。对于那些完全由志愿者组织的非正规教育中心,给予全额的资金援助。到现在为止,中央政府已经建立了 11.8 万个女童教育中心,并且负担起全部教育费用的 90%,为广大女童接受教育创造了可能的条件。

女童中心的大量建立,为女童在合适的时候能够重新回归学校创造了条件,提供了机会。政府对非正规教育的拨款也逐年增加,对于那些无法接受正规教育的女童,非正规教育为她们将来作为妻子、母亲和社会成员的角色培养起到了重要作用。

自从 1990 年全民教育大会召开以来,为了帮助印度在 2000 年实现全民教育目标,在大量来自外部的资金支援下,女童教育中心的数量大幅度增长,女童接受教育的性别差异降低到 15% 以下。比如,女童教育长期落后的古吉拉特邦获得了荷兰政府 9 亿卢布的资金支持,比哈尔邦获得了联合国儿童基金会 60 亿卢布的资助,世界银行也为安得拉邦和拉贾斯坦邦提供了总额为 152.2 亿卢布的资金支持。[①]

2. 加强非政府组织参与度

为促进共同发展,鼓励非政府组织为消除童工和控制辍学儿童数量所做的努力,印度政府已经加强了非政府组织的参与度,尤其是这些组织在教育发展项目中的参与度。他们在帮助自助组织方面、提高相关意识方面和提升警戒意识方面扮演了重要角色,也使政府在基层实现良好管理变得现实可行。

加强非政府组织参与教育这种公私合作模式有助于加快实现全国范围内各项教育目标。对于这种模式,各项政策框架已初露端倪,各项措施业已付诸实践,使公共和私营部门能够互惠互利,发挥互相补充作用,而不是成为竞争对手。

私营部门不仅能在资金方面做出贡献,而且能通过系统的有效管理和当地有关教学材料提高学校专业知识方面的教学质量。除了那些比较死板的正式计划框架之外,以灵活多变的方式促进选择性系统运作也十分必要。相比上述计划框架,这种系统可以根据不同需求和不同情况做出灵活的应对,既能够针对移民劳动力儿童系统地促进业余正式教育、业余非正式教育、季节性学习中心的发展,也要针对青少年女性促进非政府组织提供的志愿学校、小学后开放式教育学校、营地学校等各类学校的发展。名为"教育保障计划(EGS)"和"选择性及创新性教育计划(AIE)"的两项新计划正在大力推广过程中(见表 6-9)。

表 6-9 选择性和创新性教育计划(AIE)的干预措施

阿萨姆邦	在偏远地区建立儿童中心
安得拉邦	为童工提供寄宿衔接课程和为渔民社区提供船上学校
新德里	为流浪儿和童工提供学习中心和寄宿衔接课程
古吉拉特邦	为年龄较大儿童提供寄宿营地
查谟-克什米尔邦	为移民社区提供特殊学校
中央邦	为移民儿童建立流动学校,建立针对城市贫困儿童的人力资源开发中心
马哈拉施特拉邦	季节性学校和移民儿童寄宿营地
泰米尔纳德邦	为大龄儿童建立救助中心和特殊寄宿营地

---

① 黄庆丽:《中印农村女童教育比较》,2006 年东北师范大学学位论文,第 20—21 页。

续表

卡纳塔克邦	弹性学校,帐篷学校,流动学校
奥里萨邦	为移民儿童提供季节性学生宿舍
北方邦	为丛林地区儿童开设各年龄段通用的学习中心

资料来源:Ministry of Human Resource Development,Government of India. Annual Report 2011-2012.

3. 积极争取国际援助

独立后至 1990 年之前,印度基本拒绝了外国对印度基础教育的援助。20 世纪 90 年代早期,在世界银行和国际货币基金组织的"结构性调整"之后,印度开始接受外国的教育援助,这帮助印度减少了包括教育在内的社会项目方面的支出。政府支出的减少刺激了外国援助的进入,20 世纪 90 年代,大量外国政府和国际机构的援助涌入印度教育部门。[①]

国际援助主要面向印度教育落后地区,在发展女童教育方面也进行了很多投资。国外大规模援助印度各项教育发展计划的国家与组织主要是:世界银行、英联邦、欧盟、荷兰、联合国儿童基金会、联合国开发计划署、英国国际发展司、瑞典国际发展部。这些国家和国际组织提供了免费援助与低息贷款。

1987 年由瑞典国际发展部出资,援助拉贾斯坦邦边远地区和社会经济落后农村的小学教育。"初等教育普及计划"实施的两个阶段得到了世界银行、英国国际发展部和欧盟的支持与资助。"女性平等教育计划"起初属于外部资助项目,完全是通过荷兰政府的资助而实施的。荷兰政府的资助持续至 2005 年 12 月 31 日,而后,印度政府对该计划资助至 2007—2008 年度。根据有关协议,英国的国际发展司(Department of International Development,UK)在 2007—2014 年度资助该计划 7 年,其中,英国的国际发展司与印度政府的经费分担比例为 90∶10。

2008 年,联合国儿童基金会、马哈拉施特拉邦和当地非政府机构联合设立了迪普什卡小组,目前在马哈拉施特拉邦的四个区,有 2200 多个迪普什卡小组,向 5 万多位女性青少年伸出援助之手。当地的社区会寻找可能的志愿协调员,让她们接受 20 天的项目培训,培训内容包括儿童的权利、健康、性和性别问题。经过培训后,每个人回到自己的村庄,寻找当地女性青

---

① 　Harman Kullar:《印度的初等教育》,《南亚研究》2011 年第 2 期,第 146—147 页。

少年,并邀请她们组建一个迪普什卡小组。完成 40 期培训后,会鼓励迪普什卡小组成立一个自助小组。自助小组会开设一个银行账户,每一次增加很少量的资金,来形成一个小规模的专款。专款可用于帮助有困难的小组成员支付教育与医疗的费用,也可以把这些资金用来进行小型商业投资。[①]

2012 年 3 月 22 日,世界银行为帮助印度中等教育的发展,批准了一项 5 亿美元的长期无息贷款。该项目旨在解决印度中等教育中政府投资不足、入学率低等问题,加快中等教育发展的步伐。该项目指出:在中等教育扩张的同时,首先要保证教育公平,提高教育质量;其次,创新评估中等教育的方法;最后利用世界银行的资源来帮助政府解决教育领域的问题。[②]

三、印度女童教育的成就与不足

印度政府为实现普及初等义务教育的宏伟工程和大力推进中等教育的发展,重点关注长期得不到发展的女童教育,专门为女童教育的发展采取了一系列措施。如今,这些措施已经对女童教育的发展产生了巨大的推动作用,女童教育取得了非凡的成就。但由于印度抵制女童教育的传统,女童教育发展一直落后,印度各邦教育发展不平衡,女童教育的发展仍存在诸多不足和挑战。

(一)印度女童教育的成就

性别均等指数(GPI)是用来测量教育体系中性别平等情况的一个综合指数。在最简单的形式下,性别均等指数可以计算为某阶段教育(如小学、中学等)的女性入学人数除以男性入学人数。如果这一指数在某一教育层次上的值是 1,就说明在这一教育层次上,不存在性别不平衡问题,男生和女生享有相同的受教育机会。

统计数据表明,印度小学和高小阶段教育中性别均等指数(GPI)在逐渐提高。2006 年至 2011 年间,初级小学阶段的这一指数已经从 0.94 提高到了 1.01,这说明初级小学阶段已经实现了性别平等。高小阶段从 0.90 提高到 0.95,说明高级小学阶段性别不平等问题比初级小学阶段严重,但也会逐渐改善。到 2010—2011 年度,初级中等学校性别均等指数为 0.88,高级中

---

① 阿利斯泰尔·格里塔森:《在印度农村正在实施一个教育项目—旨在使女性青少年能够健康成长》,http://www.unicef.org/chinese/infobycountry/india_57948.html.2011-03-17.

② 高光:《世界银行 5 亿美元资助印度中等教育项目》,《世界教育信息》2012 年第 5 期,第 79 页。

等学校为 0.86。①

1. 识字率迅速增长。2001 年印度第十四次人口普查结果显示,7 岁以上人口中女性识字率为 53.7%,2011 年第十五次人口普查结果中这一数据为 64.6%,十年间女性识字率增长了 10.9%。同期,男性识字率增长 5.6%,女性识字率增幅是男性识字率增幅的近 2 倍。随着政府对女童教育的积极措施的实施,女性识字率未来的增长还有较大的空间。

2. 入学率持续增长。随着初等教育普及计划等措施的激励,印度女童的教育状况得到了很大改善,在初级小学阶段,女童入学率超过了 100%,初级小学教育已基本普及。自 2006 年至 2010 年,初等小学阶段女童入学率都在 110% 以上,2010 年达到了 116%,女童在初等小学阶段与平均入学率基本相当。虽然相比初级小学阶段女童教育取得的成就,高级小学阶段女童入学率低得多,但可以看到,随着时间的推进,高等小学阶段女童的入学率在持续上升,从 2005—2006 年度的 66.4% 增长到 2010—2011 年度的 83.1%,增加了 16.7%。同时,在初级中等教育阶段,印度女童入学率也得到了很大的提高,从 2006 年的 47.44% 增加到 2010 年的 60.8%,也增加了 13.36%,成果可以说非常大。

3. 辍学率持续下降。与男孩相比,从 2002—2003 年度至 2005—2006 年度,以及之后的从 2007—2008 年度至 2010—2011 年度,初级小学阶段女孩辍学率都比男孩辍学率低,这说明女孩在初级小学阶段的保持率不断增加。在整个小学阶段,2010—2011 年度女孩辍学率为 44.39%,比上一年度增加了近 6%。但除去 2010—2011 年度,2006 年以来女孩的辍学率都比男孩辍学率低。整个小学以及初级中等教育阶段,2008—2009 年度以前,女孩辍学率都比男孩辍学率高,2008—2009 年度,男孩与女孩辍学率相当,但 2009—2010 年度与 2010—2011 年度女孩辍学率下降幅度超过男孩,女孩辍学率还是低于男孩辍学率。

4. 成绩合格率与男生持平。2009 年与 2010 两年间,虽然女生参加五年级和八年级考试的人数与男生相差巨大,参加五年级考试的女生人数比男生少了 200 万左右,八年级女生参考人数比男生少了 130 万左右,但女生在考试成绩方面的表现甚至比男生好。这对于印度女童教育的发展可以说是一件值得骄傲的事情。

---

① Ministry of Human Resource Development, Government of India. Educational Statistics at a Glance 2011-2012:8.

5. 弱势群体女童的小学教育发展迅猛。性别不平等与其他形式的社会不平等，尤其是种姓、民族和宗教相互关联，弱势群体特别是来自表列种姓、表列部族和穆斯林少数民族的女童，更容易失学和辍学。但在国家各种教育激励措施及专门为弱势群体的女童实施的保留政策的带动下，印度属于弱势群体女童的教育发展迅猛。尤其是在 1986 年之后，女童入学率与男童入学率的差距迅速减小，这得益于国家将教育重点放在基础教育和教育公平上，并取得了较好的成效。这里重点介绍表列种姓与表列部族女童受教育情况。

在初级小学阶段，截至 2010—2011 年度，表列种姓和表列部族女童入学率已经与男童入学率相当。而在 1986—1987 年度，印度表列种姓女童入学率为 64.8%，印度表列部族女童入学率为 68%，而同期男童入学率分别为 103.8% 与 111.0%，女童入学率与男童入学率相差 40%，差距十分惊人。但在 25 年的时间里，女童入学率飞速增长，2010—2011 年度，表列种姓与表列部族女童入学率分别达到 132.7% 和 136.7%。这么高的入学率一方面反映出其发展速度的惊人之快，另一方面也反映出表列种姓与表列部族女童教育在过去是多么落后，女童在教育方面遭受的性别歧视是多么严重。

在高级小学阶段，表列种姓和表列部族女童入学率提高速度也很快。表列种姓和表列部族女童入学率已经与男童入学率达到了相当的地步。2010—2011 年度，表列种姓与表列部族女童入学率分别为 90.6%、87.0%，与 1986—1987 年度比较各自增长 64.9%、65.1%。高速增长的入学率使人切实地感受到印度政府在实施 1986 年《国家教育政策》与 2000 年"初等教育普及计划"之后致力于教育公平的努力与成就。

(二)印度女童教育的问题与不足

1. 高级小学阶段和中学阶段入学率偏低

当印度接近实现普及 8 年义务教育目标的时候，2010—2011 年度高级小学阶段入学率仍然不到 90%。但 8 年义务教育目标要想早日实现，就必须努力实现高级小学阶段达到百分之百，甚至超过百分之百的入学率，特别是重点关注入学率偏低地区的女童入学率。只有这样，印度宪法宣称的 1960 年普及义务教育的目标才能在经历 50 多年的艰辛发展历程后真正实现。

中学阶段，女生入学率比男生低 7.1%，说明了女童遭到的教育不公平。而对于印度弱势群体——表列种姓与表列部族，由于整体受教育落后情况的限制,中学阶段整体入学率都偏低,而表列种姓与表列部族女童更可以算是落后中的落后。初中阶段,2010—2011 年度表列种姓男童与女童入学率分别为 74.0%、67.5%,表列部族分别为 57.1%、49.1%,女童入学率各自落后 6.5%、8%。高中阶段,2010—2011 年度表列种姓男童与女童入学率分别为 40.3%、36.1%,表列部族分别为 32.7%、24.8%,女童入学率各自落后 4.2%、7.9%。将表列种姓与表列部族做比较,表列部族尤其是其女童显然在入学率方面处于更加劣势的地位。

2. 辍学率处于较高水平

在印度小学和中学阶段入学率持续增长的趋势下,普及初等教育的宏伟目标日趋实现的过程中,有一个重要因素阻碍了这一进程的快速实现,即辍学率居高不下,尤其是女童辍学率。面对极高的辍学率,印度在促进入学率增长的同时,只有下决心解决儿童高辍学率的问题,尤其是表列种姓和表列部族辍学率的问题,才能加快实现普及义务教育的目标。

3. 地区发展不平衡

独立之后,作为一个联邦制国家,印度继承了英国遗留下来的中央政府与邦政府合作管理教育的体制。由于幅员辽阔,地理环境因素和社会因素复杂,加上印度政党制度的弊端,中央与地方的合作并不顺利。由于各邦教育发展基础不同,对教育的重视与投入也有差别,印度女童教育的地区发展极不平衡。

虽然女童入学率在印度全国范围内有了一定的提高,但这一提高在全国各邦并不平衡。小学阶段,2010—2011 年度女童入学率低于全国女童入学率 94.8% 平均水平的邦/中央直辖区有 9 个,女童入学率在 90% 以下的邦/中央直辖区有 6 个,分别是:安达曼和尼科巴群岛中央直辖区(85.5%)、那加兰邦(85.4%)、阿萨姆邦(85.1%)、达曼和第乌中央直辖区(82.2%)、拉克沙群岛中央直辖区(81.9%),昌迪加尔中央直辖区(77.7%)。女童入学率最高的地区为梅加拉亚邦(156.3%)。女童入学率最低的地区比女童入学率最高的地区低 78.6%,这个数字比昌迪加尔中央直辖区 77.7% 的女童入学率还要大。

中学阶段,2010—2011 年度女童入学率低于全国女童入学率 48.6% 平均水平的邦/中央直辖区有 13 个。小学阶段这一数字为 9 个,可分析出中学阶段女童入学率地区差别扩大。女童入学率在 40% 以下的邦/中央直辖区有 7 个,分别是:锡金邦(39.4%)、奥利萨邦(39.0%)、梅加拉亚邦(33.4%)、阿萨姆邦(30.7%)、比哈尔邦(27.6%)、贾坎德邦(27.5%)、那加兰邦(23.0%)。女童入学率最高的邦是喜马偕尔邦,达到了 88.8%,比那加兰邦(23.0%)的女童入学率多了 65.8%,差距十分大(见表 6-10)。

表 6-10　印度各邦/中央直辖区 2010—2011 年度入学率(%)与性别均等指数(GPI)

序号	邦/中央直辖区	小学阶段			高中阶段		
		男生	女生	GPI	男生	女生	GPI
1	安德拉	92.2	91.8	1.00	58.4	55.9	0.96
2	藏南地区	155.7	148.2	0.95	61.5	57.2	0.93
3	阿萨姆	83.0	85.1	1.03	35.0	30.7	0.88
4	比哈尔	106.9	98.5	0.92	35.2	27.6	0.78
5	恰蒂斯加尔	112.2	106.6	0.95	50.3	44.5	0.89
6	果阿	104.0	98.0	0.94	62.6	62.0	0.99
7	古吉拉特	108.2	106.1	0.98	55.5	44.9	0.81
8	哈利亚纳	87.5	94.2	1.08	60.4	65.6	1.09
9	喜马偕尔	111.7	110.1	0.99	90.3	88.8	0.98
10	查谟-克什米尔①	103.9	104.5	1.01	54.6	51.7	0.95
11	贾坎德	120.6	121.5	1.01	30.3	27.5	0.91
12	卡纳塔克	100.2	98.3	0.98	57.7	57.9	1.00
13	喀拉拉	97.1	95.2	0.98	82.8	85.9	1.04
14	中央	119.8	125.6	1.05	67.4	45.2	0.67
15	马哈拉施特拉	101.5	98.3	0.97	68.6	61.1	0.89
16	曼尼普尔	158.7	151.1	0.95	61.6	55.9	0.91
17	梅加拉亚	150.8	156.3	1.04	30.8	33.4	1.08
18	米佐拉姆②	155.6	145.8	0.94	57.6	58.1	1.01
19	那加兰	85.4	85.4	1.00	22.7	23.0	1.01
20	奥利萨	105.0	104.6	1.00	43.4	39.0	0.90
21	旁遮普	104.1	101.9	0.98	53.3	53.6	1.01
22	拉贾斯坦	103.3	95.2	0.93	61.2	40.8	0.67
23	锡金③	121.7	126.0	1.04	35.7	39.4	1.01
24	泰米尔纳德	111.8	112.2	1.00	63.0	69.4	1.01

续表

序号	邦/中央直辖区	小学阶段			中学阶段		
		男生	女生	GPI	男生	女生	GPI
25	特里普拉	116.0	114.7	0.99	52.3	49.6	0.94
26	北方	109.3	109.6	1.00	57.5	45.6	0.79
27	北阿坎德	105.9	109.8	1.00	73.8	70.9	0.96
28	西孟加拉	88.7	91.5	1.04	46.5	45.5	0.98
29	安达曼和尼科巴群岛	88.3	85.5	1.03	69.9	70.7	1.01
30	昌迪加尔	80.7	77.7	0.97	66.0	62.4	0.95
31	达德拉和纳加而哈维利	103.1	104.9	0.96	55.4	51.6	0.93
32	达曼和第乌	75.1	82.2	1.02	45.7	54.1	1.18
33	德里	120.0	120.1	1.09	83.2	81.0	0.97
34	拉克沙群岛	78.4	81.9	1.00	73.6	80.5	1.09
35	本地治里	105.6	103.4	1.09	76.6	80.9	1.05
	印度	97.6	94.8	0.96	55.5	48.4	0.87

资料来源：Ministry of Human Resource Development，Government of India. Statistics of School Education 2010-2011.

注：①印度与巴基斯坦有争议的地区。

②1986 年建邦，中国未予以承认。

③1975 年被印度强制吞并并建邦。

4. 穆斯林女童教育落后

尽管穆斯林女童相对一般女童和穆斯林男童教育要落后，但对穆斯林女童接受学校教育的情况很少有详细研究。2007 年杰弗里在北方邦比杰诺儿县做了一项关于穆斯林女童入学情况的研究，研究发现多数穆斯林儿童就读于宗教学校，而不在政府开办的学校接受教育。北方邦是众所周知的教育中性别不平等的邦，北方邦的穆斯林女孩在教育中也处于不利地位。居住地缺乏教育设施，缺乏女教师及性别支持的教育环境影响了穆斯林女孩的教育。当教育机构适合女孩参与时，社会文化因素在塑造学校文化的期望方面也发挥了作用。对比杰诺儿县的村庄的研究发现，"穆斯林女孩虽然都注册入学，但几乎所有女童在初级小学阶段就辍学。此外，一旦进入青春期,许多穆斯林女孩就不允许接受教育了"①。

　　穆斯林女孩注册入学往往是在宗教学校。20 世纪 90 年代以来,乡村穆斯林女孩在正规宗教学校中接受教育的人数的增长尤为惊人,这表明父母对穆斯林女童可以接受教育机会有响应。许多农村中,在宗教学校学习的女生比男生多,她们在不同的建筑楼里,或在不同的教室学习。偶尔,女孩和男孩被安排在同一个教室学习,但他们不能坐在同一条长椅上。女孩更可能按时上学和继续学习直到她们 12 岁或进入青春期。其他的孩子,大多数是来自较富裕的农村家庭的男孩子,在被送去正规的教育机构之前,只需要在宗教学校学习几年。通常情况下,宗教学校并没有配备足够的设施以提供优质的教育。

　　研究发现,穆斯林男孩与女孩的求学经历存在一个显著的区别。13％的穆斯林女孩进入英语语言教学的男女合校中,男孩的比例是 20％左右。虽然少数民族群体中男孩在这类学校的数量比女孩多,但穆斯林女孩与男孩的差距更为显著,穆斯林男孩数量是穆斯林女孩数量的近 3 倍。在私立印地语教育的学校中,男孩数量与女孩数量大致相当,但穆斯林男孩与女孩合计还不足总学生数的 30％。杰弗里等人提出宗教团体越来越按学校类型进行分离,这一点更加突出了在印度这样一个复杂多元的社会结构中,在消除宗教少数民族团体影响的社会政治文化下学习的重要性。②

　　5. 教育基础设施不足

　　在农村地区,学校的基础设施与城市学校的基础设施不在同等水平上。在获得由邦政府提供的资源和基础设施方面,城乡差异也十分显著。例如,农村的孩子上学机会少,因为农村地区没有学校或者学校离家庭太远等地理或社会因素导致儿童没有入学机会。同时,农村儿童特别是女童不得不干农活或者做家务。因此,在农村地区,性别成为可以接受教育的一个重要指标。

　　父母希望政府能够为女孩建立女生宿舍和单独的厕所等设施,如果他

---

① Madhumita Bandyopadhyay, Ramya Subrahmanian. Creat Pathways to Access Research Monograph. Consortium for Research on Educational Access, Transitions and Equity, 2008.

② Madhumita Bandyopadhyay, Ramya Subrahmanian. Creat Pathways to Access Research Monograph. Consortium for Research on Educational Access, Transitions and Equity, 2008.

们发现女孩上学时有任何困难,那么他们就会停止让女孩继续接受教育。初等教育之后的中等教育阶段中,学校离家庭的距离也是影响农村地区教育特别是女童教育的一个大问题。教育学家 J. M. 艾伯海彦卡表示,如果100 名学生接受初等教育,估计仅有 9 名学生完成高等教育(包括研究生教育)。这 9 名学生中理论上应该有 4~5 名女孩,但遗憾的是实际上只有 2 名女孩能接受高等教育。农村女童,即使她们能进入中学,由于学校通常离家有 8~11 公里的距离,家长也不希望送女儿到那么远的中学读书。

在学校基础设施中对女童教育造成影响最明显的是否具有独立的女卫生间。印度在 2007 年所有初等教育的学校中有女卫生间/厕所的学校占50.55%,城市的该比例为 69.19%,农村则为 47.94%,城市比农村高出21.25 个百分点。该比例高于全国均值水平的地区有 15 个,高于 60%的有14 个,高于 70%的有 9 个,高于 80%的有 5 个,低于 50%的有 20 个,低于40%的有 15 个,低于 30%的有 12 个,低于 20%的有 5 个。其中该比例最大的 5 个地区为:昌迪加尔中央直辖区(94.89%)、哈里亚纳邦(87.32%)、本地治里中央直辖区(86.20%)、旁遮普邦(86.09%)、北方邦(82.36%);最小的 5 个地区为:查蒂斯加尔邦(19.95%)、曼尼普尔邦(18.03%)、藏南地区11.90%、阿萨姆邦(10.54%)、梅加拉亚邦(10.20%)。女卫生间如此缺乏的情况对女童入学造成了极大的不便,因此阻碍了女童入学的愿望与积极性。[①]

第三节　高等教育阶段的女性教育

一、女性接受高等教育的现状

印度独立前,女性接受高等教育的机会极少。独立以后,高等院校中的女生入学人数迅速增加,女大学生占大学生总数的比例不断提高。1951 年,印度仿效苏联,开始实行国民经济和社会发展的五年计划,某一问题是否被列入五年计划,反映了中央政府对该问题的重视程度,而头两个五年计划都涉及了女性教育问题,并试图把专业高等教育与女性就业联系起来。1959年,"女性教育委员会"的报告就女性教育问题提出了广泛的建议,使该问题

① 沈有禄:《中国、印度基础教育比较研究》,人民出版社 2011 年版,第 229—231 页。

在以后的几个五年计划中受到高度重视。但是,在高等教育中,女性与男性相比仍然是不平等的。1986 年的《国家教育政策》从一个更广阔的角度强调了教育在帮助女性克服各种不平等待遇方面的作用。《国家展望计划1988—2000》重申了这一观点。下面从 4 个方面介绍印度女性高等教育机会增加的情况。

(一)入学率与层次分布

1950—1951 年,高等院校在校生总数中女性的比例约为 12%,到2010—2011 年度,该比例数上升到 44%,在 2750 万在校生中,有 1200 万人为女生。60 年来,女性在高等教育各层次中所占的比例也发生了显著的变化(见表 6-11)。

表 6-11 高等教育各层次中的女生比例(%)

年度	本科生	硕士生	博士生	年度	本科生	硕士生	博士生
1950—1950	10.8	12.1	14.1	1980—1981	27.2	28.2	27.3
1960—1960	16.2	17.3	15.6	1997—1998	34.6	34	39.2
1970—1971	21.6	25.8	20.7	2010—2011	41.8	不详	不详

资料来源:1. Chitnis, S. & Altbach, P. G. Higher Education Reform in India-Experience and Perspectives. New Delhi:Sage Publications, 1993:127.

2. University Grants Commission. Annual Report 1997-1998. 1998:184.

3. Ministry of Human Resource Development, Government of India. Annual Report 2012-2013. http://www. education. nic. in/AR/annualreports. asp, 182, 2014-03-20.

(二)专业分布

独立以后,女性在所有学科中所占的比例都上升了,在有的学科中几乎与男生平分秋色,在个别学科中的比例超过了男生。通过女生在各学科中所占比例的情况和女生在各学科的分布情况,我们可以更好地了解女性接受高等教育的机会增加的情况(见表 6-12、表 6-13)。

表 6-12 女生在各学科中的比例(%)

学科 \ 年度	1950—1951	1960—1961	1970—1971	1980—1981	1988—1989
文科	16.1	24.6	31.7	37.7	43.2
理科	7.1	10.5	17.8	28.8	32.6
商科	0.6	0.9	3.7	15.9	20.8

续表

年度 学科	1950—1951	1960—1961	1970—1971	1980—1981	1988—1989
教育	32.4	32.8	36.5	47.3	52.4
工程技术	0.2	0.9	1	3.8	6.2
医科	16.3	21.9	22.8	24.4	31.7
法律	2.1	3	3.7	6.9	8.7
农学、兽医、其他	5.8	7	9.5	13.6	15.1

资料来源：Chitnis, S. & Altbach, P. G. Higher Education Reform in India-Experience and Perspectives. New Delhi：Sage Publications，1993：129.

表 6-13　女生在各学科中的分布(%)

年度 学科	1950—1951	1960—1961	1970—1971	1980—1981	1997—1998	2010—2011
文科	67.9	70.2	64.3	56.2	54.4	41.21
理科	21	18.6	25.7	20.6	19.2	19.14
商科	0.4	0.5	1.9	11.8	13.6	16.12
教育	3.1	3.7	3.2	4.5	3.4	4.60
工程技术	0.04	0.2	0.1	0.7	2.1	11.36
医科	5.8	4.5	3.4	3.6	3.3	4.68
法律	0.7	0.5	0.4	1.6	2	0.19
农学、兽医、其他	1.1	1.8	0.9	1.2	2	1.70

资料来源：1. 同表 6-11，130-131.

2. University Grants Commission. Annual Report 1997-1998：185.

3. Ministry of Human Resource Development，Government of India. Annual Report 2012-2013. http：//www. education. nic. in/AR/annualreports. asp，193. 2014-03-20.

（三）地域分布

1959 年，"女性教育委员会"的报告提出了女性受教育情况的地区不平衡问题。该报告指出，南部 4 个邦的女性的识字率与受教育程度好于北部讲印地语的各邦。1974 年，"印度女性地位委员会"的报告也提到，在穆斯林或表列种姓、表列部族聚居的地区，女性的识字率都很低，至今，这种情况在高等教育中仍未有大的改变。1988—1989 年度，南方的喀拉拉邦女性在本邦高等教育中的比例为 52.1%,而北方的比哈尔邦只有 16%。[1]

1997—1998 年度,女性在高等院校在校生中所占比例的前 3 名是喀拉拉邦(53.6%)、旁遮普邦(51.5%)和果阿邦(51.4%),最后一名仍然是比哈尔邦,女大学生的比例仅为 18.9%。[2] 2010—2011 年度,女性在高等院校在校生中所占比例的前 3 名是果阿邦(61.2%)、喀拉拉邦(56.8%)以及安达曼和尼科巴群岛直辖区(52.0%),最后一名仍然是比哈尔邦,女大学生的比例仅为 31.2%。[3]

(四)女子学院的发展

在印度,男女同校已较为普遍,但受传统习惯的影响,仍然有一些群体反对男女同校教育。因此,在女性接受高等教育机会逐步扩大的同时,专门招收女性的女子学院数量也急剧增加。经过独立后近 20 年的发展,到 1965 年,印度有 200 多所女子学院,而到 2010—2011 年度,女子学院已达 3982 所(见表 6-14)。

表 6-14 女子学院的发展

年度	女子学院数	年度	女子学院数
1980—1981	609	1990—1991	874
1982—1983	647	2000—2001	1578
1984—1985	712	2004—2005	1977
1986—1987	771	2007—2008	2360
1988—1989	824	2010—2011	3982

资料来源:1. University Grants Commission. Annual Report 1988-1989,170.

2. University Grants Commission. Annual Report 1997-1998,186.

3. Ministry of Human Resource Development, Government of India. Annual Report 2012—13. http://www. education. nic. in/AR/annualreports. asp. 189, 2014-03-20.

---

[1] Chitnis, S. & Altbach, P. G. Higher Education Reform in India-Experience and Perspectives. New Delhi: Sage Publications, 1993: 133.

[2] University Grants Commission. Annual Report 1997-1998. New Delhi: UGC, 1999: 183-184.

[3] Ministry of Human Resource Development, Government of India. Annual Report 2012-2013. http://www. education. nic. in/AR/annualreports. asp. 189, 2014-03-20.

二、印度保障女性高等教育机会的成绩与不足

(一)女性接受高等教育的制约因素

印度一些特定人群接受高等教育的机会较少,这与中小学教育阶段存在的严重问题有直接关系。其中,有些因素是共性的,有些因素则不尽相同。例如,中小学教育阶段最重要的一个问题是,一些穆斯林、表列种姓和表列部族聚居的地区没有中小学校,这些地区的人都难以享有受教育的机会。其他影响因素还有家境贫困,缺乏经济来源,全体家庭成员都得参与挣钱和家务劳动,男孩子挣钱,女孩子或挣钱或照看弟弟妹妹,以便让母亲腾出手去工作;在中小学教育阶段,缺乏对这些群体的经济帮助和激励措施;有些教师歧视学生;缺乏教育设施或只有劣质的设施,如校舍破烂不堪,对学生没有吸引力;有些中小学只有 1 名教师;家长对子女是否受教育持无所谓的态度;教育与生产没有直接的联系反而推迟了生产功能发挥作用的过程,等等。

对女性教育来说,除了上述一些影响因素之外,还有一些不利于女性教育的社会偏见。20 世纪初期,印度仍然十分普遍地存在着对女性教育的社会偏见和敌意,其中一个共同的看法是:一个受过教育的女孩会变成寡妇,"克丈夫",只有不正派的女孩子才学习读书、唱歌和跳舞。一些社会陋习也阻碍女性接受教育,其中对女性受教育影响最大的是"闺禁(Parda)"的习俗。"闺禁"的重要作用就是使女性与男性分开,从思想上来说,它使女性局限于家庭事务;在实际生活中,它阻碍了女性接受教育,因为她们不能离家外出,不能与男性同校学习,不能由男教师教育她们,尤其是进入青春期的女性。这一社会陋习至今没有根本改变,使得妇女们仍主要局限于家务,因而也妨碍了她们接受高等教育。"闺禁"的习俗对家境较好的印度教女性和广大的穆斯林女性现在仍有影响。[①]

(二)印度保障女性高等教育机会的成绩

涉及高等教育阶段的女性教育,印度人力资源开发部实施了对独生女[②]免费教育的政策:对一个家庭中的唯一女孩实施免费教育到硕士研究生结束;如果一个家庭有 2 个女孩,则每个女孩学费减半;如果一个家庭有一男

---

① Chitnis,S. & Altbach,P. G. Higher Education Reform in India-Experience and Perspectives. New Delhi: Sage Publications,1993:145-146.

② Girl Education. http://azadindia. org/social-issues/girl-education. html. 2011-11-02.

一女两个孩子,则女孩减半收费。这种减免只针对学费,不包括交通费和餐费等费用。另外,印度大学拨款委员会也有面向独生女的特定的优待措施。

从印度女性接受高等教育的现状可以看出,随着时代的进步,经过各方面的努力,60多年来,印度在保障女性高等教育机会方面取得了很大的成就,从女性高等教育的毛入学率和女子学院的发展来看,其进步的幅度之大、速度之快,令人印象深刻,在此不需要赘述了。

当然,这些进步只是从印度自身的纵向角度说的,横向比较,印度女性高等教育的发展仍然有很长的路要走。

(三)印度保障女性高等教育机会的不足

印度女性的社会地位在世界主要国家中是最低的,相对应的,印度女性接受高等教育的机会在世界主要国家中也是最少的(见表6-15)。除了女性高等教育毛入学率呈现极大的地区差异和女生占比较低之外,女性在研究生阶段和"好专业"中的占比很低说明印度女性在高等教育中的机会很不公平。这种情况在前面的一些表格中可以看出。

表6-15　高等教育入学率女生占比、毛入学率和性别平等指数的国际比较(2010年)

国别	女生占比(%)	毛入学率(%)	性别平等指数
巴西	57	不详	不详
俄罗斯	57	87	1.35
印度	40	15	0.73
中国	50	27	1.10
韩国	39	86	0.72
美国	57	111	1.41
世界	51	30	1.08

资料来源:Ministry of Human Resource Development, Government of India. Annual Report 2012-2013. http://www. education. nic. in/AR/annualreports. asp. 191, 2014-03-20.

第七章　印度残疾人的教育权利保障

残疾人的年龄跨度很大,本研究主要介绍印度中小学阶段的残疾人教育即残疾儿童教育,简要介绍高等教育阶段的残疾人教育。

第一节　印度残疾人教育的历史发展

一、独立初期

印度特殊教育的产生要归功于西方传教士。1605 年前后,传教士在印度创立了一个孤女教育机构;18 世纪后期,葡萄牙人创建的马德拉斯军事孤儿庇护所接纳了一些弱智男孩,成为印度现代特殊教育的起点。[①] 1882 年,孟买聋哑学校建立,这是文献记载中印度最早建立的特殊教育学校。

虽然英国殖民统治时期印度残疾人教育学校数量还较少,但是地方政府已开始关注残疾人教育与训练,通常以给学校和其他机构残疾人教育特设拨款的方式完成。1944 年,印度中央教育咨询委员会发布《印度战后教育发展报告》(即《萨金特报告》)。报告中首次把残疾人教育作为国家教育体制中的一部分明文颁布,并由当时的印度教育部管理。报告中显示,印度中

---

① Achilles Meersman. Notes on the Charitable Institutions the Portuguese Established in India. Indian Church History Review,1971(2):95-105.

央和地方均开始关注残疾人教育。[①] 此时,残疾儿童仍是与普通儿童分离开来在特殊学校接受教育的。

1947 年印度独立时,全国仅有 30 所盲人学校、32 所聋哑学校和 3 所智障学校。独立后,这种分离式的残疾儿童教育方式一直得到良好发展,同时各种非政府组织也承担起越来越多的相关教育责任,特殊教育学校蓬勃发展。发展到 1966 年,全国有 115 所视障学校、70 所听障学校、25 所肢体障碍学校和 27 所智障学校。这种残疾儿童在特殊学校学习的传统一直保留到 20 世纪 70 年代,是当时印度残疾儿童教育的主导形式,直到 1974 年"残疾儿童融合教育计划"(Integrated Education for Disabled Children,IEDC)的颁布才打破了这种特殊学校垄断残疾儿童教育形式的局面。

二、20 世纪 60—80 年代

1964 年,印度科萨里委员会把有特殊需要儿童的教育问题写入教育行动计划,并重申特殊儿童应该进入普通学校接受教育。科萨里委员会在声明中表述道:"我们现在关注残疾儿童的教育,我们的《宪法》所指的义务教育是包含残疾儿童在内的教育。在这方面我们可以学习其他国家的先进经验,我们急需一项使残疾儿童与普通儿童一体化的计划。教育部应该设立专项基金,全国教育研究与培训委员会应该建立一个专门的残疾儿童研究所。"

1966 年科萨里委员会再次强调政府应重视对残疾儿童的教育,并推荐采用"双重方法"来满足这些孩子的教育需求。报告建议残疾儿童不应该与正常儿童分开教育,相反,应该采用融合教育。科萨里委员会指出:"许多残疾儿童发现在普通学校就读会导致他们心理不安,在这种情况下,他们才应该被送到特殊学校。""因此,我们印度既需要扩大特殊学校和设施,也需要加强融合教育设施建设。"这种"双重方法"在接下来的 20 年里得以延用,例如:1974 年,印度教育和社会福利部提出"残疾儿童一体化教育"试点工程,旨在促进中度和轻度残疾儿童融合进普通学校,并尝试提高残疾儿童在普通学校的保留率。[②] 残疾儿童在书本、文具、校服、交通、特殊设备和辅助等方面可以得到财政资助。邦政府提供 50% 的财政拨款给普通学校实施这项

---

① Hegarty Seamus,Mithu Alur. Education and Children with Special Needs：From Segregation to Inclusion. New Delhi：Sage Publications，2002：53-54.

② Kalyanpur，Maya. Equality，Quality and Quantity：Challenges in Inclusive Education Policy and Service Provision in India. International Journal of Inclusive Education，2008（3）：244.

计划,但是计划的成效却很小。

1986 年颁布的《国家教育政策》中重申了残疾儿童教育要采用"双重方法",指出残疾儿童教育的最前沿问题是要平等,强调教育的目标应该是"要把残疾儿童与普通儿童平等对待,教育要为他们的健康成长做准备,使他们有面对生活的勇气和信心"。同时,也指出"轻度残疾儿童应该回归普通学校受教育,而中度和重度残疾儿童要被分离到特殊学校教育"①。

残疾儿童教育不仅从国家层面得到高度关注,而且印度政府并不只是把特殊学校作为残疾儿童教育的唯一途径,更注重把残疾儿童纳入普通学校,促进残疾儿童与普通儿童一样平等地享受学校教育。1987 年,在联合国儿童基金会支持下,印度政府又提出"残疾人融合教育计划"(Project of Integrated Education for the Disabled,PIED),进一步强调把残疾儿童纳入普通学校,在全国 10 个邦和中央直辖区开展残疾儿童全纳教育运动,该计划取得了一定的成绩。

三、20 世纪 90 年代以后

最早推出的"残疾儿童融合教育计划"试点工作存在严重的缺陷,如没有师资培训服务,试点的普通学校缺乏对残疾儿童问题和教育需求的处理对策、又缺乏相应的教学设备和教材等,同时,各执行组织之间缺乏沟通与合作,因此,借鉴 PIED 计划的结果和有效经验,1992 年该计划修订后从社会福利部转由教育部负责继续施行。修订后的计划加大了在普通学校对残疾儿童的帮助,为普通学校和残疾儿童的融合教育提供 100% 的资助,非政府组织也得到财政支持来施行该计划。2000 年,印度广播信息局报道,该计划已在 26 个邦和中央直辖区的 14905 所学校施行,为 53000 多名残疾儿童提供教育服务,取得了较好的成绩。由此,残疾儿童教育政策开始进入以全纳教育为主导的阶段,之后的教育政策均以全纳教育思想为指导。

虽然 1986 年《国家教育政策》做出了进一步发展残疾儿童融合教育的承诺,但印度政府却仅是在 1990 年国家教育政策的《行动纲领》中才有所行动。当时,《行动纲领》雄心勃勃地表示计划于 2000 年实现所有儿童的普遍入学,也要求残疾儿童必须在普通学校接受教育,而不允许继续在特殊学校

---

① Hegarty Seamus,Mithu Alur. Education and Children with Special Needs:From Segregation to Inclusion. Calif:Sage Publications,2002:44.

教育(之前是允许的),从而进一步强调了《国家教育政策》的宗旨。①

伴随着 1994 年印度成为《萨拉曼卡宣言》的签署国,20 世纪 90 年代见证了"全纳教育"这一概念迅速出现在印度各种官方文件、政府报告和媒体报道中。印度康复委员会一份报告序言中就指出:"印度特殊教育的发展源于特殊学校的建立。大概 20 世纪 60—70 年代,一体化、融合教育开始被提倡。然而,在 1994 年后全纳教育就突然被猛烈宣传。"

20 世纪 90 年代,两部对残疾儿童教育及发展有重要保障作用的法律相继颁布。1992 年《康复委员会法》提供了残疾人康复训练员标准,其中一类康复训练员就是特殊教育教师。另外一部是 1995 年的《残疾人法案》,这部法案倡导要在适当的教育环境中延长残疾儿童教育年限直至年满 18 岁。该法案以为残疾人争取"机会均等、权利保护和全参与性"为宗旨,努力促进残疾儿童进入普通学校学习。虽然《残疾人法案》中没有明确提及全纳教育,但它填补了印度残疾人教育与训练康复方面的立法空白,得到了广泛认可,在印度残疾人教育与发展历史上具有重要意义。虽然该法案不是全纳教育法案,但是法案中的规定表明,要在保留特殊教育学校的同时,努力促进残疾儿童进入普通学校学习,可见,法案推崇的思想是全纳教育,更加注重在平等原则基础上,在合适的教育环境中满足残疾儿童应有的教育需求。该法案也成功地催化了几个与残疾人相关的政策和全纳教育计划的颁布,如印度第 13 个五年发展规划就计划拨款 1 亿卢比用于进一步扩大残疾儿童教育机会。

印度政府推广残疾儿童全纳教育政策的脚步从此没有停止过,"县初等教育计划(The District Primary Education Programme,DPEP)"和其附属计划"残疾人融合教育计划(The Integrated Education of the Disabled,IED)"相继颁布。DPEP 的主要目标就是普及初等教育,并确保残疾儿童在此过程中不被边缘化。IED 是"县初等教育计划"的关键步骤,因此,中央政府帮助各邦和中央直辖区开展 IED 计划,保证残疾儿童能够进入普通学校学习。当前,DPEP 计划已经在印度拉贾斯坦邦、奥里萨邦和西孟加拉邦等邦和直辖区的 23 个县实行,60 多万名残疾儿童因此计划得以进入普通学校学习。

印度残疾儿童教育政策已经完全进入了以全纳教育为主导的新阶段,继"初等教育计划"之后,印度又为促进残疾儿童初小衔接而实行了"中学阶

---

① Hegarty Seamus, Mithu Alur. Education and Children with Special Needs: From Segregation to Inclusion. Calif: Sage Publications, 2002:4.

段全纳教育的中央资助计划",残疾儿童教育实现了政策上的完全以全纳教育为主导,形式上实际多样,又注重衔接性和可行性。

第二节　印度保障残疾儿童教育的法律政策与机构

一、印度残疾人现状

印度宪法确保所有公民个体的平等、自由、公平和尊严,并坚定地要求建设一个包括残疾人在内的全纳社会。近年来,印度社会对残疾人的态度有了极大的、积极的改变。人们认识到,如果残疾人能够得到平等、有效的康复治疗,其中的大部分人可以过上更好的生活。

据 2001 年人口普查显示,印度有 2180 万残疾人,占印度人口总数的 2.13%。在印度,残疾人是指视觉、听觉、言语、运动肢体和智力方面有残疾的人。普查数据显示,残疾人中的 75% 居住在农村地区,49% 识字,仅有 34% 能够就业。

但是,2002 年印度国家抽样调查组织(NSSO)搜集的数据认为,印度残疾人口为 1840 万,对于残疾人的判定与 2001 年调查数据存有显著不同。数据的差异主要是由于收集数据时的覆盖范围和定义不同(见表 7-1、表 7-2)。

表 7-1　印度各类型残疾人口数据

残障类型	2001 年人口普查		2002 年 NSSO 调查	
	人数(千万)	百分比(%)	人数(千万)	百分比(%)
运动肢体残障	0.61	28	0.97	52
视觉残障	1.06	49	0.25	14
听觉残障	0.13	6	0.18	10
言语残障	0.16	7	0.09	5
智力残障	0.22	10	0.16	9
多重残障	—	—	0.19	10
总计	2.18	100	1.84	100

表 7-2　印度残疾人的入学率与文盲率

教育指标	重度残疾(%)	中度残疾(%)	轻度残疾(%)
入学率	25.7	56.3	67.9
文盲率	72.2	42.6	34.9

资料来源：India NSS,58th round. Bank staff estimates. New Delhi，2007:5.

　　印度各邦进行了家庭调查和专门调查,以鉴定有特殊需要的儿童。已经有 327.1 万儿童被鉴定为是有特殊需要的儿童,其中 282.2 万(占全部被鉴定儿童的 86.27%)已经入学。另外,有 23 个邦和中央直辖区的 11.2 万有特殊需要的儿童享受到"准备上学计划"(School Readiness Programme),还有 28 个邦和中央直辖区的 12.9 万有特殊需要的儿童受到家庭教育。总体上,93.66% 的已鉴定为有特殊需要的儿童通过不同的计划受益。

二、保障残疾儿童受教育权的法律和政策

(一)《宪法》与《版权法》

　　印度《宪法》规定,国家必须为包括残疾儿童在内的所有儿童提供至少到 14 岁的免费义务教育。

　　1957 年的《版权法》修正案规定,任何个人和组织,为了方便残疾人获得某些著作(这些著作包括为了个人使用、教育和研究的需要而与残疾人分享等)而以任何方式对这些著作进行改编、复制或者向公众传播是不违反《版权法》的,但是,这些行为及著作复制品必须是非营利性的,只能收回生产成本,相关组织还应该确保这些著作的复制品是被残疾人所使用的,并且需要采取相应措施防止这些复制品进入普通的商业渠道。

(二)《国家教育政策》

　　1986 年《国家教育政策》(1992 年修订)特别重视残疾人教育。它指出,国家教育政策的目标应该是使肢体残疾者和智力缺陷者作为平等成员同普通的社团结合起来,使残疾人正常地成长并能充满勇气和满怀信心地面对生活。为此应采取以下措施:(1)无论在什么地方,只要可行,应向行动困难者和其他轻度残疾儿童施行与他人一样的教育;(2)尽可能在县城为严重残疾的儿童提供带有宿舍的特殊学校;(3)要为残疾人合理安排职业训练;(4)要重新确定教师培训计划,特别是初级小学教师的培训计划,以解决残疾儿童的特殊困难;(5)以各种可能的方式鼓励人们志愿为残疾人的教育做

出努力。[①]

（三）《康复委员会法》

《康复委员会法》(Rehabilitation Council of India Act,RCI)于 1992 年颁布,指定康复委员会为制定有关残疾人康复培训计划的法定团体,规定康复委员会具有制定残疾人康复培训和最低从业标准以及颁发相关证书的权力。同时,该法还制定了一套康复培训的常规人力资源发展机制。另外,该法还建立了无证康复训练教师的问责制度,没有康复训练资格证书的教师将会被处以一年以上监禁或罚款 1000 卢比,这是《康复委员会法》非常重要的贡献。

2000 年,印度《康复委员会法》修订案颁布,修订案在进一步明确 RCI 在特殊教育和残疾人康复研究中的职责之外,又进一步详细规定了对于为残疾人提供不合格康复服务的人员和机构的惩罚措施。[②] RCI 是特殊教师和各类教育于康复训练机构实施残疾人康复训练的根本依据,各种残疾人具体康复训练计划以康复委员会培训计划为参考。

（四）《残疾人法案》

该法的全称是《残疾人（机会均等、权利保护和全面参与）法案》The Person with Disabilities（Equal Opportunities Protection of Rights and Full Participation）Act,简称 PWDA）于 1995 年颁布,1996 年 2 月 6 日起生效。该法案的第 26 章(a)款明确了"中央、各邦、直辖区和地方政府在提供给残疾儿童最合适的、免费的教育直到年满 18 岁方面具有法定责任"。第 26 章(b)款则号召"中央政府和地方政府要融合残疾儿童进入普通学校学习。另外,该法案规定中央政府和地方政府,尤其要据此制定适用于不同类型、不同阶段残疾儿童的教育计划"。

法案规定,所有由政府主办的教育机构及其他接受政府资助的教育机构,应当为残疾人保留不低于 3% 的入学名额。此外,为解决残疾学生的行动便利问题,法案规定要确保校园中现有的以及将来的所有建筑设施均方便残疾人使用。

[①] Department of Education, Ministry of Human Resource Development, Government of India. National Policy on Education (As Modified in 1992). New Delhi, 1992:11.

[②] Rehabilitation Council of India. The Rehabilitation Council of India Act. http://rehabcouncil. nic. in/writereaddata/rciact. pdf. 2014-6-20.

　　法案建议为残疾人提供交通设备,提供免费书本和其他教材、奖学金,开发调整型的适用于有特殊需要儿童的考试系统和课程,也特别强调对特殊教育教师和普通教师的培训。另外一项重要的条款是,要求全国各地(城市和农村)必须为有残疾的学生提供适应性设施,确保他们能够留在学校中。

　　同时,法案对"残疾"的筛查鉴定、无障碍性环境建设及残疾人就业与权利保障等做了具体规定;并且为切实保障残疾人的权利,还特别设立了残疾人事务首席专员办公室处理有关残疾人的具体事务。[①] 该法颁布后,中央政府和地方政府均已成立办公室。2009 年,印度社会公正与赋权部残疾人部门发布了 PWDA 修订案,修订案在遵循《联合国残疾人权利公约》的基础上进一步明确了残疾人在康复、就业和教育等方面的权利,增加了对"自闭症"和"多重残疾"的定义,并对"低视力""基于残疾的歧视""融合环境"等概念做了修订。[②]

　　(五)《受教育权法》

　　《受教育权法》(The Right of Children to Free and Compulsory Education Act,RTE)于 2009 年生效,规定向包括有特殊需要儿童在内的所有 6～14 岁年龄段儿童提供免费的义务教育。根据《残疾人法案》第 2 条第 1 款规定,儿童被鉴定确有残疾之后,残疾儿童有权依据《受教育权法》第五章的规定,接受免费的初等义务教育。该法不是以个体权利为构建框架,而是以"社会正义和集体主义"为出发点制定的。它不是专门为残疾人设计的,但却包含残疾人在内,有专门一章内容来规定残疾人受教育的权利。正如国际劳工组织所指出的:"当一个残疾学生,在一项政策中(如《受教育权法》),没有因其特有需求而被隔离开规定,那么他们的特有需求就不可能被保障,也不可能实现。"[③]因此,印度《受教育权法》列出一些很重要的条款用以保障

---

① Ministry of Social Justice and Empowerment, Government of India. The Persons with Disabilities (Equal Opportunities, Protection of Rights and Full Participation) Act, 1995.

② Ministry of Social Justice and Empowerment. Amended Rules for Persons with Disabilities. http://socialjustice. nic. in/disabrules. php? pageid＝1. 2014-07-01.

③ Kalyanpur, Maya. Equality, Quality and Quantity: Challenges in Inclusive Education Policy and Service Provision in India. International Journal of Inclusive Education, 2008 (1): 253.

残疾儿童和非残疾儿童的受教育权利。第一,该法禁止任何学校收取任何形式的学费;第二,如果一名儿童已满 6 岁却没有上学,将会安排与其年龄相适应的班级就读;第三,如果儿童所在地区没有学校,政府要负责在三年内按照《受教育权法》规定在该地区建立学校,抑或者为这些儿童提供去其他地区学校读书的交通工具或者住宿条件;第四,中央与地方政府应竭力合作贯彻《受教育权法》。第五,还规定不许以合同制或按月雇佣残疾儿童教育的相关教师,允许教师没有专业资格,但必须是以固定员工身份被雇佣,且支付其全额薪水和福利。

2012 年,《受教育权法》进行了修订。修订案中涉及残疾儿童教育的内容如下:

1. 把残疾儿童归入《受教育权法》第 2 条第 4 款规定的"属于弱势群体的儿童"中;

2. 包括小儿脑瘫、智力发育迟缓、自闭症及多重残疾在内的残疾儿童,有权根据 1995 年《残疾人法案》第 5 章的规定,接受免费的义务教育;

3. 有多重残疾和重度残疾的儿童有权选择在家接受教育。

(六)《国家信托法》

该法的全称是《为了自闭症、脑瘫、智力迟缓和多重残疾者福利的国家信托法》(National Trust for Welfare of Persons with Autism, Cerebral Palsy, Mental Retardation and Multiple Disability Act),于 1999 年颁布。该法规定了宪法委员会、地方委员会等的问责制和监督机制,旨在保障和赋予残疾人独立和尽可能全面的生存与居住权,特别关注无家可归及孤寡残疾人的安置问题。它是关爱和保护需要特殊护理和帮助的残疾人的重要举措,是残疾儿童身为印度国家公民享受教育权利保障的重要法律依据。

三、保障残疾儿童受教育权的机构

(一)全国教育研究与培训委员会

全国教育研究与培训委员会(The National Council of Educational Research and Training, NECRT)是在与中小学教育有关的学术问题方面为中央和各邦政府提供帮助与建议的权威资源机构,为改善中小学教育质量提供理论和技术支持。

过去的 60 多年来,NCERT 对印度学校教育体制建设与发展做出了积极的贡献。NCERT 实施的项目涉及研究、发展、培训、拓展、国际合作、教育信息出版与传播等方面,它是印度政府授权的国家教育课程框架研发机构,多年来一直致力于以学生需求为中心的课程改革。同时,NCERT 也负责教师专业发展和培训工作,通过各区的教育机构对各类学校系统教师进行职前、在职课程培训以及其他教师教育培训。另外,NCERT 也一直进行学习评估改革与研究工作,委员会正不断在各学校教育阶段完善教学质量问卷、测试题目,施行成绩调查,希望通过连续综合性评估改变以往的一次性考试评估。例如,2012—2013 年间,NCERT 实施了一项调查,旨在评估"中学阶段全纳教育中央资助计划"在各邦的实施情况,并揭示该计划实施过程中存在的问题和面临的挑战。印度教育目标不断扩大,社会需求、政策导向、课程改革和问题探索等使得教育更加需要全纳性。女童教育和特殊儿童教育成为印度现代学校教育最为关注的热点,因此,对这些群体的全纳教育在 NCERT 的政策中也得到了相应强化。委员会通过政策宣传、特殊教材开发、教师培训和赋予社区成员优先权等措施促进各类残疾儿童进入主流学校学习。[①]

(二)全国开放中小学教育研究所

全国开放中小学教育研究所(National Institute of Open Schooling, NIOS)是在国际上获得认可的隶属于印度人力资源开发部的一个自治性机构,通过远程教育模式,为学位前阶段的学生提供可持续的、以学习者为中心的有质量的教育,提供技能提升与培训。NIOS 提供学位前阶段的专业和职业两类教育课程给其目标群体,即那些不能通过面对面模式接受教育的人群。NIOS 提供需求驱动性的职业教育课程,为通过课程考试的学生颁发文凭证书,提高学习者的技能,为大量的不同层次上的学生创造找到有收入的工作的机会。

NIOS 的优先目标群体是正规教育的辍学学生和人口弱势群体,他们因各种社会经济、情感等因素不能进入正规教育系统。其中一个优先目标群体就是不同种类的残疾学生,他们被定义为"有特殊需要的学生"。

由于近 5 年累计有 202 万学生注册和每年招生 40 多万人的记录,NIOS 被认定为世界上最大的开放教育系统。每年,NIOS 至少招收 1 万名残疾学员进入其学术(大致是中等教育阶段)和职业教育中。NIOS 通过 85 所"特别认定的面向弱势群体的教育机构"的帮助,向残疾学员提供教育,这些教

---

① R. Govinda. IMAGES 50 Years of NCERT. New Delhi: National Council of Educational Research and Training,2011:21-64.

育机构开设在印度不同邦和中央直辖区的特殊教育学校和非政府组织中。根据印度政府的规定,这些学生享受学费减免。为了使教育更贴近残疾学生的实际生活,大力支持他们在 10 年级和 12 年级时选择职业课程。由于NIOS 教育系统是根据不同类型学习者的学习能力灵活设置的,因此,学生也就可以根据自己的兴趣爱好选择相应的课程。

更为重要的是,全国开放中小学教育研究所为残疾学生提供了一系列具体的优惠政策,来保障他们能够接受教育并完成相应课程计划。同时,还特别制定了适用于残疾学生的考试制度。在考试中,他们可以获得一个抄写员(或代笔者)和附加的一小时来完成他们的试卷;也为他们安排单独的座位,如果有需要,还会为重度残疾(具有多种残疾/脑性麻痹)儿童设置适应性的椅子、桌子、床等,甚至在某些极端的情况下,考试可以在有特殊情况的学习者的住所进行;视障学生允许使用盲文打字机或电脑;残疾学生被允许使用诸如语音计算器、算盘、泰勒框架和几何绘图工具包等学习用具;为有听力障碍考生的教室安排一名翻译者(手语者)以帮助其理解问题。

(三)中等教育中央委员会

中等教育中央委员会(Central Board of Secondary Education,CBSE)是隶属于人力资源开发部学校教育与识字司的一个独立自治性机构,主要负责中学 10 年级、12 年级考试及评估改革工作。CBSE 为残疾学生(主要是阅读障碍者、盲人、麻痹症患者和视觉障碍者)提供了许多便利政策,主要表现在各级各类课程与考试中,具体包括:残疾人有权选择只学习一门语言而非两门,但所选语言须与委员会所规定的三种语言模式总体精神一致。除了这门语言外,他们还可以任意选择数学、科学与技术、社会科学、其他语言、音乐、美术、家庭科学和信息技术简介课程中的四门。

中等教育中央委员会规定,自印度 2002 年考试起,为了替代那些需要以视觉输入为基础的特殊技能来回答的问题,多选题用于 10 年级毕业考试中的数学和科学考试中;盲人、肢体残疾和阅读障碍学生可以使用抄写员,抄写员须是低于参加考试学生年级的学生。此外,2003 年起,德里生源的视觉残疾学生开始使用放大版印刷的考试试卷。

另外,CBSE 还规定残疾学生在外部考试(初中和高中毕业考试)中,每张试卷额外增加一小时的作答时间;在 CBSE 规定的最低分数之外,不实行其他额外分数优惠政策;残疾学生免考第三语言;CBES 认为物理疗法训练等同于本委员会规定开设的物理和健康教育课程。

同时,中等教育中央委员会也指示(考试中心委派的)主考官们尽可能安排残疾学生在一楼(不需要上下楼)进行考试;在主答题簿上,肢体残疾学生要特别标示出来他们的残疾类别,并说明他们是否得到了书写助理的帮助;残疾学生的答题卷可以在联合中心由地方考试官员评阅;要求主考官们把残疾学生的答题卷放在单独的信封中送至相关的地方考试官员手中;盲人学生的主考官助理选自他们就读的学校。尽可能不要任命考试当天所考科目的任课教师担任监考员,同时,要从校外任命一名监考员。由于肢体残疾学生有额外的 60 分钟作答时间,管理这类考试的主考官助理可获得 20~50 卢比的酬金;主考官们从考试中心收取的考务费中支付给抄写员每天 100 卢比的酬金。

(四)大学拨款委员会

大学拨款委员会(University Grants Commission,UGC)是印度中央政府的派出机构,承担两项重大责任:提供资金和协调、决定以及维护高等教育系统标准。

大学拨款委员会在高校招生和"国家资格考试"中对残疾人做出了一些优惠规定,本章第四节中有详细的介绍。

(五)英迪拉·甘地国立开放大学

英迪拉·甘地国立开放大学(India Gandhi National Open University,IGNOU)是印度唯一的国立开放大学,在印度的大学系统中具有独特的地位。作为国立大学,它同时又是全国邦立开放大学和全国远程教育的最高学术领导机构,因为印度政府通过法律赋予了英迪拉·甘地国立开放大学"制定国内开放大学和远程教育标准"的权力。它与少数单一制中央大学一样,不接纳民办的附属学院,只接纳由中央和地方政府出资设立的教学中心。

在印度社会公正与权益保障部的支持下,IGNOU 建立了印度第一个手语研究与培训中心(Indian Sign Language Research and Training Centre,IS-LRTC),这是印度首个把短期课程和完全成熟的专业结合起来的全日制远距离教学中心。中心通过组建语言和文学机构,促进对聋哑人语言的持续研究,获得聋哑人语言发展的知识。

英迪拉·甘地国立开放大学还建立了全国残疾人研究中心,实施了多项关于残疾人教育与研究的课程计划,主要有残疾人管理医生的研究生文凭、特殊教育学学士、在职特殊教育教师的基础课程、残疾人研究的选修课、特殊教育学硕士、特殊儿童(智力迟缓、视觉障碍、听觉障碍)早期康复训练方面的证书课程、辅导与家庭治疗的科学硕士课程等。

第三节　印度残疾儿童的基础教育

一、残疾儿童的初等教育

（一）初等教育普及计划

1. 计划的实施背景

1990 年 3 月，"世界全民教育大会"在泰国宗迪恩召开，大会通过了两个具有历史意义的文献——《世界全民教育宣言》和《满足基本学习需要的行动纲领》。扫除成人文盲、普及初等教育以及减少男女受教育的差别成为全民教育的基本内涵，而满足全体儿童、青年和成人的基本学习需要是全民教育的最终目标。由此，发展全民教育成为世界绝大多数国家向国际社会做出的政治承诺，成为这些国家教育发展的重要目标，并作为制定国家教育政策的指导性原则。作为世界上最大的发展中国家之一，普及初等教育是印度政府半个多世纪来一直致力于解决的重要教育问题。1993 年，印度、孟加拉国、巴西、中国、埃及等九国发起《全民教育计划》，一方面分别制定各自的全民教育目标，另一方面通过了九国政府对实现全民教育的决心与庄严承诺——《德里宣言》。

2001 年，印度开始"初等教育普及计划"，印地语叫 Sarva Shiksha Abhiyan，简称 SSA。该计划实施时间为 2001—2010 年，分为两个阶段：第一个阶段为 2001—2006 年，即 SSA I，所有的儿童包括有残疾的儿童都要实现完全的初级小学教育；第二个阶段为 2006—2010 年，即 SSA II，实现完全的高级小学教育。由于计划的目标尚未全面实现，现在，该计划仍在实施中。

"初等教育普及计划"是印度政府的一项旗舰计划，通过要求按照限期完成的一系列完整的实施步骤。中央政府与邦政府紧密配合实现初等教育普及化，下放分散管理规划权和社区自主权。它的基本目标是到 2010 年为所有 6～14 岁年龄段儿童提供有用的和优异的教育，更高目标是通过教育弥补社会差距。这项计划也得到了世界银行、英国国际发展部和欧盟的支持与资助。[1]

2009 年,印度通过了建国以来具有历史意义的教育改革方案——《儿童免费义务教育权利法案》,即著名的《教育权利法案》,旨在进一步解决长期以来 6～14 岁儿童免费初等义务教育中的入学机会与教育质量不平等问题。《教育权利法案》于 2010 年 4 月 1 日起正式生效,规定对全部 6 至 14 岁的儿童实行免费义务教育。虽然普及初等教育经过多年努力取得了一定成果,但由于印度经济社会、种族宗教、文化等多重原因仍未完全实现。

经全民教育目标和《教育权利法案》强有力明确,普及初等教育主要包括 6～14 岁儿童在学校教育中的机会、入学和保留三个方面。经过印度《宪法》进一步明确规定后,如若只是实现了没有全纳残疾儿童的初等教育,并不是完成初等教育目标。因此,普及初等教育目标大力助推了残疾儿童教育发展,残疾儿童教育成为 SSA 计划中重要的一部分。

2. 计划的目标与主要内容

SSA 的目的是,至 2010 年为所有 6～14 岁年龄组的儿童提供有益和相关的初等教育。另外一个目的是促使社区积极参与学校管理,弥补社会、地区和性别差异。

有益和相关的教育标志着一种教育系统不是疏远社区,而是要与社区紧密合作的追求。它的目的是允许儿童学会和掌握他们的自然环境,在某种意义上,允许他们完全和充分掌握其身体和心理上的人类潜能。这个追求必须是要让儿童学会互相合作、为对方谋福利的价值观形成的过程,而不是让儿童自私价值观形成的过程。

SSA 也意识到了儿童早期护理和教育的重要性,将 0～14 岁看作一个连续的教育过程,而不是割裂的阶段性教育。SSA 支持在儿童综合发展服务(Integrated Child Development Scheme,ICDS)中心和其他的学前教育中心进行学前教育,以补充妇女和儿童发展部所做的学前教育努力。[2]

SSA 的具体目标是:(1)至 2003 年,使所有的儿童能够在正规学校、教

---

[1]　Department of Elementary Education and Literacy, MHRD, Goverment of India. Sarva Shiksha Abhiyan: A Progamme for Universal Elementary Education, Manual for Planning and Appraisal. New Delhi, 2004:5.

[2]　Department of Elementary Education and Literacy, MHRD, Government of India. Sarva Shiksha Abhiyan: A Programme for Universal Elementary Education, Framework for Implementation. http://education. nic. in/ssa/ssa_1. asp. 2009-12-28.

育保障中心、替代性学校、"重回学校训练营"(Back-to-School Camp)进行学习。(2)至 2007 年,使所有的儿童完成 5 年初级小学教育。(3)至 2010 年,使所有的儿童完成 3 年的高级小学教育,即能够完成 8 年初等教育。(4)侧重初等教育的质量满意度,重视终身教育。(5)至 2007 年,在初级小学阶段消除性别差距和社会差距;至 2010 年,在整个初等教育阶段消除性别差距和社会差距。(6)至 2010 年实现 100%的在校率。[①]

该计划为所有有特殊需要的儿童提供一体化和全纳教育,包括学校教育、开放学校、非正规和替代性学校、远程教育与学习和特殊学校教育。如有必要,还会提供家庭教育、辅助教学、业余教育、以社区为基础的康复训练和职业教育等。某些儿童因其他原因不能进入学校接受教育,还可以登记进入教育保障计划中心(Education guarantee scheme centers,EGS)和替代及创新教育规划中心(Alternative & Innovative education centers,AIE)接受教育。

SSA 对残疾儿童进行培训为他们能够进入学校做准备,进而确保能够实施高质量的全纳教育,具体内容主要有以下四方面:(1)确保施行以下残疾儿童全纳教育的干预措施:残疾儿童鉴定,功能评估和正式评估,适当的教育安置,编制个性化教育计划,提供辅助设备和器械,教师培训,资源支持,拆除障碍性建筑,监测和评估,对有特殊教育需求的女孩予以关注。(2)开设以居住地为基础的连结课程(bridge courses),帮助有特殊需要的孩子做好接受学校教育的准备,从而确保较好质量的全纳教育。(3)为重度残疾儿童提供家庭教育以便他们进入学校学习以及有足够的生活能力。(4)提供给每名残疾儿童每年 1200 卢比的资助;县级计划按照残疾儿童每人每年 1200 卢比的标准制定,残疾儿童每年累计可获得最高资助 3000 卢比;SSA 各地执行委员会负责各级部门资源分配,向每所学校每年提供 1500 卢比的评估费。[②]

---

① Department of Elementary Education and Literacy,MHRD,Government of India. Overview of Inclusive Education in SSA. http://ssa. nic. in/inclusive-education/overview-on-inclusive-education/OVERVIEW%20OF%20INCLUSIVE%20EDUCATION. pdf. 2014-08-26.

② Department of Elementary Education and Literacy,MHRD,Government of India. Sarva Shiksha Abhiyan. http://ssa. nic. in/ssa-framework/monitoring-of-programme-imple-mentation. 2014-04-20.

　　3. 计划的实施与管理

　　在国家层面,由印度政府人力资源开发部下设的初等教育和识字司(DEEL)负责执行计划,还有全国评估团、执行委员会和项目审批委员会参与该计划的实施和管理。初等教育和识字司的工作包括制定教育政策,对计划进行评价,向邦执行协会发放计划经费,全面审查计划,给予各邦以技术性支持,研究、评价、监管、检测计划实施等。在比较大的邦还会建立多个监管机构担负监管工作。按照要求,这些监管机构每 6 个月对 SSA 的实施情况进行实地访查并报告进展情况。

　　在地方层面,SSA 计划建立以社区为基础的监管系统。教育管理信息系统(EMIS)以微观规划和社区信息调查为途径与学校教育连接。除此之外,每所学校也设置一块告示板,公示本校收到的所有资助和使用明细情况。所有上交到县和区一级的关于招生、出勤率、鼓励政策等的报告也会贴在学校的告示板上,并且要求简化报告格式以便公众都能理解。SSA 计划规定 EMIS 应形成定期报告机制。除此之外,视察员还要记录课堂实践的变化过程,定期监管小组也要随机选择和访查学校。监管的基本原则是以社区负责和外部组织定期质量检查相结合,鼓励独立反馈 SSA 计划的实施、调查情况,一些特定的民间组织也可参与各阶段的监管工作。

　　另外,邦执行协会也开展集中监管工作。普及初等教育全国评估团和其他的国家教育组织如教师教育理事会(NCTE)、印度教育规划与管理大学(NUEPA)和全国教育研究与培训委员会(NCERT)等也对 SSA 计划开展定期的监测工作,并向各邦的执行协会提供资源服务以加强评估与监管系统。各级政府部门都鼓励民间组织自愿为实施 SSA 计划承担调查和评估工作。

　　NCERT 负责为实施 SSA 计划的邦和中央直辖区进行初等教育阶段学习成绩评估并制定统一的标准线。为 SSA 实施成效具体评估的指标有学生入学率和实际出席率、学生成绩水平、教师能力和教师培训、课堂实践、区资源中心对学校学术监管情况、社区对学校运行的看法等 6 项,按照季度和年度提交评估报告。

　　(二)SSA 计划的成效与问题分析

　　1. 实施成效

　　SSA 计划是一项庞大的计划,针对残疾儿童的全纳教育只是其中一个组成部分。虽然没有专门的详细报告和实施成效统计,但人们通过印度政府各部门的年度报告仍可获得相关信息,也可从 SSA 计划的评估报告中获得残疾儿童初等教育的进展和成绩。

（1）残疾儿童获得鉴定与入学人数大幅度上升。SSA 计划规定首先要对残疾儿童进行专业的鉴定与未入学统计工作，随后根据具体情况安排入学。表 7-3 是对 SSA 计划 10 年间在鉴定残疾儿童和残疾儿童入学方面的对比，显而易见，10 年间残疾儿童在获得鉴定与入学人数方面取得了很大进步。

表 7-3　SSA 计划残疾儿童鉴定和入学人数对比　　　　（单位：万）

年度	2002—2003	2009—2010
残疾儿童鉴定	68.3	295.7
残疾儿童入学	56.6	247.7

资料来源：Ministry of Human Resource Development，Government of India. Annual Report 2009-2010. http://mhrd. gov. in/documents/term/82. 2014-04-20.

（2）教学辅助设备的满足率较高。在提供辅助设备（Aids & Appliances）方面，许多残疾儿童因缺乏辅助设备和器材而不能入校学习，印度社会正义与赋权部应 SSA 计划要求提供设备和器材给残疾儿童。另外，一些慈善组织、非政府组织等也为残疾儿童提供辅助设备，方便其接受学校教育。通过 SSA 计划，2009—2010 年度各地为残疾儿童提供的辅助设备和器材达 18.4 万余件，占残疾儿童总需求量的 72.49%，虽然不能够完全满足所有残疾儿童的需求，但能为满足大部分儿童的需求提供帮助。[①]

（3）校园环境和师资队伍建设取得积极进展。在校园环境建设方面，SSA 计划为方便残疾儿童进入普通学校接受较好的教育，特别强调拆除学校障碍性建筑物。截至 2013 年底，共有 77.1 万所学校（69.43%）已经为残疾儿童创造了无障碍性的学校环境，99803 所学校还为残疾儿童建设了友好型洗手间。

在残疾儿童教育师资培养方面，2012—2013 年度，已有 267 万名教师参与正规教师培训项目，该教师培训项目包括 2～3 天的关于全纳教育的集中培训；232.2 万名教师还受到 3～5 天的关于更好理解与定位全纳教育的培训；33 个邦和直辖区的 13.8 万名教师享受到印度康复委员会 90 天的培训，

[①]　Department of Elementary Education and Literacy，MHRD，Government of India. Overview of Inclusive Education in SSA. http://ssa. nic. in/inclusive-education/overview-on-inclusive-education/OVERVIEW%20OF%20INCLUSIVE%20EDUCATION. pdf. 2014-08-26.

并被指派为各区县的资源专家；34 个邦和直辖区的 22156 名教师受到指派，为普通学校教师在实施全纳教育过程中提供帮助。① 以 2009—2010 年度为例，各地通过 SSA 计划为加强残疾儿童教育而任命资源教师以及进行教师培训的基本情况如表 7-4 所示，其中三分之二的 IEDSS 实施地都任命了资源教师并对普通教师进行 90 天的培训。

表 7-4　各地 SSA 计划任命资源教师和 90 天教师培训情况（人数）

序号	名称	资源教师/90 天培训	序号	名称	资源教师/90 天培训
1	安德拉邦	887/633	19	那加兰邦	46/189
2	藏南地区	0/67	20	奥里萨邦	251/5613
3	阿萨姆邦	175/4135	21	旁遮普邦	492/970
4	比哈尔邦	610/7662	22	拉贾斯坦邦	475/16203
5	恰蒂斯加尔邦	39/843	23	锡金邦	5/0
6	果阿邦	0/95	24	泰米尔纳德邦	1430/0
7	古吉拉特邦	470/9823	25	特里普拉邦	3/0
8	哈里亚纳邦	98/1250	26	北方邦	2028/448
9	喜马偕尔邦	0/1172	27	北阿坎德邦	7/14346
10	查谟-克什米尔邦	0/415	28	西孟加拉邦	1473/1013
11	贾坎德邦	163/668	29	安达曼和尼科巴群岛	27/0
12	卡纳塔克邦	1010/34257	30	昌迪加尔	13/207
13	喀拉拉邦	784/0	31	达德拉-纳加尔哈维利	0/0
14	中央邦	162/14061	32	达曼和第乌	2/0
15	马哈拉施特拉邦	1880/7060	33	德里	50/0
16	曼尼普尔邦	0/2642	34	拉克沙群岛	0/0
17	梅加拉亚邦	33/783	35	本地治里	8/0
18	米佐拉姆邦	8/435		总计	12629/124990

资料来源：Department of Elementary Education and Literacy，MHRD，Government of India. Overview of Inclusive Education in SSA. http://ssa. nic. in/page_portletlinks? folder-name＝inclusive-education. 2014-08-26.

此外，在政府与非政府组织的参与方面，SSA 计划吸引了大量政府组织

---

① Ministry of Human Resource Development，Government of India. Annual Report 2012-2013. http://www. education. nic. in/AR/annualreports. asp. 2014-03-20.

和非政府组织参与其中,为促进残疾儿童全纳教育发展而共同努力,积极普及残疾儿童初等教育。广布于 32 个邦和直辖区的 1139 个非政府组织参与 SSA 计划的全纳教育实践;中央邦的奥如斯组织、印度脑瘫研究院,加尔各答、拉贾斯坦邦的挽救视力组织和印度国家盲人协会以及孟买一些相关组织机构等 33 个邦和直辖区的政府组织负责辅助实施 SSA 计划。

2.存在的问题

首先,残疾儿童鉴定问题。根据印度 2001 年人口调查,残疾儿童人口占人口总数的 2.1%,而经过 SSA 计划鉴定,残疾儿童人口占人口总数的 1.54%。印度教育报告中也曾对残疾儿童鉴定结果进行了解释,这是由于各种鉴定和调查程序各不相同,因此才会对残疾儿童人口准确数字难以统计。但对残疾儿童人口数量没有准确把握,这对适龄入学残疾儿童数和招生工作都有重要影响,进而会影响普及初等教育目标的实现。

其次,师资培训问题。SSA 计划广泛地对教师进行培训,以便于他们能够为残疾儿童提供适当的教育。但各地培训时间长短不一,培训人数也不一,培训工作并不能覆盖所有教师,多数地区培训时间较短,一般都是对部分教师进行 1~2 天的全纳教育意识培训,还有 3~6 天的基本培训,这并不能强化教师的全纳教育教学能力,从而达到进一步适应残疾儿童教学工作的目标;45~90 天的长期培训则培训的人数很少,许多邦都还没有进行该项目培训。另外,果阿邦、那加兰邦、旁遮普邦和达德拉-纳加尔哈维利等地对教师没有进行任何及培训,虽然这些地区由于经济、社会以及地理位置等原因 SSA 计划实施步骤较缓慢,但对教师的培训也应该及时跟进,良好的师资才是残疾儿童入学教育的重要保障。

再次,地区发展不均衡问题。从各种数据中可以看出,无论是在残疾儿童鉴定、师资培训和配置上,还是在残疾儿童教学辅助设备和器材的供应上,均具有显著地区差异。其中几个中央直辖区 SSA 计划的全纳教育实施情况相比于其他地区明显落后,另外果阿邦、旁遮普邦等地在师资培训上也完全没有作为;果阿邦和拉克沙群岛在为残疾儿童提供设备和器材上进展过于缓慢。

最后,资金经费短缺问题。按照 SSA 计划财政政策,所有的邦政府与中央政府的费用分摊比例固定为 75∶25 的模式,由此可见,各邦承担的财政负担较重。人力资源开发部的报告曾于 2004—2005 年度就 SSA 总计划指出,喀拉拉邦、德里直辖区、米佐拉姆邦等没有完全发放他们在 SSA 中所承担的经费(即发放经费的 1/3),东北部的一些邦也确实存在严重的资金短缺问题。中央政府发放的资金数量远远低于预算,因此,邦政府的发放资金数量也远远低于规定的数量。另外,通过比较印度全国经费总支出、中央发放的经费数量以及"年度工作计划和预算"中 SSA 总预算,发现每年中央实际发放的资金数量明显少于总预算。从上而下的资金紧张和经费短缺现象,导致了 SSA 计划下的残疾儿童教育计划不能有充足的经费,很多邦和直辖区的报告中都表示,因为本地区资金短缺且中央拨款又发放缓慢导致残疾儿童辅助设备和器材、资源中心建设、教师培训等工作不能按计划顺利进行。

二、残疾儿童的中等教育

(一)"中学阶段全纳教育中央资助计划"

1. 计划的实施背景

1986 年《国家教育政策》和 1992 年《行动计划》规定了印度教育政策的基本原则,强调纠正现有的教育不公平现象。其中重点强调降低辍学率,提高学习成绩和扩大那些只有较少机会进入普通教育系统学生的教育机会。同时,印度也积极响应国际号召,是国际上《萨拉曼卡宣言》《特殊教育行动纲领》《琵琶湖千年行动纲要》和《联合国残疾人权利宣言》的签约国。1992年,印度在《残疾人法案》中明确了残疾儿童的教育理念是"在适当的环境下完成年满 18 岁的教育"。2006 年,印度又进一步强调转变当前教育政策,应以普遍的全纳残疾儿童进入普通教育系统为宗旨。

残疾儿童是目前印度普通教育系统外边缘化群体中最大的组成部分。1974 年的"残疾儿童融合教育计划"并不能覆盖所有残疾儿童,因为该计划是基于非政府组织推荐候选人情况而具体实施的,只是一项试点工程。而当时印度还没有完全的、可行的措施来覆盖所有残疾儿童。

2001 年印度"初等教育普及计划"(SSA)中央资助计划设定了到 2010年实现普及初等教育的目标。以"零拒绝"政策为基础,该计划针对残疾儿童施行全纳教育,大力促进所有残疾儿童在初等教育阶段的普通学校就读。SSA 每年为每名有特殊需要儿童提供全纳教育经费 1200 卢比。在该计划下已有 200 万儿童被鉴定为有特殊需要儿童,有 150 万 6~14 岁年龄段残疾儿童被录取进入普通学校。SSA 计划大大促进了残疾儿童初等教育发展,实施后残疾儿童初等教育入学率显著提高。初等教育阶段入学率的提高预示着今后中等教育阶段的入学需求也会提高,这必然也包括残疾儿童的中等教育需求。21 世纪初十年,印度有 SSA 计划支持在初等教育阶段全纳残疾儿童进入普通学校学习,但在中学阶段却没有类似 SSA 这样的计划支持残疾儿童的中等教育。

　　2005 年 7 月,印度中央教育咨询理事会(CABE)在普及中等教育报告会中强调普及中等教育是要普及教育机会、注重公平与平等、普适与发展、结构与课程调整。CABE 关于"女童教育和普通教育系统"的报告也指出要制定灵活适应型的课程满足不同类型的学生,包括各种认知和非认知型残疾儿童。同年 11 月,人力资源开发部实施的《残疾儿童少年教育国家行动计划》强调融合残疾儿童少年进入普通教育环境应当从学前阶段到高等教育阶段。该计划的目的是"确保残疾儿童少年在现有可利用的教育环境下,提供给他们一种可利用的、可行的、可负担的和可适应性的教育环境"。该计划的第 1、2 和 4 条都与中等教育相关。连续的报告表明,对中等教育体制的改革势在必行,特别是要加快残疾儿童中等教育的改革,印度急需针对残疾儿童中等教育的政策。

　　2008 年,印度第 7 次全国学校教育调查公布了残疾儿童在小学阶段、初中阶段和高中阶段的入学率,残疾儿童初中入学率与小学阶段相比存在跨越式的下降现象。这次全国调查充分显示了残疾儿童在中学阶段入学情况的惨淡现状,也进一步表明印度全国残疾儿童对其中等教育相关政策的迫切需求。

　　继全国上下齐心协力通过 SSA 计划促进实现普及初等教育目标的同时,印度政府提出到 2020 年普及中等教育。2009 年 3 月,经过 5 年酝酿和准备,印度开始推行"普及中等教育计划"项目(Rashtriya Madhyamik Shiksha Abhiyan,RMSA)。该项目计划实现以下五个目标:为每个社区提供合理距离的中学;到第十一个五年计划末,实现 9—10 年级的毛入学率 75％的目标;通过让所有中学标准化,提高中学阶段的教育质量;解除性别、社会经济地位和身体残疾的限制;在 2017 年,即在第十二个五年计划末普及初中教育,2020 年全面普及中学教育。① RMSA 第四项目标就强调了消除中等教育中残疾儿童不公平的重要性。

　　在普及中等教育目标快速催动下,印度设想在借鉴以往实施过的 IEDC、PIED、DPEP-IED 等残疾儿童融合教育计划经验基础上,进一步制定一项全纳残疾儿童进入中等教育阶段的计划。于是,在 1974 年 IEDC 计划基础上,"中学阶段全纳教育的中央资助计划"(Centrally Sponsored Scheme

---

① 王丹:《印度女童教育现状研究》,2014 年浙江师范大学学位论文,第 35 页。

of Inclusive Education for Disabled at Secondary Stage，IEDSS)应运而生，用以使残疾儿童少年有机会进入中学教育系统，提高中学阶段入学率、保留率并保证残疾儿童少年在普通教育系统中获得应有的学习成绩及能力。

2. 计划的目标

"中学阶段全纳教育中央资助计划"于 2009 年施行，具体资助对象是那些已完成 8 年初等教育并在中学阶段就读的、被《残疾人法案》和《国家信托法》认定有一种或多种残疾(即失明、视力低下、麻风病愈后、听觉障碍、运动肢体残疾、智力发育迟缓、精神疾病、自闭症、脑瘫和终身性言语障碍、学习障碍等)的 14～18 年龄段的 9—12 年级学生，目标是帮助已经完成 8 年初等教育的残疾儿童有机会并且能够在中学阶段继续学习，从而能够完整完成 4 年的中等教育。其中还有以下一些具体目标：

(1)提供每名残疾儿童中学阶段的鉴定和教育需求设定；

(2)提供给每名需要助理和辅助设备的学生同等待遇；

(3)移除中等教育学校中所有障碍性设施，保证残疾学生在教室、实验室、图书馆和洗手间的活动无障碍；

(4)根据每名残疾学生的需要为其提供中等教育教材；

(5)在 3～5 年内对所有中学阶段的普通学校教师进行与残疾学生教学相关的基础培训；

(6)残疾学生有权享受辅助服务，如特殊教员、每个教学区的资源教室等；

(7)在每邦建立一所示范学校，促进优秀的全纳教育实践广泛发展。

3. 计划的主要内容

中央政府对 IEDSS 计划中的全部项目提供 100% 的资助。资助项目主要分为学生、教师、资源环境三类，具体资助内容和资金分配如下：

(1)以学生为主的内容。

①辅助设备费，包括器械、教学工具和个人的教学资料（Teaching Learning Materials，TLM)；

②评定费：教育评定由班级教师完成，每生 150 卢比，如有必要，可以由非政府组织、特殊教育教师和 SSA 评估组辅助完成；

③书本和文具费：每生 400 卢比；

④校服费：每生 200 卢比×2 套；

⑤交通津贴：不住校的学生可以享受交通津贴，每生每年 500 卢比；

⑥阅读津贴：为有需要的视力残疾学生提供阅读或抄写服务，每生每年

500 卢比；

⑦残疾女学生奖学金：每生每月 200 卢比；

⑧陪护费：提供给重度残疾学生、残疾女学生和智力迟缓学生（如果没有家人或社区人员陪护他们上学的前提下），每生每年 750 卢比；

⑨普通学校为每十名重度肢体残疾学生配备一名助理，工资由中央政府负责；

⑩住宿费：居住在就读学校宿舍的残疾学生，每生每月 200 卢比；

⑪为居住在宿舍的重度肢体残疾学生配备陪护助理；

⑫为每一个有正当要求的人提供治疗服务。

（2）以教师为主的内容。

①除肢体残疾外的其他所有残疾学生的特殊教育教师（包括中小学与学前教育阶段）与普通教师享受同等工资待遇，师生比的标准是 1∶5，每位特殊教育教师每月还将获得额外的 400 卢比酬金；

②完成特殊教育领域规定课程培训的普通教师，将获得额外的工资，每月 400 卢比；

③通过康复委员会的国家级研究院所、最高级别的研究院所或者其他邦政府组织的常规计划，对特殊教育教师进行培训；

④培训普通教师；

⑤对有关的教育管理者、院校领导、普通教师、特教教师以及残疾学生家长进行为期 5 天的针对性培训。

（3）以资源环境为主的内容。

①建立乡镇资源教室，为 5000 个乡镇建设资源教室，每间拨款 20 万卢比；

②装备乡镇资源教室，为 6000 个乡镇的资源教室配置器材，每间拨款 7 万卢比；

③为拆除学校现有的障碍性建筑设施拨款，为残疾学生建设专用洗手间和斜坡路；

④促进现有培训机构和各类组织开发全纳教育教师培训课程以及残疾人教育干预措施；

⑤对于全纳学校发展模式、信息和通信技术、监察与评估等方面的研发项目，中央基金的 5% 用于它们中的创新和研发项目，并给每所全纳示范学校的创办拨款 50 万卢比；

⑥中央为每项基层的环境建筑计划拨款 10000 卢比。

4. 计划的实施与管理

该计划覆盖所有由政府主办的、地方团体办理的和政府资助的学校,印度政府社会正义与赋权部、康复委员会和国家信托组织负责该计划资金与资源的筹措,各邦、县和街道协调委员会负责协助该计划的具体规划与施行。

其中,该计划由邦和中央直辖区政府的教育厅直接管理和执行,同时,各地方在残疾人教育方面有经验的非政府组织也参与该计划的实行,在残疾人教育与康复训练方面有足够经验的自治组织也参与该计划的实行。

在中央层面,印度计划监察与评估组(Project Monitoring and Evaluation Group,PMEG)负责对中央直辖区政府和各邦政府提交的报告进行验收,还负责对 IEDSS 计划进行评估和监察工作。评估组由若干来自全纳教育领域的专家组成。同时,在中央、各邦、行政区、市县也建立相应的机构负责对 IEDSS 计划在各地实施情况进行反馈。在地方层面,IEDSS 计划要求在各邦建立专门的计划管理办公室(Administrative Cell,AC),负责对地方各执行组织实施、监管和评估计划的具体情况进行专门管理,各地如果通过之前 IEDC 计划已经建立起管理办公室可直接使用,而没有建立管理办公室的邦和中央直辖区将由该地教育厅建立。

(二)计划的实施成效与存在的问题

1. 计划的实施成效

(1)覆盖范围不断扩大。印度共有邦和中央直辖区(一级行政区)35 个,在 IEDSS 计划颁布第一年,就有 16 个邦和直辖区开始实施 IEDSS 计划,之后 2010 年有 7 个,2011—2012 年间又有 4 个开始实施 IEDSS 计划。从总体上看,IEDSS 计划从颁布到下发执行的速度和力度还是比较可观的,截至 2012 年底,印度共有 27 个邦和中央直辖区实施 IEDSS 计划,占印度邦和直辖区总数的 77.14%。

(2)拨款、受益学生和参与教师人数逐年增加。2009 年 IEDSS 计划实施以来,通过自上而下多方组织机构的努力,取得了一定的成绩。通过该计划对残疾儿童中学阶段教育的拨款逐年增加,受益的残疾学生和参与其中的教师数量都在逐年增加。

(3)中学入学率连续提高。在入学率方面,自 IEDSS 实施以来,残疾儿童中学入学人数整体上是连续增加的。2009—2013 年间,11 个邦和直辖区的残疾儿童入学人数持续增加。另外,北阿坎德邦和孟加拉邦的入学率在

2010—2013 年间也有所提高。但也有一些邦的入学人数却减少了，例如达曼和第乌、特里普拉邦、比哈尔邦。许多地区在调查报告中并没有及时上交入学统计情况，根据已有的数据显示，多数已经实施 IEDSS 计划的邦和中央直辖区在残疾儿童中学阶段的入学人数上逐年有所增加，整体趋势良好。

（4）教学辅助设备丰富多样、资源教室与环境建设积极。IEDSS 残疾儿童教育促进措施方面，各邦和中央直辖区因地制宜，根据本地实际情况在计划的支持与指导下，开展的促进残疾儿童中学阶段教育发展的具体措施丰富多样。[①] 其中，在开发与提供教具、辅助设备和教材（TLM）方面有 16 个邦都在实施，提供的设备和资源非常丰富（如表 7-5 所示），其中提供器材最为丰富的是喀拉拉邦和奥里萨邦。

表 7-5　IEDSS 计划中部分地区提供给残疾儿童的教学辅助设备

直辖区/邦名称	提供的教具、辅助设备和教材
阿萨姆邦	三轮脚踏车、轮椅、听觉机、卡尺、手杖、假肢、盲文板、算盘、泰勒框架、有声书、特别写粗笔、地图、教育游戏等
达曼和第乌	眼镜、药品等
古吉拉特邦	GPS 设备、手杖、语音设备、助听器、踏板鼠标、键盘、信号设备、轮椅、假肢、拐杖、闪烁的门铃、低科技盲文设备等
哈里亚纳邦	3D 图表、地图、算盘、数值棒、绘画材料、建模玩具、个人和团队游戏、故事书等
喀拉拉邦	调整型家具、特别写字钢笔、卡尺、轮椅、沃克、拐杖、泰勒框架、布景、便携式阅读灯、阅读站、个人助听器、手术鞋、马桶椅、C. P. 椅子、下降夹脚鞋、数字助听器、校正踝足矫形器、数字助听器、耳朵电话、金属鞋、CTEV鞋、放大镜、手肘拐杖、袖珍盲文、脊柱侧凸撑、手指运动球、电力玻璃、矫正鞋、畸形足鞋、颈带、AC 假肢、脊髓夹克等
中央邦	离合器、轮椅、卡尺、助听器、手杖等
曼尼普尔邦	ABC 板、数字卡等
米佐拉姆邦	眼镜、轮椅、助听器、拐杖等

① Department of Education of Groups with Special Needs，National Council of Educational Research and Training. Evaluation of the Implementation of the Scheme IEDSS in India. New Delhi：NCERT，2013：25.

续表

直辖区/邦名称	提供的教具、辅助设备和教材
奥里萨邦	盲文装备、毡笔、手指带、手肘拐杖、拐杖、轮椅、助听器、白手杖、录音机、可调家具、眼镜、书放大镜、手放大镜、脖子放大镜、ECE 感官装置、语音训练、听力计、清晰度书、科学、地理和社会研究课程方面的感应技术和刻板教材等
锡金邦	三轮车、轮椅、听觉器、卡尺、拐杖、假肢等
泰米尔纳德邦	听觉器、盲文书、刻板、放大镜、图片卡、触觉卡等
特里普拉邦	泰勒框架、盲文刻板和书籍、塑料拖车、手放大镜、助听器、语音计算器、塑料字母和数字、蒙台梭利工具包、地球仪、视力测试表、盲文刻板地图、书写框架、调整型桌椅等

资料来源:Department of Education of Groups with Special Needs, National Council of Educational Research and Training. Evaluation of the Implementation of the Scheme IEDSS in India. New Delhi:NCERT, 2013:59.

在建设资源教室方面,共有 11 个邦和直辖区着手建立资源教室,其中旁遮普邦和哈里亚纳邦分别建立起 619 所和 145 所资源教室;在教育环境方面,一些地区已经开始改变现有环境用以促进残疾儿童进入普通学校,例如哈利亚纳邦、奥里萨邦、旁遮普邦已经加建了有助于残疾儿童行动的斜坡和栏杆等,并计划进一步改善洗手间等其他学校设施。

(5)教师培养培训逐渐加强。残疾儿童教育极其重要的组成部分是培养特殊教师,IEDSS 计划强调了按照 1∶5 的师生比培养初中和高中特殊教育教师的必要性。在 IEDSS 计划支持下,27 个已经实施该计划的邦和直辖区中有 12 个展开了招募特殊教师的工作,2009—2013 年间共招募 12654 名特殊教育教师参与到 IEDSS 计划中,为残疾儿童教育服务。另外,有许多邦和直辖区还对普通教师和特殊教师进行专业培训以便更适应残疾儿童的教育需求,但是各地对教师培训的安排有所不同,培训时间长短不一,卡纳塔克邦、米佐拉姆邦、阿萨姆邦、德里和哈利亚纳邦则为特殊教育教师提供了基础课程培训。[①]

另外,根据 IEDSS 计划要求,各地方要为实施计划建立专门的管理办公室,目前在 27 个实施 IEDSS 计划的地区中有 17 个已经建立了管理办公室,

---

① Department of Education of Groups with Special Needs, National Council of Educational Research and Training. Evaluation of the Implementation of the Scheme IEDSS in India. New Delhi:NCERT, 2013:65.

这些管理办公室从属于各邦和中央直辖区的不同部门和机构,如教育研究与培训理事会、教育厅、中等教育理事会、公共教育理事会、初等教育理事会、SSA、RMSA 等。也有 10 个邦和直辖区还未建立相应的管理办公室。此外,还有一些邦,例如卡纳塔克邦,办公室人员也需要同时监管其他地区少数民族语言工作;北方邦目前正在筹备建立 IEDSS 计划管理办公室。

2. 存在的问题

首先,资金问题。目前正在实施 IEDSS 计划的邦和直辖区普遍反映,有许多措施不能够按计划执行是由于缺乏资金和拨款下发缓慢。虽然每年 IEDSS 财政拨款在逐渐增加,但是由于供不应求与印度上传下达执行力差,导致多数邦和直辖区的资金还是不足,不能及时支持各项措施的实施。根据 NCERT 对 IEDSS 计划的专门调查和评估,11 个邦和直辖区表示由于缺乏资金而不能够给残疾学生提供足够的辅助设备;另有一些邦在拆除障碍性建筑上作为缓慢是由于资金下放缓慢;还有一些邦要求增加资金,以便能够装备残疾儿童教育的资源教室并保证它们的正常使用。而没有建立 IEDSS 管理办公室的邦和直辖区也表示,还未能及时建立办公室的原因是由于人力资源开发部拨款迟缓。

其次,女童入学率下降问题。在 IEDSS 计划实施过程中,残疾儿童入中学的人数呈现逐年增长趋势,但其中女童的入学人数却是下降的,2009—2010 年度、2010—2011 年度、2011—2012 年度和 2012—2013 年度女童入学率分别为 43.57%、43.07%、41.51% 和 40.21%。如表 7-6 所示,根据 NCERT 调查显示各地上报的情况,三分之二的邦和直辖区的女童中学阶段入学率都呈下降趋势。另外,古吉拉特邦、哈里亚纳邦、中央邦、那加兰邦、拉贾斯坦邦和泰米尔纳德邦的女童入学率一直低于 40%。这种状况表明,IEDSS 计划还需要进一步解决残疾儿童中学阶段的性别平等问题,关注并进一步保障残疾女童中学入学。

表 7-6　残疾女童中学阶段入学率(%)

序号	邦/中央直辖区名称	2009—2010	2010—2011	2011—2012	2012—2013
1	安达曼和尼科巴群岛	43.07	41.7	39.57	40.5
2	安德拉邦	42.16	48.45	45.52	—
3	阿萨姆邦	46.28	48.08	43.51	—

续表

序号	邦/中央直辖区名称	2009—2010	2010—2011	2011—2012	2012—2013
4	比哈尔邦	45.34	40.54	—	—
5	达曼和第乌	—	41.18	53.85	50
6	德里	—	59.26	54.06	48.62
7	古吉拉特邦	35.73	34.09	33.58	34.53
8	哈里亚纳邦	37.5	35.27	37.99	28.79
9	喜马偕尔邦			43.79	
10	卡纳塔克邦	42.29	47.92	40.58	40.58
11	喀拉拉邦	46.73	46.74	46.78	43.9
12	中央邦	36.52	34.74	39.82	
13	曼尼普尔邦	44.31	35.81	45.65	53.72
14	梅加拉亚邦	—	43.67	—	—
15	米佐拉姆邦	46.68	48.77	48.73	
16	中央邦	36.52	34.74	39.82	
17	那加兰邦	—	—	38.14	
18	奥里萨邦	28.27	48.98	38.24	39.85
19	本地治里	60.89	55.24	39.62	
20	旁遮普邦	54.39	56.83	—	42.61
21	拉贾斯坦邦	0.76	31.21	33.35	35.44
22	泰米尔纳德邦	36.86	35.52	35.27	
23	特里普拉邦	—	—	40.33	47.28
24	北阿坎德邦	—	45.89		47.53
25	西孟加拉邦		45.01	44.28	—

资料来源：Department of Education of Groups with Special Needs，National Council of Educational Research and Training. Evaluation of the Implementation of the Scheme IEDSS in India. New Delhi：NCERT，2013：51.

其次,辍学率升高问题。在 27 个已经实施 IEDSS 计划的邦和直辖区中,仅有 5 个反馈了残疾儿童在中学 9—12 年级的辍学情况,且反馈的现状不容乐观。在哈利亚纳邦和奥里萨邦,2009—2010 年开始实施 IEDSS 计划,下一年度残疾儿童的辍学率的确有所下降,但在接下来的 2011—2012 年度却又重新升高。另外,泰米尔纳德邦、安达曼和尼科巴群岛在实施 IEDSS 计划期间残疾儿童辍学率仍然持续升高。各邦的调查报告中也明确指出了辍学率升高的原因,其中哈里亚纳邦是由于缺少视觉、听觉障碍残疾学生的特殊教师,奥里萨邦则是由于残疾儿童家境贫困和社会对残疾儿童的偏见。而普遍的辍学原因则是缺乏适应性课程,相关学校负责人、家长和教师缺乏意识,普通学校缺乏残疾儿童需要的基础设施和设备,各执行机构间协调沟通不畅等。通过辍学的普遍原因以小见大,不难猜测其他未上报地区残疾儿童中学辍学情况也不容乐观。

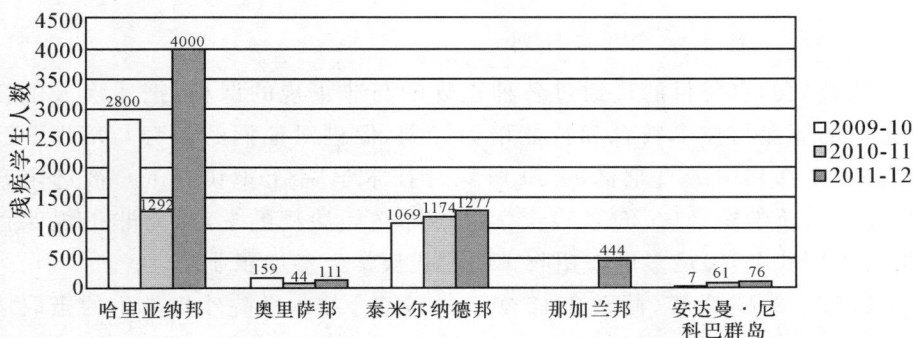

图 7-7　IEDSS 计划期间五个地区的残疾儿童辍学统计

资料来源:Department of Education of Groups with Special Needs,National Council of Educational Research and Training. Evaluation of the Implementation of the Scheme IEDSS in India. New Delhi:NCERT,2013:57.

最后,师资短缺问题。一方面,残疾儿童师资虽然在 IEDSS 计划中是极其重要的一部分,计划的目标是中学阶段残疾儿童教育师生比为 1∶5,而目前正在大力招募师资的邦和直辖区只有 12 个而且多数邦和直辖区的师生比例也并没有达到 1∶5 的 IEDSS 计划要求。只有奥里萨和阿萨姆邦的师生比达到标准,另外有 6 个邦和直辖区的师生比在 1∶10 之内,但其余 5 个邦师生比例过高,中央邦的比例甚至高达 1∶101。另一方面,对普通教师和特殊教师的培训并未达到 IEDSS 要求,按照计划要求要对普通学校教师、校长和相关负责人以及特殊教育教师进行为期 5 天以上的培训,然而多数地区的培训并未能达到天数要求。①

第四节　印度残疾人高等教育权利的保障

随着印度教育发展水平的不断提高,理解和帮助残疾学生进步已经成为高等教育关注的焦点。以下的计划与方案都是为了保障残疾人的高等教育权利,促进不同种类残疾人的教育发展。

一、大学拨款委员会发起的计划②

(一)综合技术学院升级计划

该计划的主要目的是通过各种正规的与非正规的课程,把残疾人融合进主流的职业与技术教育和技能培训计划,促进对他们的教育与培训。已经有 24 个邦和中央直辖区的 50 所综合技术学院(polytechnics)被选定升级,允许每所学院录取 25 名残疾学生参加文凭课程的学习,而非正规课程(最长为期 6 个月)最多可以招收 100 名残疾学生参加职业培训。

2012—2013 学年(截至 2012 年 9 月),综合技术学院残疾学生的录取情况为:正规学位课程 1214 人,非正规学位课程 1125 人,总计 2339 人。

(二)面向有特殊需要者的高等教育计划(Higher Education for Persons with Special Needs,HEPSN)

1. 建立"权益保障办公室"。为了提高高等教育系统中对残疾人教育的重视,并为不同类别残疾人提供必要的指导和咨询服务,大学拨款委员会提出在全国的高校中建立统称为"权益保障办公室"的资源中心。"权益保障办公室"的职责如下:

(1)在招生过程中帮助各类残疾人进入各种高等教育课程;

(2)为不同类别的残疾学生提供个人指导与咨询服务;

(3)使不同类别的残疾学生意识到自己的需求,以及与他们学习相关的

---

① Department of Education of Groups with Special Needs,National Council of Educational Research and Training. Evaluation of the Implementation of the Scheme IEDSS in India. New Delhi:NCERT,2013:64.

② Ministry of Human Resource Development,Government of India. Annual Report 2012-2013. http://www. education. nic. in/AR/annualreports. asp. 2014-03-20.

一般性问题；

　　（4）协助不同类别的残疾毕业生在公立部门和私营部门成功就业。

　　2. 为不同类别的残疾人提供行动便利条件。为了让不同类别的残疾人通行方便和独立活动，应该对他们的环境做特殊安排。然而许多院校中有建筑障碍，这使残疾学生在日常活动中感到困难。根据 UGC 项目，要求各高校应该按照 1995 年《残疾人法案》规定，解决残疾学生在学校的行动便利问题，并确保校园中现有的以及将来的所有建筑设施均方便残障人使用。

　　3. 提供特殊设备以增强对不同类别残疾人的教育服务。不同类别的残疾人需要特殊的辅助设备和装置来完成他们的日常活动，他们可以通过社会公正与赋权部的一系列计划来获得这些辅助设备。除了通过这些计划采购辅助设备之外，UGC 建议，高等院校还需要特别的学习和评估设备来帮助不同类别的残疾学生。因此，鼓励高校为有特殊需要的学生采购此类设备。现今，在许多高等院校中，装备了有屏幕阅读软件的计算机、低视力辅助仪、扫描仪、移动设备等，对丰富不同类别残疾学生的教育经验有重要作用。

　　（三）特殊教育教师预备计划（Teacher Preparation in Special Education，TPSE）

　　特殊教育教师预备计划是 UGC 协助印度人资部高教司发起的特殊教育教师预备计划，旨在培养能同时胜任特殊教育和全纳教育领域教学的特殊教育教师。UGC 通过该计划为培养各残疾类别中某一专业的教育学学士和教育学硕士提供财政资助。

　　（四）视觉障碍教师资助计划（Financial Assistance to Visually-handicapped Teachers，FAVCT）

　　该计划通过支付阅读员的津贴和购买盲文书、录音材料的费用等，为有视觉障碍的永久制教师（permanent teachers）提供阅读员和教学辅助设备，帮助他们从事教学和研究。该计划旨在帮助有视觉障碍的永久制教师通过利用各种教学、学习和研究的辅助设备从而实现独立自主。根据《大学拨款委员会法案》的第 2 条（f）款和第 12 条（b）款的规定，受聘于印度高校中的所有的视觉障碍教师均囊括在该计划中。这项计划不是针对学生而制定的，但却对有视觉障碍的师范学生和有志成为教师的视觉障碍毕业生有一定的激励作用。

二、大学拨款委员会有关计划的实施情况

（一）拨款情况

在"十一五"计划期间，约 1.413 亿卢比已经通过三项计划下拨到 132 所大学，并且分别有 266 名和 666 名残疾人通过"视觉障碍教师资助计划"和"面向有特殊需要者的高等教育计划"获益。

（二）在"国家资格考试"中为残疾人提供优惠

1. 在"国家资格考试"（NET，印度高校教学科研人员的资格考试，许多公立部门录用工作人员时也参考该考试成绩）录取时分数放宽 5%；

2. 初级研究奖学金（JRF，主要是博士研究生的资格考试）录取年龄放宽 5 岁；

3. 可以降分时，录取分数放宽 5%；

4. 保留初级研究奖学金 3% 的名额；

5. "国家资格考试"费用优惠；

6. 考卷Ⅰ和Ⅱ额外附加 30 分钟，考卷Ⅲ额外附加 45 分钟；

7. 可为考生提供抄写员服务，但是抄写员不能帮助考生答卷。

（三）保留招生名额政策

大学拨款委员会已经向所有大学和学院发布了指示，在招生中为残疾人保留 3% 的名额。

三、其他计划

除了上述计划，还有一些面向表列种姓、表列部族、其他落后阶级和残疾人的一般计划，它们为残疾学生在高等教育领域提供了有利的环境。

（一）高校学生中央奖学金计划（Central Scholarship Scheme for College and University Students）

根据该计划中，82000 个奖学金名额中的 3% 分配给了残疾学生。

（二）设立大学机会均等办公室（Equal Opportunity Cells，EOC）

为了使高校更加适应社会弱势群体的需求，大学拨款委员会资助高等院校建立机会均等办公室，负责监督涉及弱势群体的政策和计划的有效实施，以及在学术、财务、社会和其他方面提供指导和咨询。提供一次性补助20 万卢比，用于设立机会均等办公室，目前，已有 128 个机会均等办公室在各类高校中开始运作。

（三）利用信息与通信技术开展教育的国家使命

由印度人力资源开发部发起的"利用信息与通信技术开展教育的国家使命"，是一项中央资助计划，旨在开发信息与通信技术的潜力，以随时随地的模式进行高等教育的教和学。为满足残疾学生的需要，以下干预政策已被纳入该使命：

1. 各种语言均使用统一字体（Unicode Font），并采用课文朗读系统，这样可以为视障学生提供帮助。

2. 在开发"阿卡什"（Akash，原为印度教的宗教节日名称，现在是印度为残疾人生产的器具）时就考虑到了价格问题，使它成为价格较低的器具，如果残疾学生在受教育时有需要，这种器具就可以给他们提供极大的帮助，而且他们又完全可以负担得起相关的费用。

综上所述，在独立后的 60 多年里，印度残疾人接受教育的机会在国家层面得到了应有的重视与提高。但是由于教育发展目标过于高远和教育经费捉襟见肘等多种因素的影响，残疾人教育计划往往愿景美好，实践脚步却十分迟缓。印度残疾人教育的发展仍任重而道远。

首先，残疾人口鉴定与统计工作进展缓慢，且残疾人口统计数据官方版本不同。据印度 2001 年人口普查显示，印度有 2180 万残疾人，而 2002 年印度国家抽样调查组织（NSSO）搜集的数据认为，印度残疾人口为 1840 万，两者对于残疾人的判定与 2001 年调查数据存有显著不同。虽然报告中解释数据的差异主要是由于收集数据时的覆盖范围和定义不同，但只有对残疾人口现状有一个详细的了解，对适龄未入学残疾儿童有一个系统翔实的掌握，才能更好地制定更有针对性的教育发展战略和规划。

其次，残疾人文盲率仍居高不下。从总体上看，残疾人口的文盲率仍高达 52％，38％的 6～13 岁适龄残疾儿童属于失学儿童。另外，从残疾程度上看，重度残疾儿童的文盲率高达 72.7％，进入中等教育阶段的重度残疾儿童比例不超过 1.5％；从残疾类型看，智力落后儿童的文盲率高达 87％，视觉障碍儿童、多重残疾儿童的文盲率也显著高于其他类型的残疾儿童；从区域来看，农村地区残疾儿童的文盲率比城市地区的文盲率高出了将近 20 个百分点。[①]

---

① Planning Commission, Government of India. Twelfth Five Year Plan (2012-2017) Social Sectors. New Delhi: Sage Publications, 2013:48.

　　最后,残疾儿童辍学率持高不下。在印度实施了一系列促进残疾人教育发展的计划后,残疾儿童的辍学率仍旧没有降低。印度残疾儿童辍学率2005 年和 2009 年分别为 34.19％和 34.12％,其中辍学率最高的是智力残障儿童(48％),然后是语言障碍儿童(37％)。

第八章 印度为家庭困难学生提供的免费午餐计划

第一节 印度实施"免费午餐计划"的背景

一、"免费午餐计划"的含义和内容

（一）免费午餐计划的含义

为了增加入学率、巩固率、出勤率，同时改善学生们的营养水平，印度在初等教育阶段实施了"免费午餐计划"（Mid-Day Meal Scheme，又称"营养午餐计划"或者"午餐计划"，我国学者通常称之为"免费午餐计划"）。该计划起源于全国初等教育营养资助计划（National Programme of Nutritional Support to Primary Education），于1995年8月开始实施（以下简称"免费午餐计划"）。该计划着眼于改善小学生营养状况，中央以提供免费的谷物及食物运输津贴的方式给予支持。起初，由于规定谷物转为可食用午餐的花费要由邦政府或地方机构来承担，而大部分地方当局无法提供必需的资金，营养午餐计划未在全国得到有力的贯彻。2001年，印度政府发动了"普及初等教育计划（简称SSA计划）"，该计划的目标是，到2007年，所有的儿童都要接受初级小学教育，到2010年，实现完全的高级小学教育。为了配合SSA计划的开展，中央政府开始拨巨款支持午餐计划，地方的积极性被调动起来了，免费午餐计划进展迅速。

(二)免费午餐计划的内容

免费午餐计划作为中央资助的计划（Centrally Sponsored Scheme）于1995年8月15日在全国2408个乡启动。根据该计划,中央政府向各邦和中央直辖区的所有公立学校和私立公助学校1—5年级的学生提供每人每月3千克的粮食作物,条件是这些学生要保证80%以上的出勤率。到1997—1998年度,免费午餐计划覆盖了全国所有的乡。根据最高法院于2001年11月28日发布的裁决,该计划成为烹饪好的"营养午餐计划",要求所有公立学校和私立公助学校1—5年级的学生都能享受到一份烹饪好的、最低含300卡路里和8～12克蛋白质的午餐,每年至少供餐200天。根据该计划,中央的支持包括免费供应每个学生每天100克粮食和运输粮食的补贴每100千克最高50卢比。没有规定中央要补贴烹饪费用。然而,有13个邦和6个中央直辖区从他们的预算里出资向所有学生提供烹饪好的食物,10个邦和1个中央直辖区提供部分烹饪好的食物。到2002年,该计划不仅覆盖了所有公立学校和私立公助学校1—5年级的学生,而且进一步扩展到在"教育保障方案"中心和"选择与创新教育"中心学习的学生。

2004年9月,对该计划进行了修订,中央为每个学生支付1卢比的烹饪费用。对于一些特定的邦,运输津贴也由起初的最高每100千克50卢比上涨至最高每100千克100卢比,而其他的邦则上涨至最高每100千克75卢比。中央政府还首次出资用于对该计划的管理、监督和评估,金额约为该计划购买粮食作物、运输津贴和烹饪费用三项总额的2%。新修订的计划还决定向受干旱影响的地区的学生在暑假期间也供应午餐。

2006年7月,对该计划再次进行修订,东北地区各邦每个学生的烹饪费用增加到1.80卢比,条件是东北地区各邦至少承担其中的0.20卢比;其他邦和中央直辖区每个学生的烹饪费用增加到1.50卢比,条件是这些邦和中央直辖区至少承担其中的0.50卢比。营养餐标准修订为450卡路里和12克蛋白质。

2007年10月,该计划扩大了规模,覆盖至3479个教育落后乡的高级小学(即6—8年级)学生,并且该计划的名称从"全国初等教育营养资助计划"改为"全国中小学午餐计划"(NP-MDMS:National Programme of Mid Day Meal in Schools)。高级小学阶段的营养餐标准确定为700卡路里和20克蛋白质。中央分阶段资助每所学校60000卢比用于建造"厨房兼仓库"(kitchen-cum-store),5000卢比用于采购厨房设备。经费的报销制度,由此前向各邦和中央直辖区直接发放运输补贴的做法改为拨款资助制度（grant-in-aid system）。

2008 年 4 月，又对该计划进行了修订，资助范围扩大到所有的马德拉萨（传统的伊斯兰教学校）和麦克台卜（伊斯兰教的小学），根据"初等教育普及计划"，它们已经成为政府资助的教学中心。

从 2009 年 8 月起，该计划扩展到上述教育机构中的 1—8 年级学生。

2009 年 11 月，该计划再次得到修订，主要内容如下：

1. 为了保证高级小学学生的膳食平衡和营养，对食品标准进行调整，豆类数量从 25 克增加到 30 克，蔬菜数量从 65 克增加到 75 克，油脂的数量从 10 克减少至 7.5 克。初级小学学生的食品标准不变。

从 2009 年 12 月 1 日起，调整后的食品标准如表 8-1 所示。

表 8-1 免费午餐计划的营养标准

序号	名目	每日的数量	
		初级小学	高级小学
1	粮食作物	100 克	150 克
2	豆类	20 克	30 克
3	蔬菜	50 克	75 克
4	油脂	5 克	7.5 克
5	盐及调味品	按照各自所需	按照各自所需

2. 提高对烹饪费用的补贴金额。在东北地区，中央和各邦按 90：10 的比例分担烹饪费用，中央与其他邦和中央直辖区按 75：25 的比例进行分担。

3. 从 2009 年 12 月 1 日开始，对雇佣厨师兼帮手（cook-cum-helper）的费用进行单列，其酬金是每月 1000 卢比。学生数在 25 人以内的学校可以雇佣一名厨师兼帮手，学生数在 26～100 人的学校可以雇佣两名厨师兼帮手，在此基础上，学生数每增加 100 名，学校就可以增加一名厨师兼帮手。用于厨师兼帮手酬金的开支的分担比例同上。

4. 全国各地建造学校厨房的费用不应该是一成不变的 60000 卢比，而是要根据中央规定的建筑面积和各邦的情况决定。从 2009 年 12 月 1 日开始，厨房的建设费用由中央和各邦按分担，分担的比例同第 2 条。人资部已经明确规定，学生数在 100 人以内的学校，厨房的建筑面积为 20 平方米，每增加 100 名学生,建筑面积再增加 4 平方米。各地可以根据实际情况灵活制定厨房建筑面积的标准。

5. 对一些特定邦的食物运输补贴,要与这些邦通常的公共分配系统(Public Distribution System)一致。

6. 从 2010 年 4 月 1 日起,向印度食品公司购买粮食作物的事务下放至各个县。

二、实施"免费午餐计划"的背景

(一)免费午餐计划的目标

免费午餐计划的主要目标是通过采取相应的措施来解决印度大多数儿童所面临的饥饿和教育问题。具体包括:1. 改善公立学校、民办公助学校、教育保障计划(EGS)以及选择与创新性教育(AIE)中心的小学一至八年级学生的营养状况;2. 鼓励落后阶层的贫困儿童经常地上学,并帮助他们专注于教室内的学习活动;3. 对于那些遭受自然灾害影响的地区的小学阶段儿童,在暑假中为他们提供营养支持。[①]

(二)实施免费午餐计划的背景

实施免费午餐计划基于多种因素的考虑,主要是:

1. 为了有效地防控"教室饥饿"。很多属于社会落后阶级的儿童总是空着肚子去上学。即使那些在上学之前吃过早饭的学生,经过一个上午,肚子也饿了,不利于他们集中注意力。一顿免费午餐可以帮助那些买不起午餐或者离家较远的孩子克服"教室饥饿"。

2. 促进学校的在学率。免费午餐对于学校的在学率有很大的影响,不仅能提高学生的入学率,也有利于改善学生的出勤情况。

3. 促进学生的健康成长。免费午餐也可以被视为学生"营养补充"的一个规律性来源,有利于促进儿童的健康成长。

4. 发掘教育的内在价值。一顿准备好的免费午餐可以被用来向儿童传授很多良好的习惯,比如饭前饭后要洗手,同时也可以借此来教导他们明白干净水的重要性以及养成一些良好的卫生习惯或其他行为习惯。

5. 增进社会平等。免费午餐活动有助于传播平等主义的价值观,如来

---

① Ministry of Human Resource Development, Government of India. Annual Report 2004-2005,2005-2006,2006-2007,2007-2008,2009-2010. http://education. nic. in/AR/annualreports. asp. 2010-09-08.

自不同社会背景的儿童要学习坐在一起,吃同样的饭。特别的是,免费午餐活动有助于打破学校中的种姓和阶层的界线,同时,从表列种姓和表列部族的社区订餐也可以作为另一种方法来克服种族偏见。

6. 加强性别平等。免费午餐计划有助于打破女童辍学的障碍,从而缩小校内性别之间的差距。同时,免费午餐计划也为一些妇女提供了相应的就业机会,有助于减轻职业妇女为孩子做午饭的负担。从不同角度来说,妇女和女童都在免费午餐计划中获得了相应的利益。

7. 让儿童的心灵受益。生理上的剥夺会导致较低的自尊心,持续的不安、紧张和压力,而"免费午餐计划"有助于解决这些问题,促进儿童的认知、情感和社会性的发展。①

第二节　"免费午餐计划"的具体措施

一、"免费午餐计划"倡导各方参与

(一)中央政府的责任

中央政府在推行免费午餐计划时主要承担如下几方面的责任:(1)按一定的标准免费供应粮食并补贴粮食运输的费用;(2)对包括购买豆类、蔬菜、烹饪油和调料、煤气等费用以及厨师工资在内的多项费用,进行定额补助或者按一定的标准分担;(3)为小学校的厨房建设和厨具购置提供资金,并要求地方政府按一定的比例配套。

在经费分担方面,印度中央政府和经济欠发达的东北部地区各邦按照90∶10的基础比例分担,和其他邦及中央直辖区则按75∶25的基础比例进行分担。此外,中央政府的拨款中也会安排相应的经费用来管理、监督和评估购买粮食、补贴运输费用和烹饪费用等各项工作并规定这类经费占总拨款的1.8%,而总拨款中的0.2%用于国家级的管理、监督和评估。②

目前,"免费午餐计划"向各邦和中央直辖区提供下列具体资助:

---

① Ministry of Human Resource Development,Government of India. Annual Report 2004-2005,2005-2006,2006-2007,2007-2008,2009-2010. http://education. nic. in/AR/annualreports. asp. 2010-09-08.

② Ministry of Human Resource Development,Government of India. Annual Report 2009-2010. http://education. nic. in/AR/annualreports. asp. 2010-09-08.

1. 从最近的印度食品公司仓库供货,向初级小学每个学生每天供应免费的粮食作物(小麦或大米)100 克,向高级小学每个学生每天供应免费的粮食作物(小麦或大米)150 克。印度食品公司的上述支出由中央政府报销。

2. 自 2009 年 12 月 1 日起,对特定的 11 个邦的食物运输补贴,要与这些邦通常的公共分配系统(Public Distribution System)一致。其他邦和中央直辖区,要从最近的印度食品公司仓库运输粮食,最高按照每 100 千克 75 卢比予以报销。

3. 从 2009 年 12 月 1 日起,初级小学学生每人补贴烹饪费用(不包括劳务费和管理费)2.50 卢比,高级小学学生每人 3.75 卢比;从 2010 年 4 月 1 日和 2011 年 4 月 1 日起,再分别增加 7.5%。烹饪费用由中央和东北地区各邦按 90∶10 的比例进行分担,中央与其他邦和中央直辖区按 75∶25 的比例分担。这样,中央和地方的分担情况如表 8-2 所示。

表 8-2   免费午餐计划的烹饪费用和经费负担   (单位:卢比)

类别	烹饪费用	中央与邦分担			
		非东北地区各邦(75∶25)		东北地区各邦(90∶10)	
		中央	邦	中央	邦
初级小学	2.50	1.88	0.62	2.25	0.25
高级小学	3.75	2.81	0.94	3.38	0.37

烹饪费用包括豆类、蔬菜、食用油和调味品、燃料等等的成本。由于物价上涨,烹饪费用也会随之上涨,但是中央和各行政区的负担比例没有变化。

4. 对置办厨房设备的资助是每所学校平均 5000 卢比。厨房设备包括:(1)烹饪设备(炉灶等);(2)用于储存粮食和其他食物的容器;(3)用于烹饪和服务的用具。

5. 中央政府出资用于对该计划的管理、监督和评估,金额约为该计划购买粮食作物、运输津贴和烹饪费用三项总额的 1.8%。该计划购买粮食作物、运输津贴和烹饪费用三项总额的 0.2% 用于国家级的管理、监督和评估。

(二)地方政府的责任

10 多年的经验表明,午餐计划全面实施的责任最终还要落实到各邦政府和中央直辖区政府。地方政府必须保证后勤和行政的安排能够促进每个符合资格的学校中健康营养午餐的日常提供,这些安排主要包括发展充足的基础设施,也就是厨房和储物室的建设、厨具的购买。而资金来源主要有三个,一是利用中央向午餐计划提供的资金;二是通过与各邦和中央直辖区政府中其他部门所实行的其他计划的衔接,从而获得一些流动的额外资源,如饮水和厕所的建设就要与 SSA 计划、饮用水工程以及总的环境卫生计划相协调;三是各邦和中央直辖区政府的预算支持。

午餐计划的指导方针规定,在一些邦,如果村委会和市地方机构对初等教育负有责任,那么计划实施的责任和每日的监察都应当归属于村级潘查雅特(the Gram Panchayat)或市政当局。村级潘查雅特或市政当局可以设立执行委员会来监管计划的实行。同时,村级潘查雅特或市政当局也可以把午餐计划的日常管理的责任下放到学校层面。

（三）社区及社会团体的参与

村级潘查雅特和市政当局有责任组织社区成员有计划地帮助学校确保午餐的烹饪和服务等工作顺利进行。事实上,老师并不参与午餐的制作和监管,主要是担心会影响到教学过程。尽管如此,老师和社区成员的参与可以确保孩子们能够以友爱的态度一起吃饭,通过教给学生平等和合作来确保该项计划目标的实现。

社区成员的参与可以确保学生能在饭前正确地洗手、用干净的盘子和杯子,避免乱丢垃圾和浪费食物以及确保学生能够在饭后清洗自己的盘子、洗手和漱口。同时,免费午餐计划也为一些贫困妇女提供了就业机会。

二、"免费午餐计划"的实施

（一）具体实施程序

向相关学生提供烹饪好的且有营养的午餐的全部责任在于各邦和中央直辖区邦政府。各邦以及中央直辖区必须确保做好全部后勤和行政安排,以保证定期为相关学校供应卫生的、有营养的和烹饪好的午餐。其工作还包括,根据该计划提供的资金和从其他渠道筹集的资金,搞好基础设施建设即厨房兼仓库的建造和厨房设备的置办。饮水和厕所设施的建设要按照"初等教育普及计划""全国饮水工程"(Drinking Water Mission)和"全民卫生计划"(Total Sanitation Programme)的安排进行。

该计划的指导方针规定,在已经把初等教育的管辖权下放给潘查雅特和市政当局的邦,潘查雅特和市政当局应该负责该计划的实施和日常的监督工作。由潘查雅特和市政当局的相关人员组建执行委员会,监督该计划的实施状况。另外,对于现行的已有监督教育相关问题任务的执行委员会,可以授权其监督与评估该计划的实施,并为该计划的顺利实施采取必要的步骤。同样,潘查雅特和市政当局也可以把学校层面的日常的管理权下放给村教育委员会、学校管理与发展委员会或者家长教师联谊会等组织。

应该鼓励包括母亲群体在内的社区人士参与学校管理。潘查雅特和村教育委员会要尝试组织社区成员定期、轮流地帮助学校进行管理工作,以保证免费午餐工作的高效率烹饪、服务和清洁。已经明确规定教师不得以任何方式参与烹饪或者监督工作,因为它可能对教学—学习过程造成不利影响。然而,教师与社区成员也要参与有关管理工作,使该计划的目标能够实现。

应该争取社区成员的支持,以确保学生在饭前正确洗手,使用洁净的盘子和杯子,避免乱抛垃圾和浪费食物,并且在饭后清洗自己的盘子,冲洗自己的双手和嘴巴。

为了保障该计划的不间断实施,印度政府预先向各邦和中央直辖区提供资金和粮食作物。印度政府每年都预先发放 25％的补助款。

粮食作物也是预先发放。印度食品公司负责保证有足够的粮食库存。各邦和中央直辖区可以提前一个月获得所需的粮食作物。每所学校或者烹饪机构要预留出一个月所需的粮食作物。

(二)烹饪的任务

该计划指导方针规定,烹饪或者供应午餐的任务应该交给当地妇女的自助团体或者附属于尼赫鲁乡村青年俱乐部的当地青年俱乐部,或者交给某个志愿者组织,或者由村教育委员会、学校管理与发展委员会、家长教师联谊会、潘查雅特以及市政中心直接雇佣人员来办。自助团体的介入正在逐步增加。

在没有地方建造学校厨房的城区,应该尝试由一个厨房(中心厨房)向多所学校供餐,在中心厨房做好午饭后,通过一个可靠的运输系统将烹调好的热餐在保证卫生的条件下运送至各个学校。根据学生的数量和供应商的能力,一个城市应该有一个或数个这样的中心厨房。这种中心厨房在许多大城市已经投入使用,如德里国家首都区、斋普尔、孟买、加尔各答、海得拉巴、班加罗尔、勒克瑙、昌迪加尔中央直辖区、艾哈迈达巴德等。北方邦和旁遮普邦正在农村地区进行开办中心厨房的试验。然而,中小学教育与识字司认为,考虑到该计划的社会目标,最好是自助团体等方面参与当地的免费午餐的烹饪。

（三）监管机制

人力资源开发部中小学教育与识字司针对"免费午餐计划"的管理和监督工作做出了全面而详细的规定。该监管机制包括以下内容：

1. 地方级监督的安排。来自村潘查雅特或者全体村民大会、村教育委员会、家长教师协会、学校管理与发展委员会和母亲委员会的代表，负责监督向学生们提供午餐是否按时与卫生，午餐烹饪与服务是否清洁，是否及时采购优质的食品、燃料等，是否保证饭菜的多种多样，是否保证供餐过程中的两性平等。

2. 信息的发布。为了确保透明度与责任落实，正在实施该计划的所有学校和教育中心要在校园显眼的地方张贴告示，向公众发布下列信息：（1）收到粮食作物的数量，收据日期；（2）使用的粮食作物的数量；（3）所购买和使用的其他材料；（4）接受午餐的学生的数量；（5）日常菜谱；（6）监督供应午餐工作的社区成员的名单。

3. 乡镇级委员会。可以设立一个具有广泛代表性的指导与监督委员会来监督乡镇"免费午餐计划"的实施。

4. 邦政府官员的视察。各邦和中央直辖区税务厅、农村发展厅、教育厅和其他相关部门的官员，诸如包括妇女与儿童发展、食品、卫生健康等政府部门的官员，也需要视察正在实施该计划的学校和教育中心。要求每个季度视察相关教育机构总数的 25%。

5. 县级委员会。除了指导与监督"免费午餐计划"的县级委员会，中央政府已经要求各邦和中央直辖区再组建一个县级委员会，在监督"初等教育普及计划"实施工作的同时监督"免费午餐计划"的实施。委员会由以下人员组成：（1）来自本县的全体国会议员、邦立法机关成员和专区潘查雅特的成员；（2）县行政长官或者专员以及专区潘查雅特或者当地城市管理机构的行政首长；（3）主管本县免费午餐计划的官员；（4）主管本县的全国饮水工程、全民卫生计划、整体性儿童发展服务计划、潘查雅特事务、劳务、残疾人福利、社会福利、少数民族福利等事务的官员；（5）参与本地区"免费午餐计划"工作的两个非政府组织的代表。委员会开会时，出席当天会议的最年长的国会议员主持会议。

6. 定期汇报。各邦和中央直辖区政府需要定期向印度政府中小学教育与识字司汇报，提供下列信息：（1）学生与教育机构的覆盖率；（2）学生的在校天数;(3)利用中央援助的进展;(4)学校必要的基础设施条件;(5)不幸的突发事件,等等。

7. 社会科学研究机构的监督。被授权监督"初等教育普及计划"的 41 所社会科学研究机构,也被委托监督"免费午餐计划"。

8. 申诉。各邦和中央直辖区需要建立一套专门接受公众申诉的制度,这个制度应该广为人知并使公众易于进行申诉。

9. 邦一级。各邦和中央直辖区行政管理部门也需要设置一个邦级指导与监督委员会以监督该计划的实施。各邦和中央直辖区已经把对该计划进行评估的工作布置给了独立机构。

10. 国家一级。在中小学教育与识字司秘书领导下,项目审批理事会下设的一个国家级指导与监督委员会代表中央政府对该计划进行监督。地方和邦通过召开检查工作会议,监督和解决该计划在各邦和中央直辖区实施过程中的具体问题。全国"初等教育普及计划"的总委员会及其执行理事会也对"免费午餐计划"进行检查。

11. 检查团。由中央政府、邦政府、联合国儿童基金会和非政府组织的代表组成的"免费午餐计划"检查团已经成立,对各邦和中央直辖区实施该计划的情况进行检查。第一届检查团可能要查访 4 个邦即阿萨姆邦、比哈尔邦、泰米尔纳德邦和北方邦,在每个邦查访 2 个县,总共查访大约 10 所学校。检查团由印度政府的局长级官员领导。检查团将完成下列任务:(1)检查邦政府向学校以及烹饪机构拨款的制度和拨款所需的时间;(2)检查管理和监督制度及其从邦到学校层面的运作情况;(3)检查该计划在 2009—2010 年度的进展状况,包括学校和烹饪机构中的粮食作物和资金的使用、午饭的质量和供餐时间、供餐工作的透明度、教师的作用、社区的参与、在补充微量元素和健康状况检查方面与学校健康计划(School Health Programme)的关联程度等;(4)评估学生、家长和教师对该计划的实施与影响的满意程度;(5)审查学校和烹饪机构的工作纪录;(6)审查基础设施条件、是否够用以及资金的来源;(7)为改进该计划的实施给出建议。

第一届检查团查访了 3 个邦即阿萨姆邦、比哈尔邦和北方邦,并向相关邦政府和中央政府提交了报告。

三、由独立机构开展的评价研究

不同的机构对全国各地的"免费午餐计划"进行了独立的评价研究,肯定了该计划在教育、营养与社会方面的积极的影响。这些研究的一些成果如下：

1. 由阿玛蒂亚·森（Amartya Sen）教授负责的普拉提奇研究小组（Pratichi Research，2005）发表的《西孟加拉邦"烹饪好的免费午餐计划"——比尔普姆县的案例研究》显示，通过"免费午餐计划"的实施，初等教育的普及取得了积极的进步，入学率和出勤率都增加了。这种增加对于表列种姓和表列部族的女童和学生来说更为显著。该研究还指出，"免费午餐计划"已经在降低教师缺勤率和缩小社会差距方面做出了贡献。

2. 由拉贾斯坦大学和联合国儿童基金会（2005年）发表的《拉贾斯坦邦"免费午餐计划"的现状分析》指出，该计划已经对学生的入学和出勤形成了积极影响。它还对社会平等做出了贡献，因为不论属于种姓与阶层，学生们都可以共享午餐。通过为妇女提供就业机会，它还促进了性别平等。

3. 2005年，社会进步协会（Samaj Pragati Sahayog）对70个最落后的村进行了调查，发表了《中央邦的"免费午餐计划"》。研究结果显示，学生的入学率增加了15%，而表列种姓和表列部族学生的入学率增加得更为显著，达到了43%。

4. 由"协同研究与传播"组织（CORD：Collaborative Research and Dissemination）的阿努拉达·德（Anuradha De）、克莱尔·诺罗纳（Claire Noronha）和米拉·萨姆森（Meera Samson）于2005年发表的《德里的"免费午餐计划"——一个正在发挥作用的计划》的研究报告。他们调查了12个少数民族聚居县（MCD：Minority Concentration District），所有学校中的学生都享受到了免费午餐，对女学生的出勤率可能影响更大——她们经常是没吃早餐就来上学了。

5. 由达尔瓦德大学（University of Dharwad）的拉玛·奈克（Rama Naik）博士2005年发表的《关于卡纳塔克邦"免费午餐计划"的报告》（Report on Akshara Dasoha scheme of Karnataka）指出，该邦的入学率飞速上升，农村地区尤其明显。该计划对教师出勤率已经产生了影响：64%的学校报告说，教师的缺勤率降低了。

6. 2005年，全国教育研究与培训委员会《关于5年级学生期末学习成绩的最新报告》显示，"免费午餐计划"覆盖地区的学生的学习成绩高于那些没有覆盖到的地区的学生。

7. 由全国公共合作与儿童发展研究所（National Institute of Public Cooperation & Child Development）发表的《卡纳塔克邦的"免费午餐计划"——一个研究》报告称，"免费午餐计划"提高了大多数学校的出勤率，降低了缺勤率。它促进了一种共享与博爱的意识，并为社会平等铺平了道路。

8.《基础教育公共报告》(PROBE：Public Report on Basic Education)发表的《2006年基础教育公共报告的主要成果》(The major findings of the PROBE—2006)指出：(1)84％的家庭声称学生们得到了烹饪好的午餐；(2)大多数学校声称学生们在学校吃午餐；(3)学生们喜欢多种多样的饭菜；(4)学校培养学生养成良好的习惯如饭前洗手、饭前饭后清洁用餐场所；(5)像"免费午餐计划"这样的措施已经为提高入学率做出了贡献。

9.《2007年度教育状况报告》(Annual Status of Education Report，ASER，2007)指出，2007年10月到11月，在该组织进行的随机查访中，约92.6％的学校正在准备或供应午餐。这个数字比2005年的71.1％要高很多。普遍供应的免费午餐为入学率的增长做出了贡献。

10. 由阿尼玛·拉尼·斯(Anima Rani Si)和纳列什·库马尔·夏尔马(Naresh Kumar Sharma)在2008年6月《经济与政治周刊》(Economic and Political Weekly)上发表的《关于奥里萨邦库德拉县"免费午餐计划"的实证研究》指出，"免费午餐计划"对学生们的入学、出勤和成绩都有积极的影响。学生的社会化更好了，并且为弱势群体提供了新的就业机会。

11. 由第帕·辛哈(Dipa Sinha)在2008年11月《经济与政治周刊》上发表的《关于安得拉邦"免费午餐计划"的社会审计》指出，该计划对于增加入学率、避免课堂饥饿和减少社会歧视都有积极的影响；学校都在定期提供烹饪好的午饭。"免费午餐计划"为农村地区贫困妇女提供了许多谋生的机会。

12. 由位于印多尔的全国公共合作与儿童发展研究所发表的《中央邦的"免费午餐计划"——2007年的一个研究》指出，"免费午餐计划"已经使小学生入学模式发生了显著改进，它毋庸置疑地导致了很长时期内小学生入学率与巩固率的增长。该计划对降低辍学率尤其是女童的辍学率发挥了关键作用。家长们认为该计划减轻了他们自己每天要给孩子做一顿饭的负担，认为这是对他们家庭的巨大帮助。教师们认为该计划有利于学生们积极主动地学习，间接改善了他们的学业成绩。该计划对提升社会平等发挥了显著作用。

第三节 "免费午餐计划"的成就和问题

印度初等教育中的"免费午餐计划"取得了很大的成就，得到了广泛的好评。这种情况在印度的教育领域中并不多见。免费午餐计划在近几年的发展情况如表 8-3 所示。①

表 8-3 2005—2006 年度至 2008—2009 年度免费午餐计划的进展

年份	2005—2006	2006—2007	2007—2008*	2008—2009*
学生覆盖人数（单位:亿）	1.194	1.068	1.137	1.119
粮食分配额（单位:万吨）	225.1	216.0	247.9	293.0
实际拨款（单位:亿卢比）	334.526	534.800	667.800	800.000
总预算（单位:亿卢比）	318.633	523.347	583.544	668.802

* 注:2007—2008 年度和 2008—2009 年度的数据中,初级小学和高级小学都包括在内。

一、"免费午餐计划"覆盖范围逐步扩大

该计划最初仅面向公立学校和私立公助学校中的 1—5 年级学生,2002 年,覆盖范围扩大到在教育保障计划(EGS)以及选择与创新性教育(AIE)中心的 1—5 年级学生。2004 年,印度中央政府提出将在暑假为那些受到自然灾害影响地区的学生提供免费午餐服务。2007 年 10 月,覆盖范围由原先的 1—5 年级扩展到 3479 个教育落后地区的 6—8 年级。现在,免费午餐计划覆盖了所有就读于公立学校和私立公助学校、"教育保障方案"中心和"选择与创新教育"中心以及根据"初等教育普及计划"得到政府资助的马德拉萨和麦克台卜中的 1—8 年级学生。②

二、为"免费午餐计划"进行配套设施建设

2006—2007、2007—2008、2008—2009 三个年度,根据午餐计划,中央政府拨款 448 亿卢比用于建设 746758 所小学的厨房,其中,455652 个厨房已经建成或者已经开工建设。但是,印度仍有 262809 所小学校没有厨房,应该在第"十一五"计划(2007—2012 年)剩余的时间里为这些学校建设厨房。另外,在上述 3 个年度期间,中央政府向 855636 所小学校提供了 42.78 亿卢

① Ministry of Human Resource Development, Government of India. Annual Report 2009-2010. http://education. nic. in/AR/annualreports. asp. 2010-09-08.

② Ministry of Human Resource Development, Government of India. Annual Report 2009-2010. http://education. nic. in/AR/annualreports. asp. 2010-09-08.

比用于购置厨具。①

（一）厨房的建造

根据"免费午餐计划"，从 2006—2007 年度开始，中央向各邦和中央直辖区拨款用于建造厨房兼仓库，为每个厨房兼仓库拨款 60000 卢比，在一定的时期内分阶段解决基础设施不足的问题。3 年间，中央已经向各邦和中央直辖区拨付了 448 亿卢比，用于建造 746758 个厨房兼仓库。

截至 2009 年 9 月 30 日，在获得批准建设的 746758 个厨房中，455652个厨房已经得以建成或正在建设中，还有 262809 所学校没有厨房。希望在"十一五"计划期间内完成为这些学校建造厨房的任务。中央拨付的用于厨房建设的经费还有 237.2 亿卢比结余，各邦和中央直辖区还有 210.7 亿结余。

（二）厨房设备的采购

从 2006—2007 年度开始，中央资助每所学校 5000 卢比，用于厨房设备的采购。3 年期间，中央向各邦和中央直辖区拨付了 42.782 亿卢比，用于为85.6 万所学校采购厨房设备。

截至 2009 年 9 月 30 日，73.8 万所学校的厨房设备已经采购完毕。在2009—2010 年度，中央政府又拨付了 11.824 亿卢比用于 23.6478 万所学校采购厨房设备。

（三）"十一五"计划的经费分配（2007—2008 年度至 2011—2012 年度）

"十一五"计划期间，国家计划委员会为"免费午餐计划"制定的总预算是 4800 亿卢比。它包括两部分：一是"总的预算支持"（Gross Budgetary Support）；二是"基础教育基金"（Prarambhik Shiksha Kosh：elementary education fund）。

在 2009—2010 财年，预算经费是 800 亿卢比（总的预算支持是 291.02亿卢比，基础教育基金是 508.98 亿卢比），在修订预算中（Revised Estimates）减至 735.915 亿卢比（总的预算支持是 156.425 亿卢比，基础教育基金是 579.49 亿卢比）（见表 8-4、表 8-5）。

---

① Ministry of Human Resource Development，Government of India. Annual Report 2009-2010. http://education. nic. in/AR/annualreports. asp. 2010-09-08.

表 8-4　　2009—2010 年度修订预算的开支项目　　　（单位：千万卢比）

序号	开支项目	非东北地区	东北地区	合计
1	印度食品公司	1400.00	100.00	1500.00
	小计	1400.00	100.00	1500.00
2	烹饪成本	3396.87	179.77	3576.64
3	运输资助	146.53	9.76	156.29
4	监管与评估	73.72	3.75	77.47
5	厨师的酬金	429.50	49.69	479.19
6	附加烹饪成本	250.00	21.27	271.27
	小计	4296.62	264.24	4560.86
7	厨房兼仓库	782.72	320.23	1102.95
8	厨房设备	133.44	51.90	185.34
	小计	916.16	372.13	1288.29
9	全国性开支	10.00	0.00	10.00
	小计	10.00	0.00	10.00
	总计	6622.78	736.37	7359.15

表 8-5　　2009—2010 年度该计划的概况

序号	项目	初小	高小	合计
1	教育机构的数量（十万）	9.42	1.50	10.92
2	经批准的学生数量（千万）	8.41	3.36	11.77
3	预计工作天数	200～231	200～231	200～231
4	粮食需求（十万吨）	18.31	10.93	29.24
5	截至 2009 年 3 月 31 日的粮食结余（十万吨）			1.74
6	划拨粮食（十万吨）	17.14	10.58	27.72
7	截至 2009 年 9 月 24 日运出粮食（十万吨）	5.96	2.41	8.37
8	需要中央拨款（烹饪成本＋运输补贴＋监管与评估）（千万）	3134.44	1667.84	4802.28
9	至 2009 年 3 月 31 日的未用余额（千万）	—	—	979.85
10	至 2010 年 1 月 31 日中央拨款（千万）	—	—	5084.77

三、"免费午餐计划"的质量标准不断提高

为了更好地实现免费午餐计划的目标,中央政府对午餐的标准也做了相应的规定,并不断地修改和提高。计划施行初期,初级小学的午餐每日最低包含 300 克热量,8～12 克蛋白质。2006 年,初级小学营养标准得到提高,热量提高到 450 克,蛋白质提高到 12 克。2007 年范围扩展到 6—8 年级时,高级小学的营养标准是 700 克热量和 20 克蛋白质。

(一)关于午餐的质量

午餐的质量在很大程度上取决于粮食作物的质量。印度食品公司负责提供最好的粮食作物,起码是中等品。印度食品公司在每个邦任命一个联络官,负责解决为"免费午餐计划"供应粮食作物过程中的各种问题。县或者专区接收粮食作物的负责人与印度食品公司的有关人员组成一个联合小组,在共同证明粮食作物至少符合中等品的标准之后,要保证运出来的粮食作物至少都是中等品。

该计划的指导方针规定了质量、安全与卫生规范。指导方针还规定,在午餐发给学生之前,2～3 名成年人(其中至少一名是教师)必须品尝食物。尽管指导方针规定,监督人员每个季度要对 25％的学校、"教育保障方案"中心以及"选择与创新教育"中心进行检查,但是由于人力物力的缺乏,检查没有按计划进行。指导方针还规定,社区要积极参与该计划的监测与监督。对于这样一项庞大的计划,社区的积极而有意义的参与是成功的关键。

为了保证该计划的质量,充足的基础设施是必不可少的。从 2006—2007 年度开始,中央已经为 746758 所学校拨付 448 亿卢比用于建造厨房兼仓库。预计到"十一五"计划期末,所有学校将拥有厨房兼仓库。到 2009 年 3 月,87.6％的学校拥有饮水设备,66.47％的学校拥有厕所。中小学教育与识字司秘书和农村发展司秘书已经联名致信各邦和中央直辖区政府,要求到本财年(2009—2010 年度)结束前给所有学校提供足够的饮水与厕所设施。

(二)关于营养含量的具体规定

根据"免费午餐计划",针对初级小学和高级小学的不同,相关食品的数量按营养价值分解(见表 8-6、表 8-7)。

表 8-6 免费午餐的营养含量

营养成分	初级小学	高级小学
热量	450 大卡	700 大卡
蛋白质	12 克	20 克
微量元素	足够的微量元素如铁、叶酸、维生素 A 等等	

表 8-7 相关食品的数量与营养价值对照

序号	名目	初级小学			高级小学		
		计划要求（克）	能量（卡）	蛋白质（克）	计划要求（克）	能量（卡）	蛋白质（克）
1	粮食作物	100	340	8	150	510	14
2	豆类	20	70	5	30	105	6.6
3	蔬菜	50	25	—	75	37	—
4	油脂	5	45		7.5	68	
5	盐和调味品	适量			适量		
6	总计		480	13		720	20.6

近年来，印度有很多独立的研究机构就免费午餐计划的实施情况进行了评估，都肯定了这项计划给教育带来的积极影响、给儿童提供的营养补充及其良好的社会影响。

2005 年，阿玛亚·森（Amartya Sen，印度裔美国经济学家，诺贝尔奖获得者）领导的研究团队对西孟加拉邦 Birbhum 县的免费午餐计划进展情况进行了研究考查，发现免费午餐计划显著提高了学生的入学率和出勤率，促进了初等教育的普及，而且这种现象在表列种姓和表列种族的女童和孩子中的影响最为明显。这项研究还表明，午餐计划也降低了教师的缺勤率，缩小了社会差距。同年和其后的几年中，也有针对其他邦所做的调查研究，如"拉贾斯坦邦的免费午餐计划现状分析""中央邦的免费午餐计划""德里的免费午餐计划——一个正发挥作用的计划""卡纳塔克邦的免费午餐计划研究""奥里萨邦 Khudra 区免费午餐计划的经验研究""对安德拉邦免费午餐计划的社会审计"，等等。这些研究都表明，免费午餐计划在提高学生（尤其是表列种姓和表列部族的女童和孩子）的入学率和出勤率、降低教师的缺勤率等方面都做出了巨大贡献，同时该计划培养了学生共享和友爱的精神，为社会公平的发展开辟了新的道路。此外，印度全国教育研究和培训委员会

2005 年的《五年级末学生的学业成绩研究报告》中也指出,在实行免费午餐计划的地区,学生的学业成绩要高于未实行该计划地区学生的成绩。[①]

2006 年,印度初等教育公共报告(PROBE)指出,84％的家庭承认孩子获得了免费午餐;大多数学校表示学生会在学校就餐,而且学生的菜单会经常变化,学校里都会教育学生养成饭前洗手和饭前饭后打扫卫生等一些良好的习惯;午餐计划提高了入学率。印度的《年度教育状况报告》(ASER2007)指出,在 2007 年 10 月和 11 月期间的随机抽查中,92.6％的学校都已经准备好了午餐。这个数据要远远高于 2005 年的 71.1％。[②]

免费午餐计划在其实施的最初 10 年中进展缓慢,没有引起人们特别的关注,使人担心它也会像印度教育领域中的许多改革措施一样"无果而终"或者"雷声大雨点小"。它最近几年的迅猛发展和不凡成就,不得不使人对印度教育有一种"刮目相看"的感觉。印度从极端偏重精英高等教育转向普及初等义务教育和发展高等教育(高等技术教育)并重且略向前者倾斜的教育发展战略,由此可见一斑。如果说此前印度高等教育的畸形发展值得包括中国在内的发展中国家引以为鉴,那么当前印度对普及义务教育的高度重视也应该值得广大发展中国家学习。

四、"免费午餐计划"存在的问题

尽管"免费午餐计划"成为印度教育中少有的取得很大成绩的措施,但是在具体实施中,还是有不尽如人意之处。

第一,地区发展不平衡。2010—2011 年度,免费午餐计划的全国覆盖率是 72％,其中最高的是查蒂斯加尔邦(83％)和奥里萨邦(82％,2011 年改称奥地萨邦),最低的是比哈尔邦(47％)、北方邦(57％)和贾坎德邦(58％)。那些经济发展水平较差的地区和学生最需要的地区,恰恰是覆盖率最低的地区。根据 2012—2013 年度各邦和中央直辖区提供的报告分析,有 144 个县的免费午餐计划实施得不好,其中,17 个县在左派激进武装活动频繁的地区,11 个县在东北地区,17 个是部族聚居县,13 个是山区县。[③]

① Ministry of Human Resource Development, Government of India. Annual Report 2009-2010. http://education. nic. in/AR/annualreports. asp. 2010-09-08.

② Ministry of Human Resource Development, Government of India. Annual Report 2009-2010. http://education. nic. in/AR/annualreports. asp. 2010-09-08.

③ Planning Commission, Government of India. Twelfth Five Year Plan(2012-2017), Social Sectors Volume Ⅲ. New Delhi:SAGE Publications India Pvt Ltd,2013:67.

　　第二,经费紧张致使全覆盖的目标短期内难以实现。除了购买食物外,免费午餐计划需要大量的基础设施建设方面的投入,这对经济落后地区无疑是巨大的挑战。中央政府的拨款常常不能按时足额到位,地方政府的配套经费也存在同样的问题。因此,免费午餐计划的全覆盖还有很长的路要走。

　　第三,实施的质量还有瑕疵。这方面的问题主要是指,在一些地区,食物的分量不足、学生吃不饱,食物的营养水平不达标,供餐进行得不规律,等等。

　　第四,食品安全存在风险。2013 年 7 月,印度比哈尔邦一所小学近 60 名学生因为食用了学校提供的免费午餐引起食物中毒,其中 23 名学生丧生。这一事件举世瞩目。同年 12 月,学校的校长及其丈夫因被指控谋杀而双双被逮捕,如果指控罪名成立则可能被判死刑。警方说,校长的丈夫阿尔琼·拉伊是一名政客,是他把自己农场要用的农药储放在了学校,厨师在给学生做午餐过程中误用了此农药。夫妻二人否认这些指控,并告诉警方这是事故,绝非二人刻意为之。然而,学校厨师告诉当局,对于政府发放的学生免费午餐,校长曾一度限制食物供应量,而且,校长还曾硬要她使用明显已变色的食用油。[①] 这样的事件应该不是个案。

第四节　面向贫困儿童的新星学校

一、实施"全国英才寻找计划"

　　印度的英才教育起步较早。1963 年,印度全国教育研究与培训委员会发起了"全国英才寻找计划(National Talent Search Scheme,NTS)",目的在于发现天才学生并对其今后的成长提供一定的经济支持。寻找英才的方式是考试。选拔考试分为两个阶段,地方考试(各邦和中央直辖区)和国家考试。地方考试只有笔试,包括智力测验和学术性向测验两部分(答题时间各 90 分钟),国家考试增加了面试(15～20 分钟)。笔试成绩达到一定分数线的学生才可以参加面试。

────────────

　　① 中国日报网.印度学校食物中毒致学生死亡,校长夫妇被控谋杀. http://learning.sohu.com/20131202/n391112325.shtml. 2014-10-10.

40 多年来,该计划经过多次修订,与最初施行的计划相比有了很大的变化:从仅选拔自然科学学科的学生发展到选拔自然科学、社会科学、工程学、医学、管理学和法学各学科的学生,从面向 10 年级毕业生发展到仅面向 8 年级毕业生,录取名额由最初的 10 人发展到数千人,奖学金的数额不断提高,考试内容也多次调整。

国家考试中,智力测验占 100 分,学术性向测验占 100 分(社会科学和自然科学知识各 40 分,数学 20 分),面试 25 分。2009 年,一般学生的最低录取分数线是 155 分;弱势群体中,表列种姓学生的最低录取分数线是 122 分,表列部族学生 118 分;身体残疾学生 72 分。按规定,后三种学生有一定的录取名额。

被录取的学生,从 9 年级开始按月领取奖学金;进入高校后,这些学生如果学习基础科学、社会科学和商学,奖学金一直发放到他们获得博士学位;如果学习工程学、医学、管理学和法学等专业学科,奖学金发放到获得硕士学位为止。

学生参加各个地方考试需交的考务费标准由各地自行确定,参加国家考试不需要缴纳任何费用。另外,选拔英才的考试虽然只面向 8 年级毕业生,但是考试内容包括 9—10 年级的部分教学内容。许多地方对本地考生在第一阶段考试取得前几名成绩的学生给予数额不等的现金奖励,并对取得参加国家考试资格的学生进行集中辅导,以本地能有更多的学生被国家选拔为英才而光荣。

二、把英才教育写进国家教育战略

独立后的印度把教育视为保障国家进步和安全的极为重要的因素,在 1968 年《国家教育政策》仅有的 17 个条目中,第 5 条就是针对发现和培养智力超常儿童的,要求"为了开发智力资源,各地区必须从儿童中发现和培养超常儿童,对此要积极鼓励并提供一切机会"。

1986 年《国家教育政策》(1992 年修订)对英才教育进行了较长篇幅的论述,并明确提出要"建立超常儿童学校"。它指出:"人们普遍认为,应该向具有特殊天赋的儿童提供优质教育,以便他们有更快成长的机会,不论他们是否能够承担这种教育的费用。"据此,印度的"新星学校(Navodaya Vidya-layas,也可以译为新秀学校)"应运而生。

印度政府花费巨资创办的大批的新星学校并不是严格意义上的英才学校,因为它主要面向农村地区家庭困难的学生,学校各项基础设施条件一般,家庭条件特别好的天才学生通常是不会去这种学校的。这种学校的制度相当于我国的寄宿制中小学校中的"两免一补"制度,只不过覆盖范围比我国大多了(印度贫困人口的比例比我国高多了),而且增加了考试选拔的环节,某些家庭困难而智力水平偏下的学生是进入不了这种学校的。尽管如此,印度的新星学校在落实国家教育发展战略,为农村地区和弱势群体提供一定程度的优质教育和促进教育公平方面,还是迈出了重要的一步。

三、选拔英才的形式多种多样

印度到 2010 年底约有 12 亿人口,各个地方的发展水平差别很大,教育情况也是千差万别。除了全国英才寻找计划和新星学校之外,印度选拔和培养英才的形式也是多种多样的。

第一,印度的一些私立学校以英才教育为要旨。印度有比较发达的私立学校系统,大约 11％的小学是私立学校,55％以上的中学是私立学校。虽然私立学校的办学宗旨不尽相同,但是其中的相当一部分是以升学率来吸引生源的。而且,在印度,专为参加各种考试进行补习的机构很盛行,收费高昂。有些机构或者个人免费招收穷人家的天才儿童,主要也是为了通过提高升学率来扩大影响。

第二,印度也有各学科的奥林匹克竞赛。印度在自然科学中的主要学科都举办全国性的奥林匹克竞赛,取得好成绩的学生可以在参加一些高等学校的面试时获得更多的加分,被录取后享受较高额度的奖学金。

第三,印度有专门的民间教育组织从事英才教育研究。印度有"全国天才儿童联盟"和"天才儿童研究中心"等民间组织,定期举办培训班和研讨会,参加人员包括儿童家长、教师以及其他与天才儿童培养工作有关的人员。这些组织注重涉及天才儿童培养方面的指导工作,使家长和教师理解天才儿童可能面临的各种问题以及思考如何解决这些问题,帮助天才儿童获得全面发展。①

---

① Gifted Children：The Indian Scenario. http://www. indiachildren. com/EDUCA-TION/scenario. htm. 2012-12-23.

第九章　印度教育公平战略的实施成效评析

　　由于历史上多次遭受外族入侵,阶级剥削和压迫一直较为严重,加上印度文化传统和地理环境等因素的综合影响,印度的社会生产力发展水平长期偏低,相当多的人口处于全面落后状态,境遇悲惨。印度共和国的第一代领导人把消除贫困、促进公平正义作为国家发展和进步的根本目标,制订了一系列优待弱势群体的方针政策。60多年来,这些方针政策起到了一定的积极作用,弱势群体的各方面条件有所改善,一些群体的政治、经济地位有了显著的提高,但是,国家对弱势群体的优待措施一直广受质疑,弱势群体中不同人群之间各方面条件的改善程度也有很大的差别。尤其是,由于印度特殊的政党政治的影响,对弱势群体的优待措施难以全面落实,地区差异很大,全面提高弱势群体的教育发展水平仍然存在很大的不确定性。

第一节　印度教育公平战略取得的成就

一、纵向看的成就

(一)表列种姓和表列部族教育发展中的成绩

　　在现代世界各国中,表列种姓是印度特有的一个群体,表列部族的社会发展水平甚至还低于表列种姓。他们长期处于印度社会的最底层,接受教育的机会非常少,识字率低。为了使表列种姓和表列部族能够有平等的受教育机会,印度政府在宪法中做出了明文规定,并且为表列种姓和表列部族制定了各种教育发展计划,付出了持续不懈的努力。尽管各项措施没有取得预期的效果,但是,在落后阶级的各个群体中,针对表列种姓和表列部族的优待措施取得的效果是最好的。

根据印度政府人口普查的数据显示,1971—2011 年,表列种姓识字率增幅达 3 倍左右,表列部族的识字率几乎同步增长。这与印度政府大力支持表列种姓和表列部族的教育有着密不可分的关系。统计数据表明,表列种姓和表列部族各教育阶段的入学率一直呈较快增长态势。

(二)少数民族教育发展中的成绩

虽然印度共和国宪法中也有"少数民族"的提法并把少数民族作为其他落后阶级的重要组成部分予以优待,但是在具体工作中,印度领导人从独立之初就坚持认为,印度的全体居民在长期的历史发展和反对殖民主义的斗争中已经融合为一个统一的民族,他们之间只有种族、宗教信仰和语言上的差别,没有明显的民族界限和区别。因此,印度政府尤其是"印度人民党"执政的中央政府长期否认各民族独特历史和文化的存在,对少数民族教育缺乏强有力的支持。

在印度的主要少数民族群体中,由于历史和文化传统等方面的原因,基督教徒、锡克教徒、佛教徒、耆那教徒、祆教徒的教育水平在全国人口中处于领先水平,但是,最大的宗教少数民族穆斯林的教育水平却远远地落在后面。可以说,一些宗教少数民族教育发展水平较高是自身努力的结果,没有得到政府的特殊待遇。近年来,在各方面的强烈呼吁下,印度政府出台了一些有利于穆斯林教育发展的措施,但是效果如何,仍需拭目以待。

(三)女性教育发展中的成绩

近年来,印度政府重点关注长期得不到发展的女童教育,专门为女童教育的发展采取了一系列措施,取得了很大的成就。

统计数据表明,印度小学和高小阶段教育中性别均等指数(GPI)在逐渐提高。2006 年至 2011 年间,初级小学阶段的这一指数已经从 0.94 提高到 1.01,说明初级小学阶段已经实现了性别平等。高小阶段从 0.90 提高到 0.95。2010—2011 年度,初中性别均等指数为 0.88,高中为 0.86。[①]

此外,印度女性教育进步的具体表现包括识字率迅速增长,基础教育阶

---

① Ministry of Human Resource Development, Government of India. Educational Statistics at a Glance 2011-2012:8.

段的入学率持续增长、辍学率持续下降,成绩合格率与男生持平,属于弱势群体女童的小学教育发展迅猛,接受高等教育的机会大大增加,等等。

(四)残疾人教育发展中的成绩

印度政府对残疾人教育较为重视。尤其是初等教育阶段,在 SSA 计划促进下,经过印度各邦施行的家庭调查和专门调查,有 300 多万儿童被鉴定为有特殊需要的儿童,其中大约 90% 已经入学,总体上,大约 95% 的已鉴定为有特殊需要的儿童,通过不同的计划受益。同时,2009—2013 年,通过实施"中学阶段全纳教育中央资助计划",累计约有 50 万残疾学生受益。

此外,依据"高校学生中央奖学金计划",已有约 10 万个奖学金名额中的 3% 分配给了残疾学生。印度大学拨款委员会还拨专款支持"视觉障碍教师资助计划"和"面向有特殊需要者的高等教育计划",有上千名残疾人从中获益。

(五)免费午餐计划实施中的成绩

免费午餐计划在其实施的最初 10 年中进展缓慢,没有引起人们特别的关注,使人担心它也会像印度教育领域中的许多改革措施一样"无果而终"或者"雷声大雨点小"。但是,它最近几年的迅猛发展和不凡成就,不得不使人对印度教育有一种"刮目相看"的感觉,这种情况在印度的教育领域中并不多见。

免费午餐计划的成绩主要体现在:覆盖范围逐步扩大,从初级小学延伸至高级小学,从公立学校扩展到私立学校;配套设施建设大大加强,中央和地方政府拨巨资为相关学校建造厨房、采购厨房设备;餐食的质量标准不断提高,其指导方针规定了质量、安全与卫生规范,对餐食的营养含量有具体的规定。

近年来,印度有很多独立的研究机构就免费午餐计划的实施情况进行了评估,都肯定了这项计划给带教育来的积极影响、给儿童提供的营养补充及其良好的社会影响。

二、横向比的成就

在 60 多年的时间里,印度从一个受尽剥夺与欺凌的殖民地成长为在当今世界上有重要影响的"金砖国家"和"新兴经济体"之一,原因固然是多方面的,但是,印度的教育发展为国家竞争力的提升所做的贡献不容忽视。

印度高等教育取得了举世瞩目的成就,为国家培养出了仅次于美国的世界第二大能够熟练使用英语的专门人才队伍和长期位列世界前三名的工程技术人员队伍。尤其是,印度在独立后仅用 40 年左右的时间就把印度理工学院建成了世界一流大学,印度的软件业发展及其人才培养取得了巨大的成就,实属难能可贵,其经验确实值得广大发展中国家学习。

2006 年,英国《泰晤士报高等教育副刊》的世界大学排名中,我国的北京大学在自然科学领域列第 12 位,高于世界著名的东京大学、耶鲁大学、康奈尔大学和澳大利亚国立大学等众多世界名校。这一排名曾经引起热议。而实际上,在当年该报的工科领域排名中,印度理工学院仅次于麻省理工学院和加州大学伯克利分校,高居世界第三位,领先于帝国理工大学、斯坦福大学和剑桥大学。①

在影响国家竞争力的重要指标中,印度在高等教育质量、数学与科学教育质量、管理教育质量、科研机构质量、科学家与工程师易得性等方面的得分曾经长期高于中国,这些都得益于印度的高等教育。②

印度高科技领域的成就直接体现了教育为国家发展培养人才的重要作用,使得印度的一些成就可以与中国媲美,甚至领先于许多发达国家。

1. 印度是世界空间技术的第六大国。独立以来,印度空间技术总体水平有了很大提高,目前已是当之无愧的世界第六空间技术大国。印度在 1995 年就提出了包括改进火箭推进系统、发射一系列卫星等内容的"十年航天发展规划"。在发展中国家里,迄今能在空间技术领域与中国媲美的也只有印度。2001 年初,印度政府批准了"天文卫星计划",该计划提出要在 5 年内研制并发射第一颗国产天文卫星。2003 年 9 月 11 日,印度内阁批准了在 2008 年以前进行"无人月球探测计划"。印度还率先将空间技术运用在教育和开发领域,在 2004 年发射了全球首颗用于远程教育的 E－DUSAT 教育卫星。2014 年 9 月,印度的火星探测器成功进入火星探测轨道。

2. 印度是世界上为数不多的"有核国家"。在核技术方面,印度早在 1948 年获得独立时就开始制定和实施"核计划"。1964 年 10 月 16 日,中国试爆了第一枚原子弹,印度政府大为震惊。这可以说是印度核政策的一个转折点,之后印度加紧秘密研制原子弹,并于 1974 年 5 月第一次爆炸了核装置。在举世震惊的一系列核爆炸试验之后,1998 年 5 月,印度正式宣称拥有了原子弹。60 多年来,其核工业从无到有,逐渐发展为具有相当规模的核工业体系。2012 年 4 月,印度成功试射了射程在 5000 公里以上、可携带多

---

① Dutta,P. K. Quality Technical Education in India. The Journal of Technical Education,2008(1):43.

② World Economic Forum. The Global Compatativeness Report 2009-2010. http://www. weforum. orgdocsWEF_GlobalCompetitivenessReport_2009-10. pdf. 2011-12-18.

枚核弹头的"烈火-5"洲际弹道导弹。

　　3. 印度在生物技术等高技术领域堪称发展中国家的一面旗帜。1986
至1997年,印度实施了"生物信息研究计划",1995年,又发起"人类基因组-
印度起点"研究计划。经过20多年的打拼,印度的生物医药产业成就斐然,
在国际化的道路上一路领先于中国,成为发展中国家独领风骚的一面旗帜。
2005年,印度又制定了发展生物科技的十年规划,重点加强生物学教育以及
培训方面的工作。这项战略发展计划在强调简化基因工程医药产品相关政
策以及许可流程的同时,特别强调本领域人力资源开发的措施,涉及生物技
术专业的学生和教师,生物技术研究人员以及相关技术人员的培训和工作、生
活条件问题等。为此,印度政府决定成立国家教育培训专责小组,设计为大学
生和研究生设立的生命科学方面的课程,设立特别奖学金,培养50到200名
博士并且增加学生们接触各个工业领域以及国家级教学科研单位的机会。

　　4. 印度在信息技术领域的卓越表现举世瞩目。1986年,印度政府出台
了"计算机软件出口、开发和培训政策"。1989年,为了改善政策环境和通信
基础设施,促进软件出口,印度电子工业局(现信息技术部前身)制定了"软
件技术园区计划"。1998年,印度政府又推出了雄心勃勃的《2008年信息技
术行动计划》。进入21世纪以后,印度一跃成为世界上软件业增长最快的
国家,年均增长率一直保持在50%以上,而世界软件业年均增长率是20%。
早在2000年,印度在世界软件开发和特种软件市场的份额就几乎达到
20%,而且,依据美国卡内基-梅隆大学等认证的高技术国际技术标准,在获
得最高水平5级的世界59家软件企业中,印度软件企业占了29家。因此,
印度已经成为世界公认的软件大国。

　　通过对印度教育历时20多年的专门研究,我认为,印度教育发展战略
包括"普及教育""教育公平""追求卓越""高等教育私营化"和"实行三种语
言模式"5个主要方面。虽然上述的印度教育的成就不能具体地归功于教育
公平战略的实施,但是,作为印度教育发展战略重要的有机组成部分,教育
公平战略也是功不可没的。随着教育公平战略的全面落实,教育为国家发
展所做的贡献必然会越来越大。

第二节 印度落实教育公平战略中的不足

一、宏伟的目标总是难以如期实现

印度人在制定教育发展目标时,对达成目标的时间常常是很随意的,恰如季羡林先生指出的那样:"印度人的时间观念是很有意思的,与我们的不大一样……就是一两千年,印度人也不放在眼中。关于世界名剧《沙恭达罗》的作者出生年代,在印度有两种意见,这两种意见之间,相差了一千年。在他们心目中,差个一千年又有什么关系呢?"①

(一)表列种姓和表列部族教育发展中的问题与不足

保障表列种姓和表列部族的教育权利,不仅仅是教育公平的问题,也事关社会的公平与正义。印度政府宣称以社会公平正义为最高理想,在保障表列种姓和表列部族的受教育权方面制定了大量的法律法规和计划方案,取得了很大的成绩。但是,客观分析表列种姓和表列部族的教育现状,人们还是不难发现,印度的教育现实与法律规定和计划目标之间的差距仍然令人震惊。

近年中,除了极个别年份外,表列种姓和表列部族的辍学率均高于全国平均水平。1—10年级,表列种姓的辍学率长期高于50%,表列部族的辍学率更是在70%以上。据印度人力资源开发部最新公布的2010—2011年度工作报告显示,2008—2009年度,印度全国初级小学(1—5年级)的辍学率是24.93%,小学(1—8年级)是42.25%,小学至初中(1—10年级)是55.88%,而表列部族学生的辍学率分别是31.26%、58.26%和76.18%,远远高于全国平均水平。②

遗憾的是,印度没有高中学生辍学率的统计数据。按照合理的推测,至少表列部族高中学生的辍学率应该不会低吧?有印度学者指出:"值得注意的是,印度至今没有关于表列种姓和表列部族学生在高等教育阶段辍学率的统计数据,这给人们一种印象,即政府部门似乎有意隐瞒事实真相。统计

---

① 季羡林:《季羡林文集》(第五卷),江西教育出版社1996年版,第356页。

② Ministry of Human Resource Development, Government of India. Annual Report 2010-2011:198. http://www.education.nic.in/. 2011-08-10.

数据很可能会使政府因为在这方面夸下的海口远未兑现而窘迫不堪。实际上，从中小学教育阶段的辍学率中，人们不难推断出高等教育阶段的辍学率。"[①]

虽然表列种姓和表列部族的高等教育毛入学率有了显著提高，但是他们在全部大学生中的占比仍然很低，其中，表列种姓为 12.47％，表列部族为 4.17％。而在高校教师的教学人员中，表列种姓占比为 7.28％，表列部族仅为 2.00％。[②]

不仅表列种姓和表列部族接受高等教育的机会仍然低于全印度的平均水平，更为严重的问题是表列种姓和表列部族的高等教育毕业率问题。一些研究着眼于具体的学校例如 MJ 医学院以及孟买医学院。这些研究结果显示，表列种姓和表列部族的毕业率、就业率远远落后于全印度平均水平。1969 年加兰特指出，表列种姓和表列部族中 15％的入学者获得了大学文凭，1973 年只有 20％表列种姓和表列部族的入学者毕业，但是即使是毕业的表列种姓大学生，他们的平均考试成绩也远远不如非表列种姓的学生。[③] 2000 年，Sukhadeo Thorat 指出，4.19％的表列种姓入学者获得了大学文凭。

这些数据是根据不同大学、不同情况以及不同时期得出的，但是表列种姓和表列部族学生的成绩与入学率远远要低于其他人群的学生。他们去非重点大学学习非热门专业，比其他人群的学生花更多的时间完成他们的学业，并且辍学率比其他人群的学生高，成绩也比其他人群的学生低。

此外，表列种姓和表列部族教育发展中存在的主要问题还有表列部族基础教育阶段的师资难以保证，对表列种姓和表列部族教育的投入欠账较多，缺乏符合表列部族需要的教学内容，等等。

(二)穆斯林教育发展中的问题与不足

印度宪法对保护语言少数民族和宗教少数民族的权益进行了全面的规定。但是，由于国情复杂，宪法中的许多规定一直没有得到很好的落实，印度教育的总体发展水平不高，印度穆斯林教育的发展情况更是不尽如人意。

---

① S. J. A. Pinto. Dalits in Higher Education: Need for Establishing a Counter Culture. Journal of Higher Education，1998(3):404.

② Department of Higher Education，MHRD，Government of India. All India Survey on Higher Edcation 2011-2012. New Delhi，2013:10.

③ Agarwal，Pawan. Indian Higher Education-Envisioning the Future. New Delhi: Sage Publications India Pvt. Ltd. 2009:126.

　　根据印度 2001 年人口普查报告,在各主要宗教群体中,基督教徒的识字率是 80.3%,佛教徒是 72.1%,锡克教徒是 69.4%,穆斯林的识字率只有 59.1%。

　　在印度,居住在城市的穆斯林人口占比高于全国平均水平,而城市居民中穆斯林的受教育程度却较低,说明穆斯林的受教育程度远低于全国平均水平;穆斯林儿童在小学低年级的占比与人口占比相当,但是到高年级的下降速度明显高于全国平均水平,说明辍学率高于其他群体。此外,各邦的穆斯林教育发展不平衡。北方邦穆斯林人口占比 18.55%,小学生占比只有 9.64%。

　　研究表明,印度初等教育的质量较差,2010 年,只有 49.3%的五年级小学生能够阅读二年级的课文,2012 年这个数字是 58.3%。虽然现在还没有全国性的穆斯林小学生学习情况,但是根据印度学者的研究,在西孟加拉邦,穆斯林小学生的学习成绩明显低于高种姓的印度教徒学生。[①]

　　印度学者的研究还显示,不论是在城市还是在农村,穆斯林在预科教育阶段的入学率甚至都低于表列种姓和表列部族。更加令人担忧的是,在 2004—2005 年度和 2009—2010 年度期间,穆斯林预科教育阶段的改善情况是在所有群体中最差的。[②] 而且,穆斯林中属于其他落后阶级的成员在高等教育毛入学率方面远远低于印度教徒中的其他落后阶级成员、表列种姓和表列部族,甚至全体穆斯林群体的毛入学率也低于表列种姓和表列部族。更有甚者,在 2004—2005 年度和 2009—2010 年度期间,全体穆斯林群体的高等教育毛入学率还降低了 1.5%。考虑到在此期间印度高等教育的毛入学率从 6%提高到 11%,穆斯林高等教育毛入学率不升反降的事实令人惊讶。[③]

---

① Ministry of Human Resource Development, Government of India. Report of the Standing Committee of the National Monitoring Committee for Minorities'Education(NMC-ME), April 2013:17.

② Ministry of Human Resource Development, Government of India. Report of the Standing Committee of the National Monitoring Committee for Minorities'Education(NMC-ME), April 2013:17.

③ Ministry of Human Resource Development, Government of India. Report of the Standing Committee of the National Monitoring Committee for Minorities'Education(NMC-ME), April 2013:23.

（三）女性教育发展中的问题与不足

由于印度妇女地位低下，女性教育发展一直落后，仍存在诸多的不足和挑战。

1. 高级小学阶段和中学阶段入学率偏低。当印度接近实现普及 8 年义务教育目标的时候，2010 至 2011 年度高级小学阶段入学率男生为 87.7％，女生为 83.1％，男女生高级小学阶段入学率相差不大。而在中学阶段，男生入学率为 55.5％，女生入学率仅为 48.4％。虽然中学阶段男女生入学率都偏低，但女生入学率比男生要低 7.1％，这更加凸显出女童在中学阶段遭受的教育不公平情况。

2. 辍学率处于较高水平。2010—2011 年度，印度整体辍学率仍然很高，而且，随着年级的增长，辍学率也不断增长；表列种姓和表列部族女童辍学率比一般学生辍学率高，女生辍学率为 47.9％，表列种姓女童辍学率为54.1％，表列部族女童辍学率为 71.3％。

3. 地区发展不平衡。虽然女童的毛入学率在印度全国范围内有了一定的提高，但这一提高在全国各地区并不平衡，有些地区的女童毛入学率很低。小学阶段，2010—2011 年度女童毛入学率低于全国女童毛入学率平均水平 94.8％的邦/中央直辖区有 9 个，低于 90％的邦/中央直辖区有 6 个。女童毛入学率最高的地区为梅加拉亚邦的 156.3％，最低的昌迪加尔中央直辖区仅为 77.7％。中学阶段，2010—2011 年度女童毛入学率低于全国平均水平 48.6％的邦/中央直辖区有 13 个，低于 40％的邦/中央直辖区有 7 个。女童毛入学率最高的是喜马偕尔邦，达到了 88.8％，最低的那加兰邦仅为 23.0％。

4. 穆斯林女童教育落后。穆斯林女童受到性别因素和民族（宗教）因素的双重不利影响，受教育状况最差。研究发现，"穆斯林女孩虽然都注册入学，但几乎所有女童在初级小学阶段就辍学。此外，一旦进入青春期，许多穆斯林女孩就不允许接受教育了"[①]。而且，穆斯林女孩注册入学往往是在宗教学校，而通常情况下，宗教学校并没有配备足够的设施以提供优质的教育。

5. 教育基础设施不足。缺乏足够的教育基础设施增加了女童教育的困

---

① Madhumita Bandyopadhyay, Ramya Subrahmanian. Creat Pathways to Access Research Monograph. Consortium for Research on Educational Access, Transitions and Equity, 2008.

难。在农村地区,学校的基础设施与城市学校的基础设施不在同等水平上。因为农村地区没有学校或者学校离家庭太远等地理或社会因素导致儿童没有入学机会。同时,农村儿童特别是女童不得不干农活或者做家务。一些地区学校数量极少,还有一些地区特别是部落地区,没有充足的合格教师投身于部落地区的教育事业。除了学校数量缺乏之外,学校的质量标准至关重要。大多数学校不具备如黑板、饮水设施以及独立的女孩厕所等,还有许多学校没有任何建筑,学生在村里的大树下上课。因此,学生发现学校并不吸引人。女童完成中学的百分比与小学和中学拥有单独女厕的百分比之间呈现出显著的关联性(0.62)。[①]

6. 女性接受高等教育的机会不公平。印度女性的社会地位在世界主要国家中是最低的,相对应的,印度女性接受高等教育的机会在世界主要国家中也是最少的。2010 年,世界各国高等教育阶段女生占比的平均水平为51%,美国、俄罗斯、巴西均为 57%,中国为 50%,而印度仅为 40%;女性在高等教育阶段的性别平等指数,世界各国平均为 1.08,美国为 1.41,俄罗斯为 1.35,中国为 1.10,而印度仅为 0.73。[②] 除了女性高等教育毛入学率呈现极大的地区差异和女生占比较低之外,女性在研究生阶段和"好专业"中的占比很低也说明印度女性在高等教育中的机会很不公平。

(四)残疾人教育发展中的问题与不足

首先,残疾人口鉴定与统计工作进展缓慢,且残疾人口统计数据官方版本不同。印度人资部 2012—2013 年度教育报告无可奈何地表示,据印度2001 年人口普查显示,印度有 2180 万残疾人,占人口总数的 2.13%;而2002 年印度国家抽样调查组织(NSSO)搜集的数据认为,印度残疾人口为1840 万。印度各类教育官方机构发布的残疾人口统计各不相同,这对于有效地实施残疾人教育无疑造成了很大的困难。

其次,残疾人文盲率仍居高不下。从总体上看,残疾人口的文盲率仍高达 52%,38% 的 6～13 岁适龄残疾儿童属于失学儿童,同时残疾男童在校率从未超过 70%,残疾女童在校率则不超过 66%。另外,具体来看,不同残疾

---

① Dipa Mukherjee. Women's Education in India: Trends, Interlinkages and Policy Issues. http://mpra. ub. uni-muenchen. de/4871/. 2013-11-20.

② Ministry of Human Resource Development, Government of India. Annual Report 2012-2013. http://www. education. nic. in/AR/annualreports. asp. 191, 2014-03-20.

程度、类型以及区域之间的残疾儿童在文盲率上也存在着较大差异。[1]

最后,残疾儿童辍学率持高不下。在印度实施了一系列促进残疾人教育发展的计划后,残疾儿童的辍学率仍旧没有降低。

在独立后的 60 多年里,印度残疾人接受教育的机会在国家层面得到了应有的重视与提高,但是由于教育发展目标过于高远和教育经费捉襟见肘等多种因素的影响,残疾人教育计划往往愿景美好,实践脚步却十分迟缓。

(五)"免费午餐计划"存在的问题

尽管"免费午餐计划"成为印度教育中少有的取得很大成绩的措施,但是在具体实施中,还是有不尽如人意之处。

第一,地区发展不平衡。那些经济发展水平较差的地区和学生最需要的地区,恰恰是免费午餐覆盖率最低的地区。根据 2012—2013 年度各邦和中央直辖区提供的报告分析,有 144 个县的免费午餐计划实施得不好。[2]

第二,经费紧张致使全覆盖的目标短期内难以实现。免费午餐计划需要大量的资金投入,这对经济落后地区无疑是巨大的挑战。中央政府的拨款常常不能按时足额到位,地方政府的配套经费也存在同样的问题。

第三,实施的质量还有瑕疵。这方面的问题主要是指,在一些地区,食物的分量不足、学生吃不饱,食物的营养水平不达标,供餐进行得不规律,等等。

第四,食品安全存在风险。2013 年 7 月,印度比哈尔邦一所小学近 60 名学生因为食用了学校提供的免费午餐引起食物中毒,其中 23 名学生丧生。这一事件举世瞩目。[3] 这样的事件应该不是个案。

二、教育中显著的不公平仍将长期存在

北京大学教授、博士生导师尚会鹏先生认为,从文化特点上看,古代印度文化以"超自然中心"为特点,是重超越、重出世的文化,这种特征在当今的印度文化中仍然能够看到;从思维方式上看,印度人有一种疏远客观世界、生活在冥想之中的倾向,他们的思维具有这样的特点:不充分认识现实

① Planning Commission, Government of India. Twelfth Five Year Plan (2012-2017), Social Sectors Volume Ⅲ. New Delhi:SAGE Publications India Pvt Ltd,2013:48.

② Planning Commission, Government of India. Twelfth Five Year Plan(2012-2017), Social Sectors Volume Ⅲ. New Delhi:SAGE Publications India Pvt Ltd,2013:67.

③ 《印度学校食物中毒致学生死亡,校长夫妇被控谋杀》,http://learning.sohu.com/20131202/n391112325.shtml. 2014-10-10.

与想象、事实与假定乃至空想、通过直觉得到的东西与通过推理和其他手段了解的东西之间的区分，在印度人的世界观里，它们之间没有明确界限，可以轻易转换。①

除了上面提到的教育公平战略实施中的问题与不足在短时间内不易解决之外，一些特定问题的解决难度更大。专门分析这些问题，我们可以对印度教育公平战略全面落实的艰巨性有一个更深入的了解。

（一）表列种姓和表列部族教育发展中的重大障碍

第一，表列部族教育中的师资难以保证。

根据印度 1986 年《国家教育政策》的精神，小学教师的任职资格应该尽快提高到 12 年普通教育再加上 2 年的教师培训。目前，约半数的邦提出了与上述精神一致的教师任用标准，但是在其余的邦中，10 年制学校（初中）毕业再加上 1 年的教师培训即可担任小学教师的情况仍然很普遍。在一些社会经济落后的偏远地区（主要是表列部族聚居区和少数民族聚居区），初级小学毕业生经过短期培训就任教于初级小学、高级小学毕业生经过短期培训就任教于高级小学的情况也不少见，这种做法甚至还被当作"成就"普遍宣传。②

从印度教师教育的一般情况可以看出，印度表列部族不仅仅缺乏合格的教师，更缺乏熟悉部族语言和文化的教师。

印度 1986 年《国家教育政策》（1992 年修订）对表列部族的教育做出了明确而详细的规定，其中专门提到了教师问题，指出："要鼓励和训练受过教育并有培养前途的表列部族的年轻人，在部族区域内从事教学工作。"③但是，印度中央政府和各邦政府没有出台具体的落实措施。前面提到的"在一些社会经济落后的偏远地区，初级小学毕业生经过短期培训就任教于初级小学、高级小学毕业生经过短期培训就任教于高级小学的情况也不少见"，主要指的就是表列部族聚居的地区。这些出身于表列部族的青年主要是寄希望于将来能够转为正式教师或者实在没有别的事情可做，才来做代课教

---

①　尚会鹏：《印度文化史》，广西师范大学出版社 2007 年版，第 280—281 页。

②　Department of Elementary Education and Literacy，Ministry of Human Resource Development. Revised Scheme of Teacher Education for 10th Plan. http://www.education.nic.in/Elementarynew/scheme/teacheredu_scheme.asp.2011-12-11.

③　Department of Education，Ministry of Human Resource Development，Government of India. National Policy on Education(As modified in 1992). New Delhi，1988：9.

师的。①

　　代课教师通常干着与正式教师同样的工作,工作业绩通常又不低于正式教师,却只能获得正式教师薪金二分之一至五分之一甚至更低的报酬。代课教师的普遍使用导致人们对印度如何保障弱势群体学生受教育的权利以及政府的教育责任问题产生了很大的疑问。②

　　印度中小学教育中的"三种语言模式"对母语强调得不够,只重视地区语言和包括印地语在内的现代印度语言以及英语。包括表列部族在内的语言上的少数民族子弟应该在初等教育阶段用母语接受教育,但这种要求常常得不到满足。此外,绝大多数的表列部族语言没有文字,这也是印度极其缺乏懂得表列部族语言的中小学教师的主要原因之一。

　　第二,对表列种姓和表列部族教育的投入欠账较多。

　　尽管数据显示印度从 20 世纪 90 年代初期开始大幅度提高对初等教育的投入,但是,现在的实际情况表明,印度中小学校的基础设施建设仍然十分落后。究其原因,一是由于历史欠账太多;二是经费使用效率不高;三就是经费投入还远远不到位。

　　印度国家计划委员会公布的调查数据显示:2004—2005 年度,印度初级小学中,3.5%没有建筑(学生在茅草棚或者帐篷或者塑料棚内上课)、51.4%没有厕所、16.3%没有饮用水;高级小学中,缺乏上述三项基础设施的比例分别是 2.8%、16.8%、4.7%。2005—2006 年度,初级小学的相关统计数据是 3.0%、44.6%、15.1%,高级小学的相关统计数据是 2.4%、15.3%、4.8%(竟然只上升 0.1%)。③

　　由于印度公开承认表列种姓和表列部族聚居地区是印度经济、社会和文化教育发展最落后的地区,所以可以肯定,这些缺乏基础设施的小学主要是表列部族地区的小学和一部分表列种姓聚居地区的小学。

　　不可否认的是,印度在"免费午餐计划"和"初等教育普及计划"方面投入了巨额经费,其受益者主要是包括表列种姓和表列部族在内的印度落后

---

　　①　K. Sujatha. Education of India Scheduled Tribes: A Study of Community Schools in the District of Vishakhapatnam, Andhra Pradesh. Paris: International Institute for Educational Planning/UNESCO,1999:68-70.

　　②　孙来勤、秦玉友:《印度代课教师:概况、争议及趋向》,《比较教育研究》2011 年第 6 期,第 71—75 页。

　　③　Planning Commission, Government of India. Eleventh Five Year Plan(2007-2012), Volume Ⅱ. New Delhi: Oxford University Press,2008:8.

阶级,同时,印度各级政府和非政府组织还为表列种姓和表列部族子弟设置了许多高额奖学金名额。然而,现实是严酷的,印度中小学基础设施建设严重滞后的局面无可置疑地表明,印度在基础教育投入方面还有大量的工作要做。

第三,缺乏符合表列部族需要的教学内容。

1977 年之前,印度的中小学教育主要由各邦自主管理,中央政府的大政方针在各邦难以落实。1977 年以后,中央政府的权力增大了。1977 年 1 月生效的宪法第 42 修正案把整个教育事业从邦政府的权限范围划入协同权限范围,中央政府对全国教育事业有了比以往更大的发言权,可以针对全国教育的各个方面进行立法。在中央政府和邦政府对一个教育领域都有立法的情况下,中央的法律高于邦的法律。但是,由于印度民主政治的特点和传统的惯性,全国教育的大致统一尚需时日。就像印度早就宣称已经建成了统一的"10+2+3"学制,实际上,那只是表面现象,印度的学制结构仍然十分复杂。①

教学内容的情况与学制结构的情况极其相似。1975 年,根据 1968 年《国家教育政策》的规定,全国教育研究与培训委员会(NCERT)制定了"10 年制学校的课程框架",1976 年制定了"高中教育及其职业化方案";1986 年《国家教育政策》颁布以来,NCERT 分别于 1988 年、2000 年和 2005 年公布了 3 个"全国课程框架"。但是,由于印度中小学教育的管理权限主要在各邦政府,所以 NCERT 的建议并不能成为全国的统一行动。有鉴于此,2005 年的全国课程框架没有提及课程设置及其学时分配,只是建议中小学进行 8 个课程领域的教学,即语言、数学、科学(自然科学)、社会科学、艺术教育、保健和体育、工作和教育、为了和平的教育。

印度 1986 年《国家教育政策》(1992 年修订)在教学内容方面涉及表列部族的规定有两条。其一,"表列部族的社会文化背景有其自身的特征,其中包括在许多情况下运用他们自己的口语。这就强调有必要在初始阶段用部族的语言编制课程和设计教学材料,然后通过一定安排转变成地区语言"。其二,"要设计好教育各阶段的课程以使部族人民意识到他们丰富的

---

① 安双宏:《印度基础教育发展热点问题评析》,《教育发展研究》2010 年第 4 期,第 73 页。

文化特性,如同意识到他们巨大的创造能力一样"①。但是,这些规定的落实仍然任重而道远。

(二)少数民族教育发展中的重大障碍

印度少数民族教育最落后的群体是穆斯林,而制约穆斯林教育发展的因素极为复杂,在当代印度的政治生态中越来越难克服。

1. 历史和自身因素

英殖民地时期采取打击压制穆斯林的殖民政策,使得穆斯林在英殖民地时期开始在社会各个方面处于弱势地位,进而导致穆斯林今天的相对落后状态。总体来看,目前大部分穆斯林都缺乏经济保障,没有固定的收入,大部分都从事一些不稳定的工作,穆斯林的失业率也很高,这些是阻碍其教育发展的根本之所在。

在英殖民者进入印度之前,虽然印度穆斯林与印度教之间由于教义的不同,也存在着冲突和矛盾,但是总体来说还是和平相处的。他们之间相互理解和尊重,相互融合,共同点逐渐增多,形成了今天独特的印度文化。后来,由于英殖民者利用印度的民族、宗教、种姓制度等错综复杂的社会矛盾,采取"分而治之"的政策,对印度穆斯林百般歧视,不断制造民族对立,以维护其在印度的统治。英殖民者的这一歧视性政策导致了今天印度穆斯林的经济相对贫困,教育比较落后。

印度独立以来,政府在各方面对穆斯林也做了不少工作,取得了一些成果。但同时必须看到,历史上所遗留的问题还严重存在。目前印度穆斯林的处境并非令人乐观,情况并没有得到根本的改善,历史上形成的民族与宗教之间的矛盾还存在,教育还很不发达。

从调查的文献来看,印度政府虽然对穆斯林等少数民族做出了一些努力,制定了一些政策和计划以促进印度穆斯林的发展,但实际落实情况并不理想。总的来看,政府所做的工作还不够。政府虽然为穆斯林制定了一些相应的教育计划,但是在具体执行的过程中往往会出现很多问题,比如程序过于复杂,出现了官员腐败、办事效率低等问题。正如有的印度学者所说"政策是一回事,落实是一回事"。要想使所有问题得到应有的解决,恐怕不是短期内所能办到的。此外,政府在制定计划的时候一定要做到切实可行,

① Department of Education,Ministry of Human Resource Development,Government of India. National Policy on Education(As Modified in 1992). New Delhi,1988:9-10.

符合少数民族的实际情况,站在他们的角度考虑问题。

有学者认为,印度穆斯林需要有一个真正的、核心的、能解决问题的领导团体。这个领导团体应该具有包容性,不仅能够得到穆斯林,还应能得到印度教以及其他宗教团体的信任。这个领导团体应该要本着解决问题的态度,不仅要清楚地意识到穆斯林存在的问题,准确地把握穆斯林现在所处的实际状况、他们的能力和拥有的资源,还应看到整个印度所存在的问题,能够把穆斯林放在整个印度的大范围内去考虑。但是,由于印度民主政治的特质,作为少数民族,穆斯林要想在印度的政治舞台上有所作为确实是很困难的。

2. 国家不够重视

虽然独立后,印度政府一直宣称要保护和关心穆斯林利益,国家也制定了很多政策和计划来改善少数民族的教育,但是效果却并不明显。穆斯林也并没有像表列种姓和表列部落那样受到保护。而且他们在制定计划的时候往往是出于全印度的发展角度、社会安定团结的角度,却没有真正站在穆斯林角度、从穆斯林的实际来解决问题。

穆斯林在社会生活的各个方面一定程度上还受到主流民族的歧视。[①]尽管独立后,印度宪法规定,国家对所有宗教一视同仁,实行宗教信仰自由,宗教和政治脱离,不能以宗教为由对公民的任何权力有任何歧视;所有公民不分宗教信仰,都有同样的参政权利。但是,他们在公共部门就业上受到歧视,少数民族委员会在解决少数民族歧视问题上也没有起到应有的作用;少数民族委员呈交到议会的有关报告和建议并没有得到认真对待。

3. 社会因素

独立以来,教派冲突、宗教骚乱一直困扰着印度社会,而这大部分都是发生在印度教和穆斯林之间。从20世纪50年代中期开始发生接连不断的教派冲突。1954—1963年,每年都有数十起冲突发生。1964年后冲突进一步扩大,每年都要发生100多次乃至数百次。在20世纪50年代发生的冲突中死亡316人,1961年就有108人死亡,1967年丧生人数达301人。自1978年起出现新一轮冲突高潮,重点地区是比哈尔、北方邦,还有古吉拉特及南印度的安得拉邦等。20世纪80年代上半期印度教和伊斯兰教的教派冲突有所加剧,1984年8—9月北方邦莫拉达巴德市爆发的教派骚乱,死亡

[①]　http://www.indianmuslims.info/aritcles/m_burhamuddin_qasmi/education_of_muslims_in_india_problems_prospects.htm. 2006-09-29.

人数官方说有 400 人。许多房屋被烧毁,学校被迫停课 6 个星期。[①] 20 世纪 90 年代教派冲突更为严重。这与印度人民党有意利用教派鼓动扩大自己的选民库有关。

而且在历次印穆冲突中,维持秩序的军警往往袒护一方,造成穆斯林的伤亡数字大大高于印度教徒,而多数穆斯林的伤亡是由军警开枪造成的。[②] 有数据显示,从 1961 年到 1992 年的宗教冲突中大约有 80% 遇难者是穆斯林。2002 年 2 月有超过 2000 名穆斯林死于古吉拉特邦的骚乱中。[③] 显而易见,当一个群体生活在缺乏安全感的环境之中的时候,还从何谈起社会经济和教育的进步与发展呢?因此,宗教间的持续紧张和冲突,让穆斯林普遍缺乏安全感,严重影响了穆斯林的各方面发展。

印度人民党(BJP)是印度教复兴运动的政治领导者,成立于 1951 年,与刺杀圣雄甘地的印度教极端组织有一定的渊源关系。它在尼赫鲁和英·甘地领导印度时期只是一个地方性党派,但是,由于发起并领导了 1992 年著名的"阿约提亚骚乱",捣毁了一个具有 400 年历史的清真寺,它一跃成为全国性政党,在 1996 年的全国大选中获胜,断断续续执政到 2004 年。2002 年,它还直接策动了古吉拉特邦最大的城市艾哈迈达巴德的宗教暴乱,造成近 1000 名穆斯林被杀、20 万穆斯林永远地失去了家园,而至今没有一名凶手受到惩处,其中包括冲在烧杀抢掠第一线的邦立法会委员。[④]

中央政府和地方政府这样偏袒印度教徒,其他教派的信徒会反感甚至仇视政府,难以认同这个国家。

(三)残疾人教育发展中的重大障碍

首先,印度作为文明古国,为人类创造了璀璨多彩的文明,却也留下了一些糟糠之物。在对待残疾人方面,许多印度人就一直坚持因果报应的"宿命论""生死轮回"等宗教文化观点,认为残疾乃是上一世的因留在下一世成为残疾之果,因此对残疾人充斥着否定、歧视的消极态度,特别是对于残疾

---

①　林承节:《印度史》,人民出版社 2004 年版,第 435—519 页。

②　Paul R. Brass. The Politics of India Since Independence. London:Cambridge University Press,1996:239.

③　http://www. indianmuslims. info/articles/m_burhamuddin_qasmi/education_of_muslims_in_india_problems_prospects. html. 2006-09-29.

④　[美]拉斐奇·多萨尼著:《印度来了》,张美霞、薛露然译,东方出版社 2009 年版,第 113—116、133—135 页。

女童和智力落后儿童,认为这类儿童接受教育也是无益的。这些宗教文化成为民众的思想精神桎梏,是残疾人教育政策施行的重要羁绊。

其次,残疾人中的大多数都是穷人或者居住在农村地区,教育意识比较落后。很多人不了解自己作为一个残疾人应该享有哪些权利,更少有残疾人能够团结起来表达权利诉求,不懂维护自身权利。同时,在贫穷落后地区,政策传播和落实往往较缓慢,这些地区的残疾人不了解国家教育政策,因而不能积极响应。

再次,虽然各项残疾人教育政策的内容设计全面、详细,但落实程度还不够。由于印度具有固有的自由散漫、随遇而安的文化传统,印度自上而下的各级机构也多受影响,习惯于不紧不慢、泰然自若的处事态度,因此各项政策在执行过程中一直都有执行缓慢之现象。

最后,虽然近些年印度经济发展势态良好,针对残疾人教育的拨款有逐年增加之势,但对教育的财政拨款却是时常不能按规划拨发,且能够下放的财政资金也是极其缓慢。各地区上报经费的情况表明,资金虽在逐年增加但仍然入不敷出,许多地区的资金不足以完全实行计划的各项内容;另外,许多地区还表示资金下拨迟缓,往往不能及时到位,导致计划内容的实施一再拖延。

由于财政拨款本就捉襟见肘,又自上而下拨放缓慢,导致了各种残疾人教育政策内容落实度明显下降,这不仅是残疾人教育的重要问题,也是其他教育领域存在的问题。

（四）女性教育发展中的重大障碍

印度女性的地位极其低下,受教育的权利得不到保障。

在世界主要国家中,印度女性的社会地位是最低下的。多年来,印度女性受侵害的极端事件屡见报端,令国际社会感到震惊。由于种姓制度等一些因素对妇女权益造成很多损害,她们遭受着多重不平等的待遇,至今仍然不同程度地受一些社会陋习的影响,如殉葬、童婚、女性给男性陪嫁的嫁妆和禁止寡妇再婚等。女性在家庭中没有决策权,女性的人身自由受到一定程度的限制,女性主要从事家务劳动和低技术、低报酬的工作,"神的使女"大量存在,女性婚姻不能自主,等等,这些仍然是印度社会中的普遍现象。生女孩本来就被父母认为是负担,是赔本的买卖,父母更不愿意花钱让她们受教育了。

印度自1947年独立以后,随着国家法律政策对女性的保护和女性自我意识的增强,印度社会女性地位已经得到了很大程度的提高,已经有许多女孩接受高等教育并且走上社会工作,独立自主的新女性越来越多。但印度社会中男尊女卑传统文化的影响根深蒂固,女性在政治、经济、社会中仍然被人为地定位在延续后代、照顾家庭等角色上,与男性不可相提并论。

（五）影响印度教育公平发展的决定性因素

造成印度教育公平发展水平难以令人满意的原因是多方面的,笔者认为决定性的因素有三条。

第一,许多发展目标长期停留在口号上。

印度独立运动的主要领导人对于在印度实现"社会公正"和"国家财富公平分配"并进而建设一个繁荣富强的印度怀有美好的愿望。早在 20 世纪 30 年代初,后来担任印度共和国第一任总理的贾瓦哈拉尔·尼赫鲁就深受费边社会主义思想的影响。关于印度的国体,印度官方的表述是"社会主义民主共和国"。经过一段时间的探索,印度第二个五年计划对"社会主义类型社会"的概念做了比较清楚的解释:"社会主义类型社会的最根本的意思就是,决定一条发展路线的基本标准,是要有利于社会,而不是有利于私人。发展的模式和社会经济关系结构的设计,不仅为了最终国民收入和就业的显著增长,而且也要使收入和财富的占有更加公平。"印度的"社会主义类型社会"的实质内容就是,在经济上实行混合体制,使公营经济和私营经济在竞争中同时发展,配合农村土地改革和乡村建设计划,促进印度工农业资本主义发展;在政治上实行资产阶级的议会民主制,在维护统治阶级根本利益的前提下,用和平民主的方法革除社会封建流弊,实现"社会公正"和"国家财富公平分配"的社会目标。

不论是领导人美好的愿望,还是政客们竞选的口号,在现实中都缺乏贯彻落实的坚定决心和有效措施,因此,印度宪法规定要在 1960 年普及 8 年免费初等义务教育的宏伟目标等许多计划不能如期实现,甚至 50 年后仍然不能实现,也就不足为奇了。

第二,社会经济发展水平低下严重制约教育公平发展。

印度社会中的种姓问题、宗教问题、女性地位低下问题、人口增长失控问题等,都严重影响了教育的发展,而经济发展中的问题对教育的制约更为明显。

印度 1991 开始的改革是经济改革而不是全面改革,改革的背景是印度经济发展早已经处于内外交困的严重境地。尽管印度的经济近年来实现了高增长,但是,发展不均衡的现象并没有自动消除,触目惊心的贫富反差现象仍然比较普遍。学者们的研究指出,印度仍处于低收入国家之列,也是世界上拥有最大量绝对贫困人口的国家。

如前所述,印度宪法 1950 年提出普及 8 年免费初等义务教育,但是,"免费"从 2010 年才开始,"普及"就自然尚需时日了。尤其是,印度面向落后阶级子女的中小学严重缺乏各种基本设施,相当高的比例的学校竟然没有厕所。小学低年级的男女学生可以露天如厕,小学高年级的女生怎么办?女中学生呢?基础设施的缺乏也是印度中小学阶段辍学率居高不下的重要原因。

第三,有的政策与教育公平战略背道而驰。

长期以来,人们对印度高等教育的福利化津津乐道,但是从本质上来说,由于中小学阶段极高的淘汰率,印度高等教育的福利化使社会中上阶层获益匪浅,广大的下层民众从高等教育福利化中获利极少。

印度公立高校普遍按科类、专业和层次实行差别收费。印度有 4 类大学:国立大学、邦立大学、国家重点学院和相当于大学的机构。印度公立高校长期实行低收费政策,把高等教育视作社会福利事业,收费标准上调幅度很小,有的学校则几十年没有调整标准。

尼赫鲁大学和德里大学为国立大学,由印度大学拨款委员会直接拨款。2006—2007 学年,德里大学法学院本科生学费 180 卢比;尼赫鲁大学本科生和硕士生年学费为 216 卢比(5.8 卢比约合 1 元人民币),杂费 114.5 卢比。据印度 2005—2006 年度政府工作报告,印度人均年收入为 17823 卢比,由此推算,印度国立大学的学杂费约占人均收入的 2%。孟买大学属于邦立大学,校本部第一学年硕士生学杂费为 2226 卢比。印度理工学院(德里分校)为印度宪法规定的国家重点学院类型,1961 年因印度议会通过的《印度理工学院法案》设立,2006—2007 学年本科生学费 2.7 万卢比。虽然印度理工学院等理工学院也是国家主办的,但由于其教学科研水平被认为与麻省理工学院齐名,学生未来有理想的工作,所以吸引了众多学生报考,收费相对较高。印度理学院(设在班加罗尔)是《印度大学拨款委员会法案》确认的享有大学学术地位和特权的"相当于大学的机构",该校只招收研究生,2006—2007 学年硕士生年学费为 4000 卢比,但该校每个学生每月都享受 5000～

10000 卢比的奖学金,缴费也只是象征意义了。[①]

如前所述,2010 年之前,印度的初等义务教育对于大多数人来说都是收费的,条件好、质量高的私立中学和政府为公务员子弟创办的中学都面向中上阶级,大多数下层阶级出身的儿童在中等教育阶段结束之前就被淘汰了,因此,尽管没有对大学生家庭出身的统计数据,但是,印度大学生,尤其是公立高校大学生,绝大部分是出身于中产阶级及以上阶层的,这一点应该没有疑问。可见,印度长期实行的高等教育福利化使富人受益最多。

对于印度这样一个经济水平较低的发展中国家来说,高等教育福利化是一把双刃剑,具有正负两方面的效应。

从正面效应来讲,福利化的高等教育为印度高等教育的跨越式发展奠定了基础。据印度人力资源开发部统计,到 2004 年,印度共有大学 338 所,各类学院 17625 所,在校生 1009 万人,高等教育毛入学率达到 9.2%。迅速发展的高等教育造就了大批的科技人才,1983 年印度科技人员数量达 250 多万,仅次于美国和苏联。特别是近些年,仅信息专业一项,印度每年就涌现大约 8 万名信息技术人员。尤其是在软件业方面,美国的硅谷中有 38% 的软件人才来自印度。软件业的迅猛发展为印度经济的发展提供了一个新的增长点,在很大程度上推动了社会经济的发展。

就负面效应来说,印度高等教育的跨越式发展,在很大程度上是由于政府把高等教育作为福利化事业来发展。但是长期以来,过分依赖政府的单一投资体制给印度中央和许多地方政府的财政造成巨大压力,这无疑会影响高等教育的继续再发展。在印度对高等教育长期过度投入下,印度的基础教育发展滞后,高等教育的畸形发展制约了整个教育乃至社会的协调发展。[②]

第三节 印度教育公平的发展仍然任重而道远

一、印度教育的近期发展目标

关于印度教育的近期发展方向,印度的"十二五"计划相关文件进行了

---

① 刘立柱、钟磊:《印度高等教育福利化对我国的启示》,《世界教育信息》2007 年第 2 期,第 42—43 页。

② 刘立柱、钟磊:《印度高等教育福利化对我国的启示》,《世界教育信息》2007 年第 2 期,第 44 页。

论述，文件的题目是"更快、可持续和更具包容性的增长：'十二五'计划实施路径（2012—2017年）"（Faster，Sustainable and More Inclusive Growth：An Approach to the Twelfth Five Year Plan(2012-2017)），第十章"教育与技能发展"（Chapter 10 Education and Skill Development）。现将文件中涉及教育的部分全文翻译如下，便于对其全面了解。

教育是实现社会和经济转型的最重要的单个的（单项）工具。受过良好教育的人民，有了知识和技能的充分武装，不仅是支撑经济增长的必要条件，而且也是包容性增长的前提条件，因为只有受过教育具备技能的人，才能够在经济增长所提供的就业机会中最大限度地受益。

"十二五"计划必须直面挑战，保证所有儿童，包括残疾儿童都能享有平等的受教育权和进入教育机构学习的机会。我们必须共同努力，加强教育系统的各个层次：初等教育、初中和高中教育以及高等教育。同时，职业教育和技能发展方面的工作也需要加强。

（一）普及初等教育（Universal Elementary Education）

"初等教育普及计划"（Sarva Shiksha Abhiyan，SSA）从2001—2002年度全面启动以来，作为向所有6～14岁的儿童提供初等教育的主要保障，在普及初等教育方面已经取得长足进步。然而，2009年通过的《教育权利法案》（The Right to Education Act）从2010年4月开始生效，所有儿童要接受8年优质初等教育，这已经成为他们的基本权利。法案的有效实施需要"初等教育普及计划"的愿景、战略和标准与《教育权利法案》的规定相一致。为了按照规划并且在规定的时限内实现普及初等教育，更高水平的资金支持以及更准确地定位尚未覆盖和已经覆盖的人群是十分必要的。孤立的居住区、教育落后的街区和县都需要予以特别的关注。我们需要共同努力，采取灵活有效的措施，解决包括有特殊需要的儿童和流浪街头的儿童在内的失学儿童（Out of School Children，OoSC）问题。为了缩小在入学方面的社会和性别差异，要特别照顾表列种姓（SC）、表列部族（STs）和少数民族。好几个邦在实施《教育权利法案》（RTE）的过程中面临严重的经费短缺问题，需要更多地采取创新途径来解决资源紧张问题。

尽管在入学率和巩固率方面有了提高，但是大多数儿童的学业成就仍然是一个严重问题。一些研究发现，几乎近半数的5年级学生不会阅读2年级的课文。我们需要勠力同心，使所有儿童通过8年初等教育的学习获得最低限度的认知技能。因此，质量问题及其决定因素，如训练有素的教师、好的课程设置、创新性的教学理论和方法这些影响儿童学业成就的问题，必须放在优先地位予以解决。提供优质教育是《教育权利法案》的硬性规定，必须实实在在地予以实现，否则，就难以使学生放弃《教育权利法案》所禁止的私人补习。教师缺勤和缺乏责任心问题可以通过社区更多地介入学校管理与所有权的方式予以解决。我们需要想办法鼓励各邦让社区参与学校管理，这样，学校的管理权就能够转移到社区。在聘任合格教师方面下放权力可以保证教师们向地方政府负责，因为地方社区为了优质教育成就，能够更好地给教师施加压力。

缺乏称职的、受过良好训练的人力资源使扩大入学机会的努力严重受限。全国有50万教师职位空缺，除此以外，还需要50万教师才能达到《教育权利法案》规定的生师比标准。此外，公立学校中有60万教师没有经过培训。在"十二五"计划期间，教师的职前教育和在职培训的发展目标要根据任务模式确定，为此，应该有效利用信息和通信技术。除了数量上的扩张外，教师教育与培训的规章制度也需要全面检视。

为了解决高质量教师严重缺乏的问题，亟须加强课程和教学实践研究，还要解决教师教育者短缺问题。教师教育的内容和教学法应该符合2009年制定的《国家教师教育课程框架》，该框架特别强调教师教育要转变为四年综合学位课程。为了提高质量，教师教育机构也应该被定级，应该建立测试服务机构来对教师的能力和知识进行评价和评级。所有这些行动措施都是《教育权利法案》架构内关于教师教育国家使命的重要组成部分。

在"十二五"计划中，为了取得数量的扩张和质量的提高，需要积极探索让私营部门有效参与的可能性。《教育权利法案》承认私立学校的重要性，并规定所有的学校，不管是否受到政府的财政资助，都必须预留25%的学额给弱势群体家庭。然而，私营部门参与的障碍很大，需要重新审视。私人补习问题也必须根据实际情况予以解决。《教育权利法案》的实施要从学业成就的角度进行监控。

"免费午餐计划"（Mid-Day Meal Scheme，MDMS）已经覆盖了所有公立学校、地方学校和政府补助学校，并已取得显著成效，但是在实施过程中还需重视一些薄弱环节。随着"免费午餐计划"覆盖范围的扩大，应该利用免税等财政刺激措施来鼓励私人参与该计划。本计划应该落实到位，保证通过《教育权利法案》在邻近的私立学校中获得25%学额的穷人家的孩子也能够享受"免费午餐计划"。

此外，还需要采取其他措施来提高初等教育的入学率和质量。这些措施包括：

1. 把学前教育整合进学校教育系统特别是公立学校系统，以便在学前教育层面使儿童享有受教育权利。

2. 通过"幼儿保育和教育项目"（Early Childhood Care and Education，ECCE），为学龄前儿童，尤其是在特定地区的学龄儿童提供资助。

3. 把体育、游戏和运动作为学校课程不可或缺的部分，培养学生全面发展，并要为此提供相应的基础设施。

4. 通过整合其他计划，如《甘地国家农村就业保障法》（MGNREGA），抓紧进行基础设施建设，为此，《甘地国家农村就业保障法》的标准可以再次运用。

5. 强化监督与评估机制，包括对"初等教育普及计划"（SSA）和"免费午餐计划"（MDMS）的社会审计以及基于网络的监督，以保证透明性、周期性和持久的第三方评估。

6. 以"受教育使命"（Sakshar Mission）为依托，提高成人识字率，尤其是把所有教育落后地区的妇女、表列种姓、表列部族和少数民族作为重点。

（二）中等教育的扩张（Expansion of Secondary Schooling）

初中教育（9—10 年级）的毛入学率（GER）目前是 60％ 左右，这一数据低得可怜。随着普及初等教育的实现，接下来就是普及中等教育。"十一五"计划启动了"普及中等教育计划"（RMSA）和"示范学校计划"以提高中等教育的入学率和教育质量。在这个方面所做的努力进展迅速，令人满意，RMSA 成为全面解决中等教育覆盖率和教育质量的一个综合计划。这一计划将逐渐延伸至高中阶段并且覆盖政府补助学校。这就需要把其他小型的计划，如"中学阶段的全纳教育计划""信息通信技术计划""女生宿舍计划"等合并到 RMSA 计划中。通过引进没有附加条件的资金，进一步激励女童教育尤其是特定地区的女童教育，并促进学校教育的革新。

在增加中央和邦政府对教育的投资的同时，当务之急是卓有成效地利用私营部门的能力，尤其是在印度的大部分中等学校包括政府补助学校都是私立学校的情况下，需要积极探索教育领域的公私合作伙伴关系（PPP）模式。

由中央财政资助的"中央高级中学"（KVs）和"新星学校"（NVs）已经成为首要的公立中等教育机构，它们的数量需要大幅度增加。进一步来说，现有的 1060 所中央高级中学和 576 所新星学校可以作为校际活动的中心，以便促成区域内其他公立学校的改进。这在推动科学和数学教育,组织联校研讨会和教育展览,用英语开设衔接课程等方面显得尤为重要。同样,邦政府管辖下的资源充裕和运作良好的学校以及私立学校也能够成为推动校际活动的中心。

众所周知,孩子较早接受教育就能够更快地掌握技能,因此,可以根据具体情况,在9年级和10年级开设职前课程作为附加课程或者是作为劳动教育或第三语言课程的替代课程。对于选择这类职前教育课程的学生,可以鼓励并帮助他们在高中阶段接受高级职业科目的学习。

对于选择职业教育的学生来说,如果他们愿意,就应该为他们提供升学的机会,使他们能够继续在本科和研究生阶段深造。解决这个问题很急迫,否则,可能就没人选择在中学开始的职业课程。为了使我国中学阶段提供的高质量职业教育发展壮大,需要通过持续不断的教育,用最新的职业技术和职业教育的理论与方法培训和武装教师。国家职业教育资格框架(NVEQF)必须落实到位以保证学生能够升学。职业课程需要整合,并与学术课程在通用技能和特殊职业技能方面紧密配合,同样,职业课程的设置需要向产业部门咨询并在它们的积极参与下进行。中等教育职业化的改进计划可能需要进一步讨论,以保证它符合新资格框架和产业内部各种技能委员会的规定。需要特别关注的是,在培训人员/教师的技能培养方面,最好运用公私合作伙伴关系模式。

根据2011年的人口普查,全民识字率从2001年的64.8%上升到2011年的74%。女性识字率比男性提高更快,性别差异已经从2001年的21.6%下降到2011年的16.7%。劳动年龄人口(15岁以上)的平均受教育年限从2000年的4.2年上升到2010年的5.12年。然而,这一数据仍然远远低于中国(8.17年)和巴西(7.54年)这样的新兴市场国家。幸运的是,我们过去10年在扩大入学机会方面所做的努力将会使更年轻、接受了更多教育的人口进入劳动市场,来取代退休的老人和受教育少的人。我们有望在"十三五"计划结束的时候使平均受教育年限达到8年。

(三)技能发展(Skill Development)

为不断增多的年轻人提供体面工作的关键是要改进培训和技能发展工作,这也是维持高增长势头的必要条件。虽然制度结构的改革已经落实到位,但仍然还有很长一段路要走。技能的形成(skill formation)必须在正规教育的10年级起成为主流,同时,正规教育之外的技能形成需要协同行动,并创新实施路径和方法。"十一五"计划启动的"国家技能发展使命"已经在技能发展项目的运作方面带来了范式的转换,并且清楚界定了技能发展的核心原则,实施了"技能发展的协同行动方案"。为此,我们设置了一个三级制度结构,为国家技能生态系统打下了坚实的基础。在"十二五"计划的实施中,必须借助已经打好的基础,找到并弥补技能生态系统中的缺口。"技能发展的协同行动方案"的重要一级层次是国家技能发展公司(National Skill Development Corporation,NSDC),该公司已经取得了长足的进步,特别是针对大规模无组织领域的众多的技能形成工作,通过 NSDC 的干预和相关措施,将在邦一级启动实施。为此,在"十二五"计划期间,必须大幅度增加对 NSDC 的支持,所有邦的"邦技能发展使命"要全面有效地运转。

为了确保技能形成是在需求驱动下实施,非常有必要在几个关键领域采取协同行动。技能发展课程必须根据雇主/行业或自谋职业的需要不断调整。资格认证和认可制度也需要改进。有必要建立制度机制,使人们能够实时获得技能目录和技能需求图景分布的信息。为了实现这些目标,各个部门,尤其是具有高就业潜能的部门需要拿出方案。标准可以由行业内部的各种技能委员会制定,但是必须在"十二五"期间生效。资格证书的认证过程应该由独立的专业机构承担,而证书则由教育机构来发放。技能发展中心可以设置在现有的教育和培训机构中,这可以大量节约开支和缩短时间。另外,通过直接的财政补助或贷款来帮助穷人技能发展的制度体系必须落实到位。学徒训练作为在职培训的另一种模式,需要进行改进以使其更加有效,并使其层次得到显著提高。

最后,学校层面的职业教育和通过工业培训机构(Industrial Training Institutes,ITIs)、工业培训中心(Industrial Training Centres, ITCs)提供的职业培训需要大规模拓展,同时也需要全面检查。目前迫切需要重新回到既定的升级方案上来,这一升级方案是要通过公私合作伙伴关系的运作模式,把各级政府主办的工业培训机构(ITIs)变为"卓越中心",使其在"十二五"期间更有效地运转。要建立灵活的学习途径,通过"国家职业教育资格框架"(National Vocational Education Qualification Framework,NVEQF),把一端的中等教育和另一端的高等教育整合起来。在资金筹措、提供服务和工作空间以及培训教师等方面,加强公私伙伴关系。职业介绍机构也可以重新定位,延伸服务。必须去除私人参与的准入障碍,取而代之的是制定有效的规章制度来整合私人办学网络,并监督、评估和分析各种培训课程的效果。

　　这些问题在"十一五"计划期间得到了深入关注,现在,需要制定出"十二五"计划的操作细节并启动具体举措。

　　我们应该致力于提高通过职业教育和培训获得正规技能的劳动人口的比例,这一比例目前是12％,到"十二五"计划结束的时候应该提高到25％。这就意味着大约7千多万人必须在接下来的五年中接受正规技能教育。

　　(四)高等教育(Higher Education)

　　青年们入学的愿望日益增加和中小学教育的大规模扩张,导致对高等教育的需求也随之剧增。要培养能够支撑充满竞争活力的现代经济的劳动力队伍,高等教育必不可少。因此,"十二五"期间,在需求的推动下,高等教育的入学率必然会显著提高。"十一五"计划中提出的扩大入学机会、使高等教育更具包容性、促进卓越等计划必须在"十二五"期间进一步得到加强并扩大规模。"追求卓越"最具有挑战性,因为"卓越"并不能仅靠资源的投入就实现。为实现"卓越"而采取的措施将在下面提到。

　　若干规章制度框架方面的改革目前正在进行中,这些改革措施包括:合理的资格认可结构,通过教育法庭迅速调解争端,避免不法行为,建立一个国家层面的最高机构——全国高等教育和研究委员会(National Commission on Higher Education and Research,NCHER)来保证高等院校的自治和提高外国教育机构进入高等教育的准入条件和标准。这些改革要借鉴全球高等教育新兴的体系结构,小心谨慎地把外部政策反馈与国家自身内在的政策传统贯通融合。一旦改革到位,可以预见,印度高等教育特有的问题应该得到解决。然而,解决高等教育需要大量投资这一关键问题,既需要调动政府的资源,也需要动员私人资本的投入。此外,需要通过一项综合方案,在几个关键领域优先采取特别行动,这将在下文予以概述。

　　1.把重心转向教育质量(Shift of Focus to Quality)

　　高等教育必须实现从仅仅注重数量的扩张向质量提升的战略转移。为此,工作的重点不仅在于更多的注册人数,而且在于扩张后的质量问题。

　　在"十二五"计划期间,高等教育新增入学人数1000万,这就是说,高等教育每一个年龄段的新增人数是300万。这将极大提高毛入学率(GER),达到与全球平均水平大致接轨的程度。

　　我们需要全面的和平衡的扩张以解决弱势群体进入高等院校学习的问题。首要工作是巩固和提高现有院校的能力和质量。新院校的设置要解决区域性不平衡和学科间的差距问题,满足国家特定的经济、社会和技术需要。此外,传统教育要以基于技术的学习来补充,院校分化应该得到鼓励,这样,院校就能按照自己的轨道发展而不是相互复制。开放教育和远程教育可以使能力建设的提高实现最优化。另外,旨在合作学习和多学科学习的网络大学(Meta University)理念,重新界定了21世纪的知识创新和知识分享方式,应该探索建立网络大学。

2. 投入更多的资源并更好地加以利用(More Resources and Better Utilisation)

迫切需要增加政府和私人对高等教育(包括技术教育)的投资,并提高资金的使用效能。目前,高等教育经费大约占政府教育经费的18.0%,换一种方式说,占国民生产总值的1.12%。这一数据应该分别增加到25.0%和1.5%。增加占国民生产总值0.38%的投入意味着给高等教育增加大约2500亿卢比经费,这笔钱将由中央政府和地方政府共同承担。

邦立大学及其附属学院的学生占在校生的90%以上,因为经费紧缺和管理不力导致质量低下。中央拨款是以各邦高等教育计划为基础的,它应该起到杠杆作用,激励更多的邦把经费投入与学术和管理改革联系在一起,这些改革应该包括根据办学标准给邦立大学和学院拨款。运作经费的分配应该基于客观标准,新的投资要通过竞争性资助和绩效合同的方式予以投入。应该鼓励高等院校通过各种合法手段自行增加收入。高等院校在收取合理的学费之外,还需要国家财政的适当补助。奖学金和学生贷款的规模和覆盖范围也应该扩大,并应考虑政府来为学生贷款做担保。中心原则是,不让任何合格学生因为经济原因而被剥夺接受高等教育的机会。

3. 提高就业能力(Enhancing Employability)

必须明确,要高度重视提高大学毕业生的就业能力。印度高等教育分为"普通教育"和"专业教育"两大类。一方面,普通教育为基于知识的职业打下了良好的基础,但由于质量低下,无法给毕业生提供必要的工作技能。另一方面,专业教育常常昂贵、漫长并通常在更加专业化的私立院校开设,几乎不强调通识教育,而通识教育对聪明能干的公民的发展是必不可少的。对"普通"和"专业"这两类高校来说,必须增加学科选择的灵活多样性,创新教学理论和方法,双管齐下整合课程,提高教育质量,进而提高就业能力。现在毕业生要求具备的技能远远超过基本的阅读、写作和算数能力(3Rs),批判思维能力、沟通能力、合作和创新能力(4Cs)在越来越多的工作中日趋重要,相应地,高等教育要把重心放在培养学生的"4Cs"上。语言方面尤其是英语的口头和书面沟通能力也特别重要,这对提高失业青年的就业能力大有帮助,失业青年群体不仅总量很大,而且人数还在增加。

　　我国职业教育与培训部门的规模非常小,而有限的能力又因为质量低下和没有社会地位未被充分利用。在国家职业教育资格认证框架的指导下,"十二五"期间,迫切需要大规模发展以副学位形式提供的短期资格证书,使高等教育机构能够满足社会对中层技能的需要。这些学位能够带来社会声誉,学费不贵,学术上的要求也不严苛,能够满足在正规教育系统中学习欠佳的学生的需求。这种新的教育形式可以保障中等职业教育的毕业生继续升学,把他们整合进主流高等教育。

　　4. 鼓励民间参与(Encouraging Private Participation)

　　"十二五"期间,应该促进高等教育(包括技术教育)中私营部门的成长,探索和发展新型公私合作伙伴关系。私立高等教育的注册人数占专业高等教育的五分之四,占整个高等教育的三分之一,"十二五"期间,这一增长趋势还有可能持续。当前,这一增长局限于特定领域,并且其质量和使用不正当手段的状况令人担忧。因此,需要明确的政策来管理私立教育,使私立教育在法定、透明的制度框架内进行,以推动私立教育以一种合法而平衡的方式进一步发展。或许,对高等教育的"非营利性"标签应该用一种更务实的态度予以重新审视,以使高等教育在扩张和促进公平的同时保障质量。通过学生贷款、学生补助和竞争性研究基金等形式,符合条件的私立高校也能够获得公共经费。

　　5. 研究文化和教师问题(Research Culture and Faculty Issues)

　　我们需要创造一个自力更生、鼓励科研和创新的生态系统。我们需要恢复印度大学"失去"的研究文化,创造新知,提高教学水平。开展合作研究,在高校和科研院所建立产业孵化园,设立更多的研究型奖学金名额,在新兴领域通过跨学科研究的方式促进创新,加强校际中心的建设,等等,这些都需要在"十二五"计划中加以强调。需要对高校主导型的研究投入更多的资金,需要制定一些能够带来正确的激励措施的资助政策,保证研究的质量,推动院校之间的合作。与此相关的是教师短缺问题,这可以通过技术辅助学习、协同的信息通信技术等创新途径得以解决,也有必要全面细致地检查为教师提供进修课程的"高校教师进修学院"(Academic Staff Colleges)。

　　必须以任务模式制定行动措施,以提高高等教育的教师质量和数量。随着预期寿命的延长,我国的退休和老龄人口将越来越多。他们有潜能帮助年轻教师丰富教学经验,是社会的财富。通过自由准入要求的方式为年长的人提供博士课程,可以把他们拥有的宝贵的专业知识加以利用,转换成有用的编码知识。

6. 其他措施(Other Initiatives)

还需要采取其他一些措施来提高高等教育的质量和促进卓越。资格认证应该处于制度设计的核心,并且必须有明确的措施和目标要求,这需要多重的、强有力的、独立的认证机构。需要通过平衡高等院校自主权和责任制之间的关系,通过培养高等院校领导人,对高校的管理系统进行改进。全面实施考试改革、基于选择的学分制和学期体系,确保提高灵活性,提供更多的选择。附属学院系统应该通过采用先进技术和结构重组获得改善,以使每所大学附属的学院的数量合理,建立"轮辐式模型",推动课程和教学改革。

近年中,高等教育没有与社会紧密结合,导致这种关键的社会契约出现故障。需要发起一场运动,通过良好的协调方式,重建并加强高等教育与社会的紧密联系,要比目前占主导地位的"国民服务计划"(National Service Scheme,NSS)做的事情更多。应该鼓励高等院校比以前更深入、更广泛地与社会保持联系,为社区和区域发展做贡献,成为社会的知识(学术)领袖。

应该利用信息通信技术来丰富教学经验,拓展知识传授的途径并使之多样化,通过广泛提供知识和信息来提高研究和合作的质量,保证制度层面和院校层面的有效的治理。学生服务应该得到显著改进,招生程序应该简化以提高效率。

我们的大多数大学和学院需要加强人力资源建设以达到预期的能力水平,我们也需要超越现有水平,保证国内有几所高等院校努力奋斗,在教学和科研方面实现卓越。后者需要大量的资源投入、更大的高校自主权和有效的激励结构。实际上,印度的目标应该是至少要有几所世界一流大学。

为了尽快实现这一目标,国家应该从两个方面行动——既需要创建新的顶尖大学,也需要提升现有的好大学。一批新的创新型大学的创建迫在眉睫,一些大学和研究机构可以依靠现有力量,通过在大学(研究机构)内创建卓越中心,实现转型或者升级。实现卓越的核心是高等院校有能力从全球吸引并留住高质量的教学科研人员。这不仅需要向他们提供高薪,也需要保证有一种具有挑战性的工作环境和许多的灵活性。"十二五"计划应该尝试实施这些目标。

此外,在全国的四五处休耕地上创建大型教育中心的建议需要研究,建设工作由大国营企业(私营企业也可以参与)来主持落实,经费来源于它们应该承担的社会责任部分。这些中心可以成为校企对接的样板,保证其所在的地方和区域的发展。

高等教育日益成为全球性事业,因此,印度高等院校应该欢迎能够为它们带来新机会的国际化。印度对国际化的看法是,国际化能提高国家的软实力,提高国内教育的水平,使毕业生具有参与国际竞争的能力和技能。越来越多的创新型伙伴关系最有助于实现国际化。考虑到高等教育中英语的广泛使用这一历史优势(特别是在新兴市场经济国家中),再加上生活费用低,印度有成为高等教育国际枢纽的潜力。我们需要给卓越中心赋予更多的自治权,使其能够和国外最好的大学建立合作伙伴关系。

总而言之,通过新的制度安排和在关键领域的重点行动,特别是在扩张和质量提升方面,我们希望建立一个强健的高等教育系统,使高等教育能够维持经济的快速增长,提升国际竞争力,同时满足那些充满进取精神的印度青年人与日俱增的期望。

二、印度教育的 2020 年愿景

(一)国家计划委员会组织研究"2020 年印度愿景"

2000 年 6 月,印度国家计划委员会成立了"2020 年印度愿景委员会",由计划委员会的委员 Dr. S. P. Gupta 任主席,成员包括来自各领域的专家30 多人。研究工作持续了两年多的时间,最终报告于 2004 年出版。报告认为,在关乎国民经济和社会发展的所有问题中,就业和教育是最重要的。

教育领域的 2020 年愿景报告由全国教育研究与培训委员会组织撰写,执笔人是 J. S. Rajput。全文共分三部分。第一部分叙述了"知识社会"及其各种参数,从理论上阐释了信息和知识的演化过程,论述了教育对社会发展的推动作用;第二部分论述了印度人关于知识的观点;第三部分占全文一半略多的篇幅,提出了具体愿景、几个特定的主题和实现这些愿景的策略。

在第三部分中,通过简要分析初等教育、中等教育和中等教育职业化的发展现状,论述了优先改善教育质量和教育相关性的必要性,进而提出了具体愿景,即"到 2020 年,印度 6~14 岁年龄段的儿童要 100%接受初等教育。中小学课程要得到规划以促进和平、和谐、社会凝聚力和复合型文化。教育要使学习者获得自我成长和过上高质量生活的能力。远程和开放学习要成为各级教育的有机组成部分。虚拟教室和自学(利用网络和网站)要予以加强。教育要保护和促进古代智慧并实现实质性的本土化。中小学和大学教育要为国际性的成就打开一个窗口。教育管理体系要变得灵敏、开放、透明、对学习者友好,致力于向学生提供学术支持。2020 年教育愿景的总目标是创建学习型和知识型的社会"。

报告最后比较详细地论述了 11 个需要重点推进的领域和 14 个方面的策略。

印度国家计划委员会还把 2020 年国民经济和社会发展各项愿景目标列了一个表,让人一目了然。

表 9-1　印度 2020 年愿景的教育目标

项目	印度现状	中上等收入国家	2020 年印度最好的情况
男性识字率	68%	96%	100%
女性识字率	44%	94%	100%
小学入学率	77%	99.9%	100%
中学入学率	58%	—	100%
1—5 年级辍学率	40%	—	无
1—8 年级辍学率	54%	—	无
师生比	1∶42	1∶20	1∶20
公共教育经费(%GNP)	3.2~4.4	4.9	8

资料来源:Parameter 2020,Background Papers,Vision 2020. http://www. planningcommission. nic. in/reports/genrep/bkpap2020/iv_bg2020. doc.

(二)2020 年教育愿景的具体陈述

下面的内容是印度国家计划委员会报告的原文翻译:

考虑到教育方面的成绩和不足,考虑到国家的现状以及经济和科技的巨大进步,我们形成了一个愿景陈述,坚信印度将在 2020 年成为发达国家,今后所有的活动都要以实现这个使命为目的。

到 2010 年,印度 6~14 岁年龄段的儿童将 100% 地接受初等教育。中小学课程的设置将会以促进和平、和谐、社会凝聚力和综合文化为目标。教育将赋予学习者自我成长和拥有更高生活质量的能力。远程和开放学习将成为各级教学的组成部分。虚拟课堂和自学(利用网络和网站)将得到加强。教育将保护和促进古代的智慧且教育的本性是本土化的。中小学和大学教育将会对国际性的成就敞开大门。教育管理体系将变得更加敏感、开放、透明、对学习者友好并且致力于对学生提供学术支持。2020 年的总体教育愿景是,把印度创建成一个学习型和知识型社会。

　　(三)实现 2020 年教育愿景的具体策略

　　下面的译文保持原文的框架,主要介绍与教育公平有关的内容。

　　为了完成以上任务,相同的策略已加以举例说明。当初等教育得到普及,成人文盲已被清除时,教育问题的着眼点将移至两个依然存在的重要问题上,即加强中等教育和职业教育。这两个问题的重要性在几十年前就已经被认识到了,但是解决它们的措施或者是不充分的,或者是临时性的。这些问题需要反复强调,需要引起足够的重视。为了解决这些问题,通信技术的潜能需要被充分地优化利用。

　　1. 把学校层面的资源机构进行联网。

　　2. 构建强大的教育信息管理系统。

　　3. 制定全天候的家长教育计划。(略)

　　4. 为英才学生提供特殊方案。

　　众所周知,一个国家的真正财富在于青年,尤其是资质聪颖的青年。任何一个国家,如果不培养英才青年,很难想象它会成为一个先进的有远见的国家。

　　现有的一些计划适用于寻找和培养全国性的英才,但是它们粗略且不充分。在自然科学与人文科学方面,中央政府和邦政府已经实施了一些用来鉴定青年英才的计划。还有一些针对已被认定为青年英才的学生的激励措施,但是这些措施既不充分也没有涉及大量的学生。因此,我们建议,为了迎接知识型社会的到来,国家必须为在乡一级和县一级进行认定、培养和支持英才的工作制定一套综合方案。认定英才并为他们的成长和培养提供特殊条件,这是村务委员会和邦政府的责任。

　　每个县要对英才学生提供强有力的教育。在开始阶段,每个县都要为英才学生设立学术科目、音乐、舞蹈、绘画和运动等学科领域的学校。课程活动的设计要有助于提升学生的流动性。

　　5. 女童教育特殊方案。

　　为女童提供教育以及确保她们全部注册入学,这是 2020 年要完成的目标。目前,八年级退学率在比哈尔、梅加拉亚邦以及拉贾斯坦邦分别为82%、83%和接近 80%。必须牢记的是,如果我们教育一个男孩子,我们是在教育一个人,如果我们教育一个女孩子,我们教育的就是几代人。宪法第45 条规定,国家免费为男孩和女孩提供义务教育直到 14 岁。全民教育(UNESCO,1990)特别强调女童教育,指出,如果没有受教育的女性,就不会有受教育的人民。印度宪法修正案第73和74条给予了自治委员会特殊权利，设想地方政府、农村的潘查雅特和城市管理部门中的三分之一席位应该保留给妇女。然而，目前状态令人担忧。6—8年级在校女学生的百分比大约为拉贾斯坦邦25％、比哈尔邦29％、中央邦34％、北方邦31％。

6. 对表列种姓、表列部族以及其他落后群体的教育。

为了实现团结的和有生产力的社会，就必须要对表列种姓、表列部族以及其他落后群体的教育制定特殊的方案。通过提供积极的保护性区别对待，通过把社会文化的和语言的特异性整合进教学和课程方面的要求之中，这个目标是可以实现的。教学课程融入相应的环境，对抑制表列种姓、表列部族以及其他落后群体学生的退学率是非常重要的。免费午餐计划和住宿学校这样的设施必须要增加。

7. 对特殊需要学生的全纳教育。

到2020年，要努力在综合的基础上对身体和心理有缺陷的孩子提供整体教育。1974年，印度政府实行了针对残疾儿童的"整体教育中央赞助计划(IEDC)"，该计划最初由社会福利部负责，1981年转由教育部负责。从国际视野来说，以"全民教育"为主题的世界大会(UNESCO,1990)提出，应该采取措施，把对每个残疾人的教育看作教育系统的构成部分。1993年，联合国的另一个倡议是残疾人受教育机会的平等化，呼吁各成员国把为残疾人提供的教育作为教育系统的组成部分。1994年，针对特殊教育的"萨拉曼查行动宣言与框架"(The Salamanca Statement and Framework)规定要为残疾儿童在居住地附近开办学校，并且建议有特殊需要的儿童必须进入正常学校。对有特殊需要的学生进行全纳教育比只提供教育有更广泛的隐含意义。它包括要与老师和学生在区别对待态度问题上进行斗争，以及要建立一个接受全纳教育的社区。全纳教育的重要特点之一是要在那些支持特殊需要儿童的中小学建立资源中心。

8. 针对有印度裔人口的国家的特殊计划。

9. 提供与提高本土知识。

10. 课程设置：评估、修订与发展。

11. 成人教育。

12. 教师教育。

13. 教育管理。

14. 高等教育。（略）

独立之初，尽管人们都知道印度经济和教育发展的基础极其薄弱，但是印度共和国宪法仍然罔顾国情,提出了在 10 年内普及 8 年初等义务教育的目标。60 多年过去了,印度离实现这一目标还有很长的路程。尽管印度计划委员会提出的 2020 年愿景中教育的目标是"最好的目标"而没有说"较好的目标"和"最低的目标",但是,由于没有全面考虑印度教育发展的实际情况,所定的目标有好高骛远之嫌,这些目标的完全实现要经过长期的奋斗历程。

参考文献

（一）著作

[1] ［印度］阿马蒂亚·森.贫困与饥荒——论权利与剥夺[M].王宇,王文玉译.上海:商务印书馆,2001.

[2] ［印度］阿马蒂亚·森,等.印度:经济发展与社会机会[M].黄飞君译.北京:社会科学文献出版社,2006.

[3] ［印度］阿马蒂亚·森.身份与暴力:命运的幻象[M].李风华,等译.北京:中国人民大学出版社,2009.

[4] 安双宏.印度高等教育:问题与动态[M].哈尔滨:黑龙江教育出版社,2001.

[5] 安双宏,等.中国与美国、印度教育管理比较研究[M].哈尔滨:黑龙江人民出版社,2006.

[6] 安双宏,等.印度教育研究的新进展[M].哈尔滨:黑龙江教育出版社,2008.

[7] 安双宏,等.印度基础教育管理体制的多视角研究[M].哈尔滨:黑龙江教育出版社,2010.

[8] 安双宏.印度教育战略研究[M].杭州:浙江教育出版社,2013.

[9] 常青.印度科学技术概况[M].北京:科学出版社,2006.

[10] 陈峰君,等.印度社会述论[M].北京:中国社会科学出版社,1991.

[11] 陈金英.社会结构与政党制度:印度独大型政党制度的演变[M].上海:上海人民出版社,2010.

[12] [印度]贾瓦哈拉尔·尼赫鲁.印度的发现[M].齐文译.北京:世界知识出版社,1956.

[13] [印度]卡迈勒·纳特.崛起的印度[M].张旭译.长沙:湖南人民出版社,2012.

[14] 李芳,等.印度——在第三条道路上蹒跚[M].成都:四川人民出版社,2002.

[15] 李云霞.中印现代化比较研究[M].北京:社会科学文献出版社,2010.

[16] 林承节.独立后的印度史[M].北京:北京大学出版社,2005.

[17] 林承节.印度独立后的政治经济社会发展史[M].北京:昆仑出版社,2003.

[18] 林承节.印度现代化的发展道路[M].北京:北京大学出版社,2001.

[19] 林良光.印度政治制度研究[M].北京:北京大学出版社,1995.

[20] 刘建,等.印度文明[M].福州:福建教育出版社,2008.

[21] [印度]鲁达尔·达特,K.P.M.桑达拉姆.印度经济[M].雷启淮,等译.成都:四川大学出版社,1994.

[22] [英]卢斯.不顾诸神:现代印度的奇怪崛起[M].张淑芳译.北京:中信出版社,2007.

[23] 马加力.当今印度教育概览[M].郑州:河南教育出版社,1994.

[24] 邱永辉,欧东明.印度世俗化研究[M].成都:巴蜀书社,2003.

[25] 尚会鹏.印度文化传统研究:比较文化的视野[M].北京:北京大学出版社,2004.

[26] 尚会鹏.印度文化史[M].桂林:广西师范大学出版社,2007.

[27] 尚会鹏.种姓与印度教社会[M].北京:北京大学出版社,2001.

[28] 沈开艳,等.印度经济改革发展二十年:理论·实证与比较(1991—2010)[M].上海:上海人民出版社,2011.

[29] 石伟平.比较职业技术教育[M].上海:华东师范大学出版社,2001.

[30] 宋鸿雁.印度私立高等教育发展研究[M].太原:山西人民出版社,2010.

[31] 孙培钧.中印经济发展比较研究[M].北京:经济管理出版社,2007.

[32] 孙培钧,华碧云.印度国情与综合国力[M].北京:中国城市出版社,2001.

[33] 孙士海,葛维钧.印度[M].北京:社会科学文献出版社,2003.

[34] 王德华,吴扬.龙与象:21世纪中印崛起的比较[M].上海:上海社会科

学院出版社,2003.

[35] 王红生.论印度的民主[M].北京:社会科学文献出版社,2011.

[36] 王树英.印度文化与民俗[M].北京:中国社会科学出版社,2007.

[37] 王晓丹.印度社会观察[M].北京:世界知识出版社,2007.

[38] [印度]威奈·莱,[美]威廉·西蒙.思考印度[M].宣晓凤,汤凤云译.上海:上海大学出版社,2010.

[39] 文富德.印度经济:发展、改革与前景[M].成都:巴蜀书社,2003.

[40] 文富德.印度科学技术[M].成都:巴蜀书社,2004.

[41] 吴永年.变化中的印度:21世纪印度国家新论[M].北京:人民出版社,2010.

[42] 吴永年,季平.当代印度宗教研究[M].上海:上海外语教育出版社,1998.

[43] 徐滇庆,等.终结贫穷之路:中国和印度发展战略比较[M].北京:机械工业出版社,2009.

[44] 薛克翘.象步凌空:我看印度[M].北京:世界知识出版社,2010.

[45] 杨翠柏,等.印度政治与法律[M].成都:巴蜀书社,2004.

[46] 杨冬云.印度经济改革与发展的制度分析[M].北京:经济科学出版社,2006.

[47] 杨浩勇.印度能超越中国吗[M].北京:中国财政经济出版社,2009.

[48] 杨洪.印度弱势群体:教育与政策[M].北京:人民出版社,2011.

[49] 印度政府.1980年落后阶级委员会报告[R]//高鲲,张敏秋.南亚政治经济发展研究[M].北京:北京大学出版社,1995.

[50] 郁龙余,等.印度文化论.重庆:重庆出版社,2008.

[51] 张高翔.印度教派冲突研究[M].北京:人民出版社,2012.

[52] 张力群.印度经济增长研究[M].南京:东南大学出版社,2009.

[53] 张双鼓,等.印度科技与教育发展[M].北京:人民教育出版社,2003.

[54] 赵中建.战后印度教育研究[M].南昌:江西教育出版社,1992.

[55] 赵中建,等.印度、埃及、巴西教育改革[M].北京:人民教育出版社,1991.

[56] 赵中建,等.印度基础教育[M].广州:广东教育出版社,2007.

[57] Aggarwal,J. C. Education Policy in India:1992 and Review 2002 and 2005[M].Delhi：Shipra Publications,2007.

[58] Ahuja,R. Social Problems in India(second edition) [M]. New Delhi：

Rawat Publications,2007.

[59] Basu,D. D. Introduction to the Constitution of India(15th edition) [M]. New Delhi: Prentice-Hall of India Private Limited,1993.

[60] Bhatia, R. L. & Ahuja,B. N. Modern Indian Education and Its Problems[M]. Delhi:Surjeet Publications,2007.

[61] Bhatia,R. L. & Ahuja,B. N. School Organization and Management [M]. Delhi:Surjeet Publications,2005.

[62] Brass,P. R. The Politics of India Since Independence[M]. New Delhi: Cambridge University Press,1990.

[63] Chaube, S. P. & Chaube, A. Comparative Education(second revised edition) [M]. New Delhi: Vikas Publishing House Pvt Ltd. ,2008.

[64] Chaube, S. P. & Chaube,A. Foundations of Education(second edition) [M]. New Delhi: Vikas Publishing House Pvt Ltd. ,2007.

[65] Chitnis,S. & Altbach,P. G. Higher Education Reform in India-Experience and Perspectives[M]. New Delhi:Sage Publications,1993.

[66] Chugh, S. Why Children Drop Out? Case Study of a Metropolitan Slum[M]. New Delhi: Bookwell, 2004.

[67] Dhawan,M. L. Issues in Indian Education[M]. Delhi: Isha Books,2006.

[68] Govinda,R. & Diwan,R. Community Participation and Empowerment in Primary Education[M]. New Delhi: Sage Publications,2003.

[69] Gupta,A. etc. Private Higher Education: Global Trends and Indian Perspectives[M]. Delhi: Shipra Publications,2008.

[70] Gupta,S. etc. India in the Age of Globalization: Contemporary Discourses and Texts[M]. New Delhi: Nehru Memorial Museum and Library,2003.

[71] Jha,P. etc. Public Provisioning For Elementary Education in India [M]. New Delhi: Sage Publications,2008.

[72] Jhingran,D. Language Disadvantage[M]. New Delhi: APH Publishing Corporation,2005.

[73] John,M. E. Women's Studies in India [M]. New Delhi: Penguin Books India, 2008.

[74] Khan,I. A. Modern Management Techniques in Educational Institutions[M]. Delhi:Gagan Deep Publications,2004.

〔75〕 Kranth,P. & Rozalio,J. Leaning Disabilities in India〔M〕. New Delhi: Sage Publications,2003.

〔76〕 Kumar,K. Political Agenda of Education(second edition) 〔M〕. New Delhi: Sage Publications,2005.

〔77〕 Kumar,N. Women and Science in India〔M〕. New Delhi: Oxford University Press,2009.

〔78〕 Kumar,R. The Crisis of Elementary Education in India〔M〕. New Delhi: Sage Publications,2006.

〔79〕 Mathew,J. Wizard Indian Polity and Constitution(15th edition) 〔M〕. Delhi: Career Classics,2008.

〔80〕 Mathew,T. etc. Globalization and its Impact on Higher Education in India〔M〕. Bangalore: Centre for Publications,Christ College,2006.

〔81〕 Mavi,A. K. Educated Unemployed: Problem,Policy and Measures to Generate Employment〔M〕. New Delhi: Deep & Deep Publications Pvt Ltd. ,2007.

〔82〕 Mehta,A. C. Elementary Education in India: Progress towards UEE 〔M〕. New Delhi: National University of Educational Planning and Administration,2008.

〔83〕 Mukhopadhyay,M. etc. Education in India: Dynamics of Development〔M〕. Delhi: Shipra Publications,2007.

〔84〕 Nanda,J. Education For All〔M〕. New Delhi: APH Publishing Corporation, 2007.

〔85〕 Ojha,N. N. Chronicle Year Book 2009〔M〕. New Delhi: Chronicle Publications (P) Ltd. 2009.

〔86〕 Ojha, N. N. Social Issues in India〔M〕. New Delhi: Chronicle Publications (P) Ltd. ,2008.

〔87〕 Planning Commission,Government of India. Vision 2020: The Report plus Background Papers〔M〕. New Delhi: Academic Foundation,2004.

〔88〕 Powar,K. B. Indian Higher Education〔M〕. New Delhi: Concept Publishing Company,2002.

〔89〕 Prakash,V. & Biswal,K. Perspectives on Education and Development 〔M〕. Delhi: Shipra Publications,2008.

〔90〕 Pramanik,R. Overburdened School-going Children〔M〕. New Delhi:

Concept Publishing Company,2004.

[91] Rajaram,K. & Suri,R. K. Science and Technology in India[M]. New Delhi：Spectrum Books Pvt. Ltd. ,2008.

[92] Ramachandran,P. etc. Education in India[M]. New Delhi：National Book Trust,2005.

[93] Ramamurti Committee,Towards an Enlightened and Humane Society, NEP,1986—A Review[R]. New Delhi,December,1990.

[94] Rajput,J. S. Reforms in School Education[M]. New Delhi：Ocean Book Pvt. Ltd. ,2004.

[95] Raza,M. Higher Education in India：Retrospect and Prospect[M]. New Delhi：Association of Indian Universities,1991.

[96] Sachdeva,M. S. & Sharma,K. K. Education in the Emerging Indian society[M]. Ludhiana：Vijaya Publications,2006.

[97] Saksena,K. D. Economic Reforms：The India Experience[M]. Delhi：Shipra Publications,2005.

[98] Sengupta J. A Nation in Transition：Understand the Indian Economy [M]. New Delhi：Academic Foundation,2007.

[99] Sharma, K. L. Indian Social Structure and Change[M]. New Delhi：Rawat Publications,2007.

[100] Siddiqui,M. A. Secondary School Drop-outs[M]. New Delhi：APH Publishing Corporation,2004.

[101] Sodhi,T. S. Textbook of Comparative Education(sixth revised edition) [M]. New Delhi：Vikas Publishing House Pvt Ltd. ,2007.

[102] Sood,N. Management of School Education in India[M]. New Delhi：APH Publishing Corporation,2003.

[103] Stella,A. & Gnanam,A. Foundations of External Quality Assurance in Indian Higher Education[M]. New Delhi：Concept Publishing Company,2003.

[104] Stella,A. & Gnanam,A. Making the Most of Accreditation[M]. New Delhi：Concept Publishing Company,2003.

[105] Tilak,J. B. Financing of Secondary Education[M]. Delhi：Shipra Publications,2008.

[106] Tyagi,R. Indian Politics in Comparative Perspective[M]. New

Delhi：Mayur Paperbacks，2007.

[107] University Grants Commission. Higher Education in India-Issues Related to Expansion，Inclusiveness，Quality and Finance［M］. New Delhi：Compudata Services，2008.

[108] Vittachi，S. etc. Alternative Schooling in India［M］. New Delhi：Sage Publications，2007.

(二)论文

[1] 安双宏.印度高等教育规模快速扩充的后果及其启示［J］.教育研究，2000(8).

[2] 安双宏.影响印度高等教育质量的几个因素［J］.江苏高教，2000(4).

[3] 安双宏.印度高科技人才的摇篮——谈印度理工学院的体制创新［J］.中国高等教育，2000(22).

[4] 安双宏.印度高等教育的经费紧缺及其对策［J］.外国教育研究，2001(3).

[5] 安双宏.印度女性接受高等教育的机会［J］.比较教育研究，2001(7).

[6] 安双宏.印度落后阶级受高等教育的机会［J］.比较教育研究，2002(8).

[7] 安双宏.印度大学拨款委员会及其对我们的启示［J］.比较教育研究，2003(12).

[8] 安双宏.论印度大学考试制度的弊端［J］.比较教育研究，2004(6).

[9] 安双宏.论印度普通大学内部管理的特色［J］.比较教育研究，2005(8).

[10] 安双宏.论印度政府对高等教育的管理［J］.比较教育研究，2006(8).

[11] 安双宏,耿菲菲.印度高等院校中的双语教学问题及其启示［J］.比较教育研究，2007(3).

[12] 安双宏.论印度"整体性儿童发展服务"计划中的幼儿教育［J］.比较教育研究，2008(8).

[13] 安双宏.印度基础教育发展热点问题评析［J］.教育发展研究，2010(4).

[14] 安双宏.印度科技人才的培养机制探析［J］.比较教育研究，2010(5).

[15] 安双宏.印度信息技术人才培养的经验与不足［J］.高等教育研究，2010(5).

[16] 安双宏.印度中小学阶段的英才教育［J］.中小学管理，2010(5).

[17] 安双宏.印度高考制度探析［J］.比较教育研究，2010(9).

[18] 安双宏.印度地方教育管理探析［J］.黑河学院学报，2010(创刊号).

[19] 安双宏,黄姗姗.印度初等教育中的"免费午餐计划"评析［J］.教育探

索,2011(5).

[20] 安双宏.印度教育 60 年发展的成就与问题评析——基于教育政策的视角[J].比较教育研究,2011(6).

[21] 安双宏,程懿.当前印度高等教育质量评析[J].江苏高教,2012(2).

[22] 安双宏.印度教育发展中的经验与教训[J].教育研究,2012(7).

[23] 安双宏.印度高等技术院校师资队伍质量问题及改进措施[J].比较教育研究,2012(9).

[24] 安双宏,程懿.印度少数民族入学机会均等政策研究[J].比较教育研究,2012(10).

[25] 安双宏,史忆南.评印度 2020 年教育愿景中的宏伟目标[J].比较教育研究,2013(3).

[26] 安双宏,王丹.论印度"女性平等教育计划"的实施效果[J].外国教育研究,2013(10).

[27] 安双宏,王占军.印度高等教育私营化:进退两难的战略抉择[J].比较教育研究,2014(2).

[28] 安双宏,李佳宇.教育公平视角下的印度残疾人教育[J].比较教育研究,2014(9).

[29] 蒋茂霞.印度女性社会地位探析[J].东南亚南亚研究,2009(4).

[30] 金永丽,张淑兰,赵逢丽.印度社会分层研究综述[J].鲁东大学学报(哲学社会科学版),2009(3).

[31] 刘立柱,钟磊.印度高等教育福利化对我国的启示[J].世界教育信息,2007(2).

[32] 宋鸿雁.印度高等教育发展模式的私营化转型——自筹经费学院发展的角度[J].黑龙江高教研究,2008(3).

[33] 宋鸿雁.印度私立高等教育发展历史及特征[J].浙江树人大学学报,2009(3).

[34] 万大林.印度学校英语教学的启示[J].课程·教材·教法,2001(9).

[35] 谢代刚,李文贵.试论印度经济发展模式的演绎进程[J].南亚研究,2005(2).

[36] 徐辉.印度普及高中教育政策及其价值取向[J].中国教育学刊,2007(5).

[37] 叶赋桂,罗燕.国际合作:印度理工学院的一流大学之路[J].比较教育研究,2005(5).

[38] 张立. 印度经济发展模式的经验及教训[J]. 天府新论, 2009(5).

[39] 赵中建. 近期印度高等教育发展趋势——兼析私立高等教育发展迅速之缘由[J]. 全球教育展望, 2009(2).

[40] 赵建军. 印度科技政策与科技发展[J]. 世界科技研究与发展, 2004 (10).

[41] Dutta, P. K. Quality Technical Education in India[J]. The Journal of Technical Education, 2008, 31(1).

[42] Gnanam, A. & Stella, A. Emerging Trends in Higher Education and Their Implications for Future[J]. Journal of Educational Planning and Administration, 1999(2).

[43] Hiremath, Ujwala. Impact of Education on the Status of Women[J]. Journal of Higher Education, 1997(4).

[44] Pinto, S. J. A. Dalits in Higher Education: Need for Establishing a Counter Culture[J]. Journal of Higher Education, 1998(3).

[45] Tilak, J. B. G. Higher Education Reform in India[J]. Journal of Higher Education, UGC, 1999(1).

索　引

教育公平战略　242,247,253,261
教育经费　10,48,53,219,252
教育强国战略　2
精英教育　23,30,69

L
落后阶级　2,12,54,120,224

M
毛拉纳·阿扎德教育基金会　118,130,134
免费午餐计划　30,95,121,140,221
民主社会主义　11,31,33
民主制度　33,34,36
穆斯林教育　120,130,243,256

N
奶油层　64,69,71
女童教育　121,157,243,274
女性教育　159,181,243,259
女性社会地位　152,156,157

P
普及教育　16,27,118,246

Q
其他落后阶级　2,12,55,126,243
全国教育研究与培训委员会　41,188,195,231,272
全印度技术教育委员会　40

R
人口控制　55,57
人力资源开发部　8,18,65,160,197,213
弱势群体　2,60,79,106,176,232